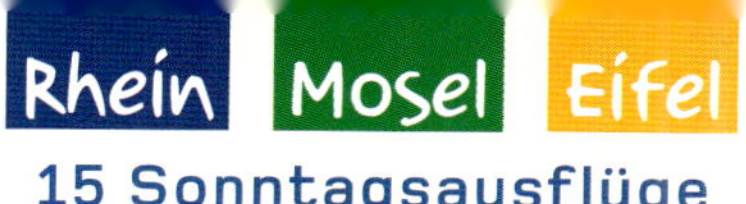

15 Sonntagsausflüge

Hartmut Schönhöfer

traum touren

Die Räder stehen bereit, der Himmel ist stahlblau – doch wo soll die perfekte Radtour hingehen? Dieses Buch stellt 15 Traumtouren im Rhein-Mosel-Eifel-Land vor. Alle Touren sind so gewählt, dass für jeden Anspruch etwas dabei ist, ob alleine, zu zweit oder mit der ganzen Familie, ob mit dem E-Bike oder mit dem Tourenrad.

Jede Tour verknüpft die schönsten Natur-, Kultur- und Genusserlebnisse zu einer herrlichen Tagestour – und enthält Tipps für besondere Aussichten, Abstecher und Einkehrmöglichkeiten. Da nicht alle Strecken durchgehend markiert sind, empfiehlt sich zur sicheren Orientierung die Navigation via Smartphone oder die Nutzung eines Bike-Navis.

ideemedia

Inhalt

Übersichtskarte

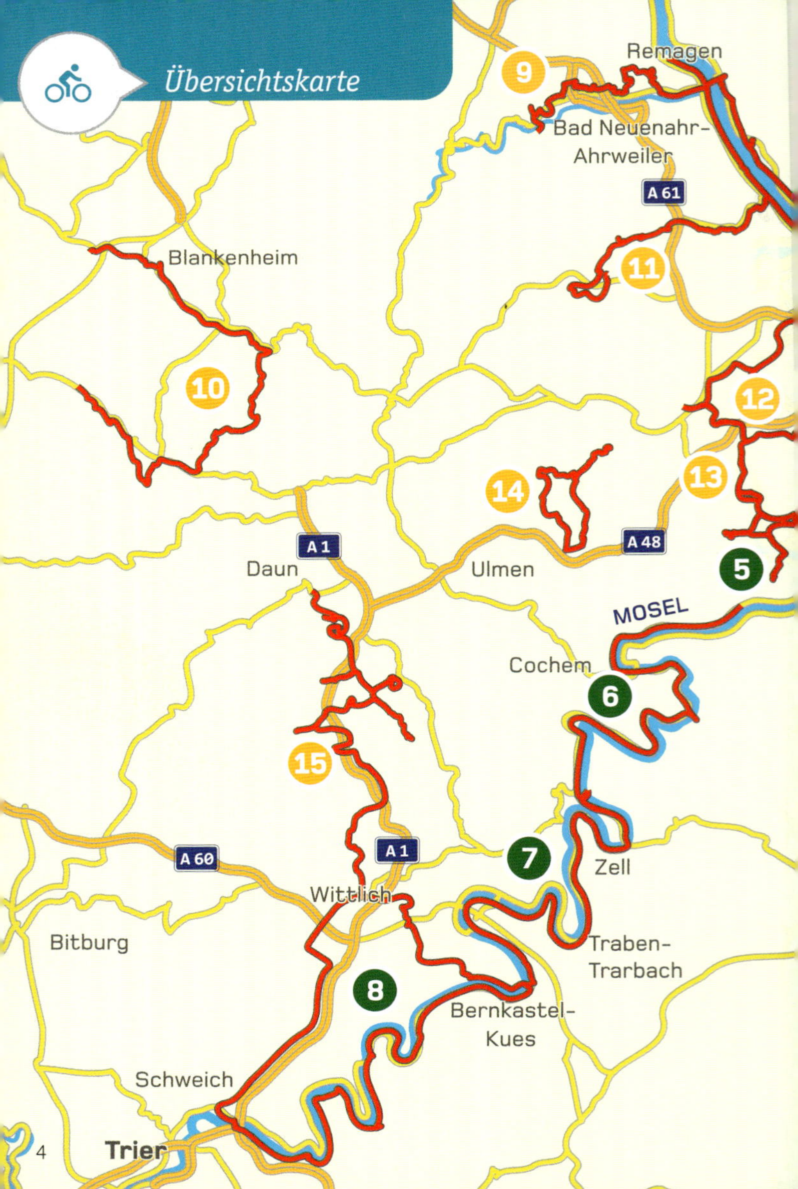

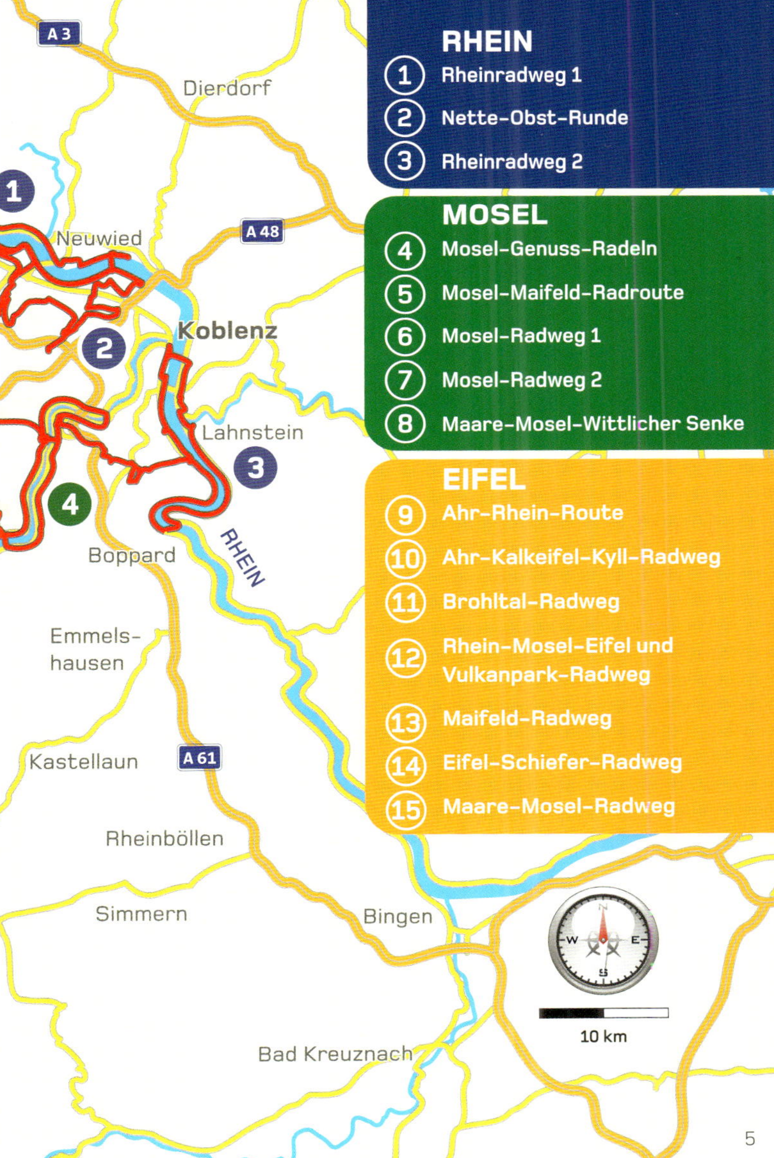
A 3
Dierdorf
1
Neuwied
A 48
2
Koblenz
Lahnstein
3
4
Boppard
RHEIN
Emmels-
hausen
Kastellaun
A 61
Rheinböllen
Simmern
Bingen
Bad Kreuznach
N
W
E
S
10 km
RHEIN
1 Rheinradweg 1
2 Nette-Obst-Runde
3 Rheinradweg 2
MOSEL
4 Mosel-Genuss-Radeln
5 Mosel-Maifeld-Radroute
6 Mosel-Radweg 1
7 Mosel-Radweg 2
8 Maare-Mosel-Wittlicher Senke
EIFEL
9 Ahr-Rhein-Route
10 Ahr-Kalkeifel-Kyll-Radweg
11 Brohltal-Radweg
12 Rhein-Mosel-Eifel und
Vulkanpark-Radweg
13 Maifeld-Radweg
14 Eifel-Schiefer-Radweg
15 Maare-Mosel-Radweg

Gut zu wissen

Das Buch ist nach den Regionen Rhein (blau), Mosel (grün) und Eifel (gelb) gegliedert. Die Tourenauswahl reicht von „ganz einfach“ bis „richtig sportlich“. Einige Touren bieten, neben dem im Höhenprofil dargestellten Verlauf, nicht minder schöne kürzere Streckenvarianten.

Die Zeitangaben basieren, unabhängig von der Topografie, auf einer Durchschnittsgeschwindigkeit von 12 km/h. Für Pausen und Besichtigungen sollte man zusätzlich genug Zeit einplanen! Bei Streckentouren ist zudem die Rückfahrt mit Bus oder Bahn bei der Zeitplanung zu berücksichtigen. Einige Routenabschnitte führen über Feld- und Waldwege. Bei Nässe und während der Holz- und Obsternte kann es dort matschig sein.

Um die Orientierung zu erleichtern, folgen die Strecken möglichst einem (Themen)Radweg oder wechseln von Radweg zu Radweg. Bei einigen Touren sind jedoch nicht beschilderte Passagen unvermeidbar. Es empfiehlt sich auf allen Touren der Gebrauch eines Bike-Navis oder Smartphones mit einer geeigneten Navigations-App.

Die Tracks wurden mit einem Garmin GPSmap 62s aufgezeichnet und mit BaseCamp bearbeitet. Der QR-Code auf jeder Tour-Tipps-Seite zeigt beim Scannen mit dem Smartphone den Startpunkt der Tour in Google-Maps an. Über die Routenfunktion kann man sich dann einfach zum Startpunkt navigieren lassen. Weitere Informationen zum Thema GPS finden Sie ab Seite 176 und auf **www.wander-touren.com**

Die Tour-Tipps wurden sorgfältig recherchiert und überprüft, unterliegen jedoch einem ständigen Wandel. Zur Sicherheit: Bitte bei der Adresse vorab anrufen und online nachschauen!

Viel Spaß und Genuss beim Radeln im Rhein-Mosel-Eifel-Land!

Tipp GPS-Daten

Mit den TourCodes am Ende jeden Kapitels können die Routen als GPX-Track geladen werden. Die Tracks enthalten neben der Route auch die meisten Infos aus den Tour-Tipps. In kostenlosen Programmen (wie BaseCamp) können die Infos reduziert und die Wegstrecken individuell bearbeitet werden. Ausführliche Anleitung siehe Seite 176 ff. und www.wander-touren.com

Zeichen im Buch

Zeit für die Tour (bei ø 12km/h)

Höhenmeter (auf/ab)

1 Radler – ganz einfach

2 Radler – relativ leicht

3 Radler – mittelschwer

4 Radler – anspruchsvoll

5 Radler – richtig sportlich

Radweg

Variante

Parkplatz

Bahnhof

Fähre

Tourist-Information

Einkehren

Fahrradhändler/-werkstatt

Badesee/Schwimmbad/Thermalbad

Start/Ziel

Besondere Sehenswürdigkeit

[1] Besondere Streckenpunkte

Telefonnummer

Internet-Adresse

QR-Code = Startpunkt

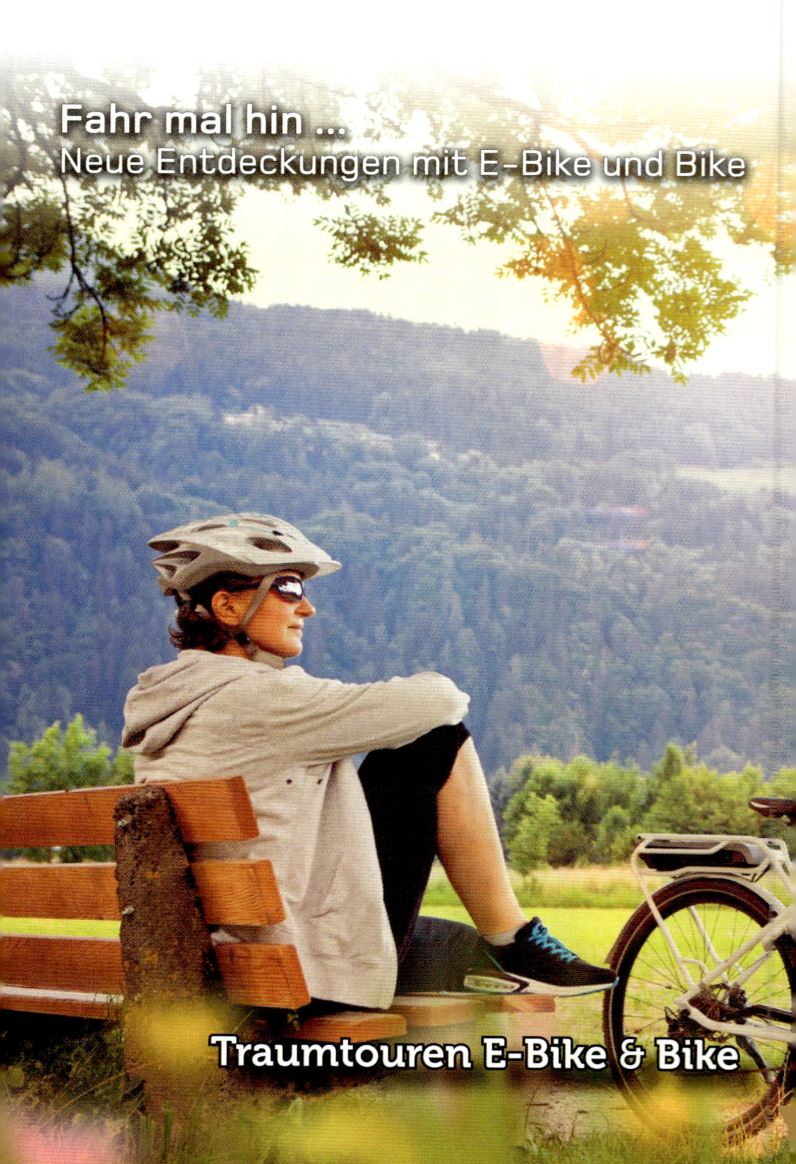
Fahr mal hin ...
Neue Entdeckungen mit E-Bike und Bike
Traumtouren E-Bike & Bike

Rhein

Als Mittelrhein wird das enge Durchbruchstal durch das Rheinische Schiefergebirge bezeichnet, das durch die Talweitung des Neuwieder Beckens unterbrochen ist. Charakteristisch für die einmalige Kultur- und Naturlandschaft sind die rebenbewachsenen Steilhänge, Schlösser, Burgen und deren Ruinen sowie die vielen romantischen Städte und Dörfer am schmalen Ufersaum.

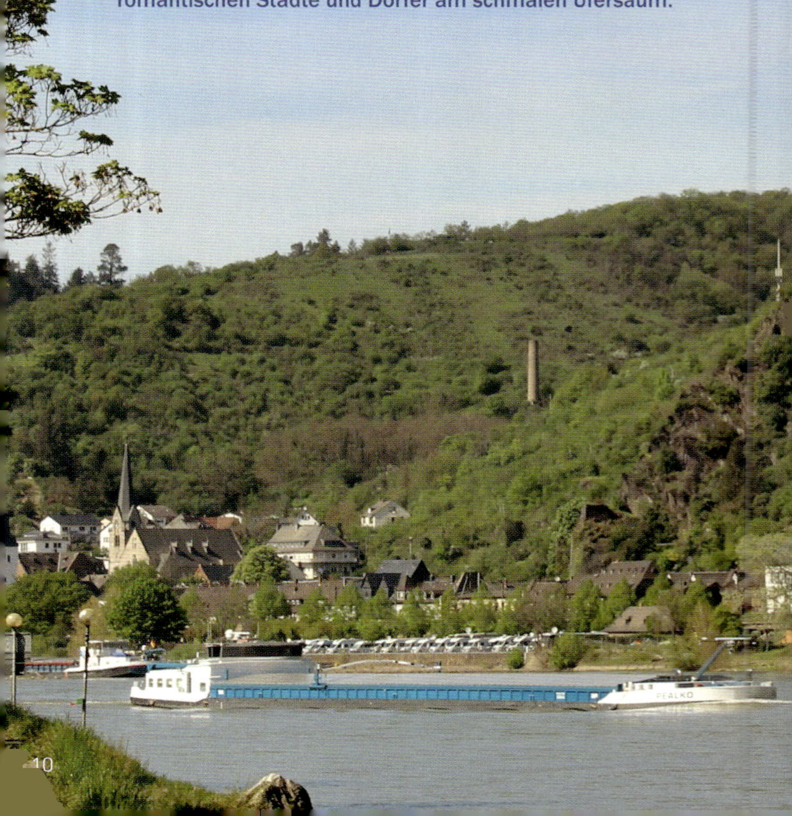

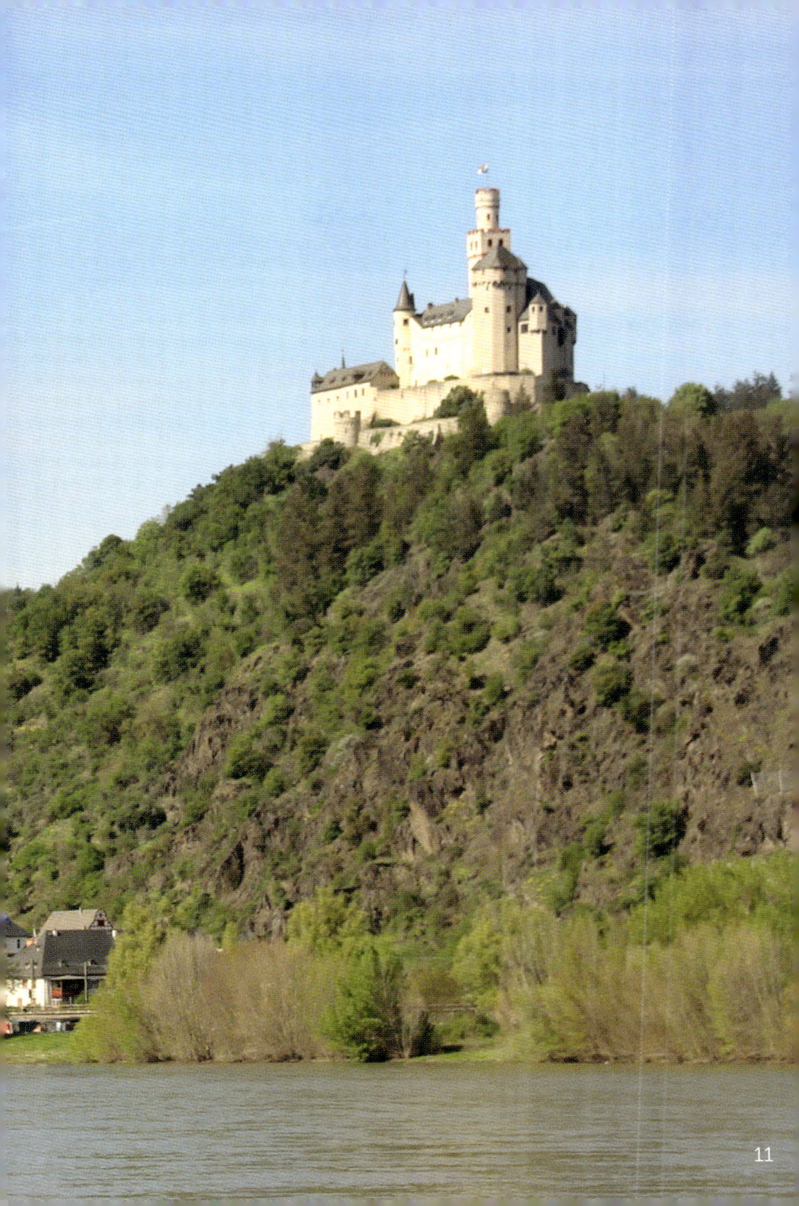

RHEIN **01**

Rheinradweg 1

Unsere Rheinpartie führt von Bad Breisig nach Urmitz, wo wir die Rheinseite wechseln. Durch die spektakuläre Andernacher Pforte geht es stromabwärts zurück. Dabei bezaubern uns ständig neue landschaftliche und kulturelle Eindrücke. Am Ende der Tour können wir zwischen kurzer und langer Streckenvariante wählen.

Start/Ziel: Bahnhof Bad Breisig, Koblenzer Straße 86, 53498 Bad Breisig
N 50° 30' 15.4" • E 7° 18' 17.9"

Anfahrt: B 9 am Rhein entlang bis Bad Breisig

Parkplatz: B 9 am Rhein entlang bis Bad Breisig. 350 Meter vom Bahnhof Bad Breisig in Richtung Bonn, bei der Tourist-Info rechts
N 50° 30' 25.1" • E 7° 18' 07.5"

Zug: MittelrheinBahn RB 26 und Rhein-Express RE 5 bis Bahnhof Bad Breisig

Variante kurz
50.5 km | 4h 15' | 300

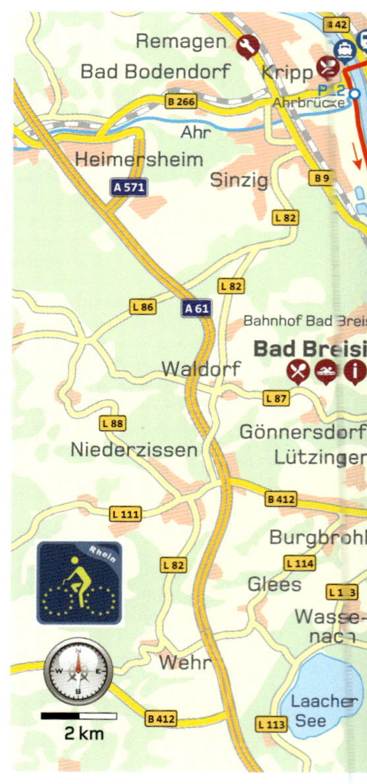

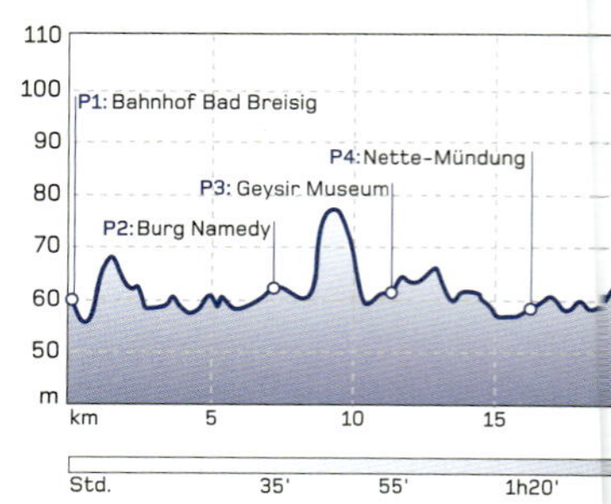

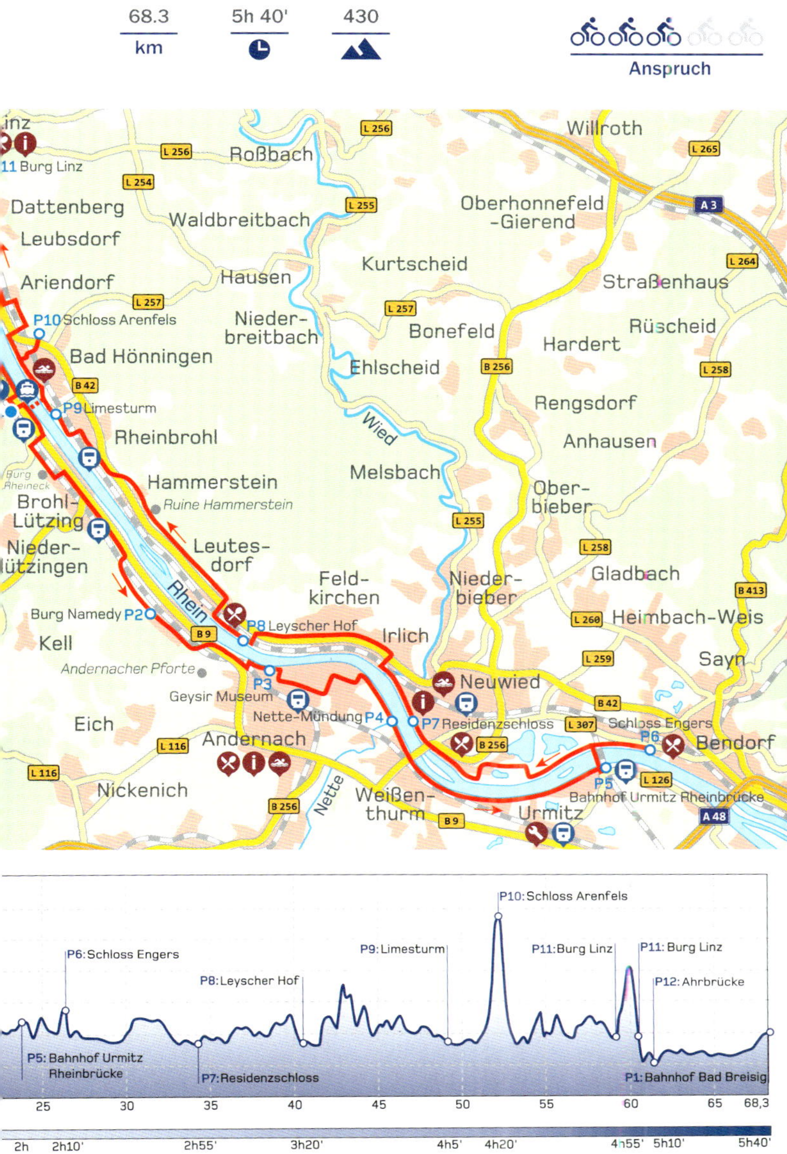
68.3
km
5h 40'
430
Anspruch
Linz
11 Burg Linz
L 256
Roßbach
L 254
Dattenberg
Waldbreitbach
L 255
Leubsdorf
Ariendorf
Hausen
L 257
P10 Schloss Arenfels
Nieder-
breitbach
Bad Hönningen
B 42
P9 Limesturm
Rheinbrohl
Burg
Rheineck
Hammerstein
Ruine Hammerstein
Brohl-
Lützing
Nieder-
lützingen
Leutes-
dorf
Rhein
Burg Namedy P2
B 9
P8 Leyscher Hof
Kell
Andernacher Pforte
P3
Geysir Museum
Nette-Mündung P4
Eich
L 116
Andernach
Nickenich
B 256
Nette
Willroth
L 265
A 3
Oberhonnefeld
-Gierend
Kurtscheid
L 264
Straßenhaus
Bonefeld
Rüscheid
Hardert
Ehlscheid
B 256
L 258
Rengsdorf
Wied
Anhausen
Melsbach
Ober-
bieber
L 255
L 258
Feld-
kirchen
Nieder-
bieber
Gladbach
B 413
L 260
Heimbach-Weis
Irlich
L 259
Sayn
Neuwied
B 42
P7 Residenzschloss
L 307
Schloss Engers
P6
Bendorf
B 256
P5
L 126
Bahnhof Urmitz Rheinbrücke
Weißen-
thurm
B 9
Urmitz
A 48
P10: Schloss Arenfels
P6: Schloss Engers
P9: Limesturm
P11: Burg Linz
P11: Burg Linz
P8: Leyscher Hof
P12: Ahrbrücke
P5: Bahnhof Urmitz
Rheinbrücke
P7: Residenzschloss
P1: Bahnhof Bad Breisig
25
30
35
40
45
50
55
60
65
68,3
2h
2h10'
2h55'
3h20'
4h5'
4h20'
4h55'
5h10'
5h40'

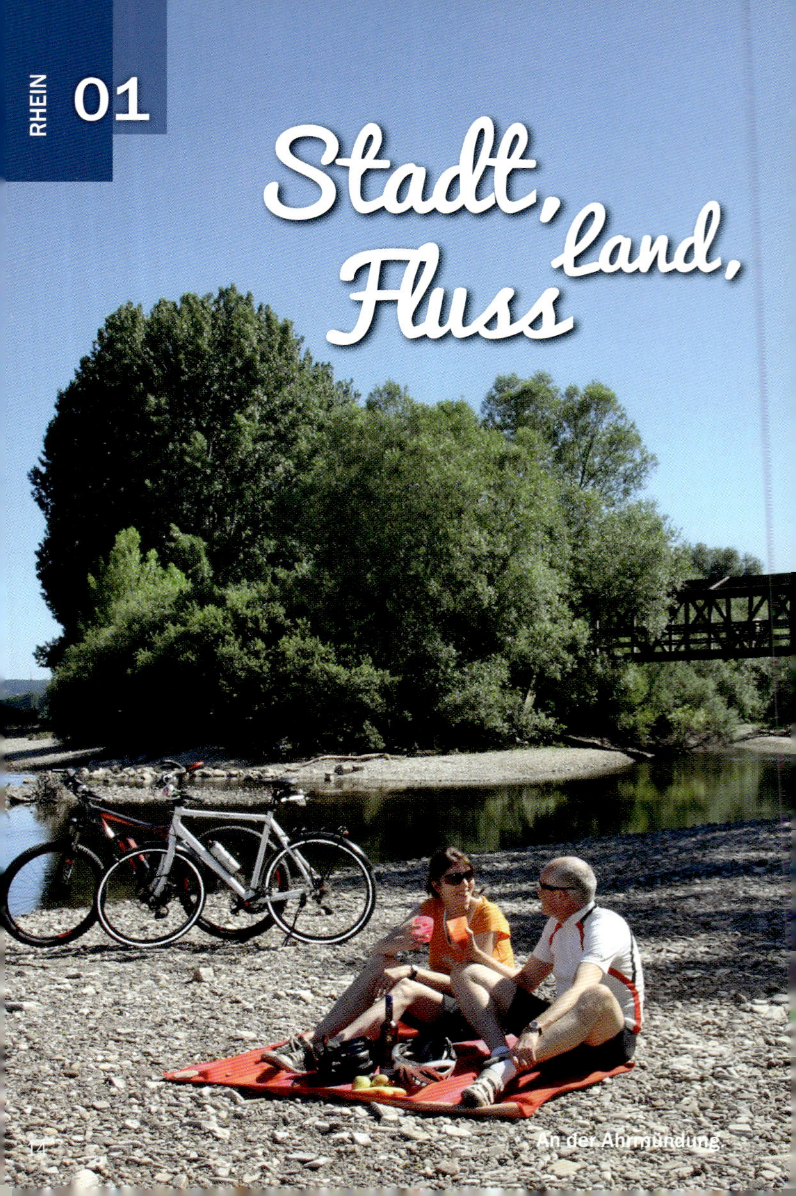

RHEIN 01

Stadt, land, Fluss

An der Ahrmündung

P1
Start

Wir beginnen am **Bahnhof Bad Breisig (P1)** bzw. am 350 Meter entfernten Parkplatz an der B 9 bei der Tourist-Info (www.bad-breisig.de). Den Bahnhof trennt nur ein Häuserblock vom Rhein. Dort treffen wir auf den **Rheinradweg**, dem wir stromaufwärts folgen. Vor uns überquert die Fähre Sankta Maria den Fluss, und am Hang der Rheinebene thront Burg Rheineck. Bei der engen und verbauten Querung des Vinxtbaches müssen wir kurz absteigen und schieben.

Der Vinxtbach bildet seit römischer Zeit eine Trennlinie, zunächst der Provinzen Nieder- und Obergermanien, später von Kurköln und Kurtrier. Im Laufe der Jahrhunderte hat sich eine Sprach- und Brauchtumsgrenze entwickelt. Nördlich des Vinxtbachs spricht man rheinisch-kölnischen Dialekt, südlich moselfränkisch. Der Norden trinkt Kölsch und der Süden Pils.

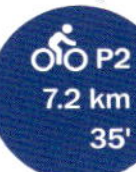

Nach dem „Pilsäquator" beginnt eine industriegeprägte Passage. In Brohl queren wir die Eisenbahnlinie und kommen zur Brohler Mineral- und Heilbrunnen GmbH, wo wir im Verwaltungsgebäude unsere Trinkflaschen füllen können. Im Schlenker geht es am Bahnhof Brohl vorbei und 1.6 km entlang der B 9. Auf der anderen Rheinseite erkennen wir die Ruine Hammerstein. Nach einem herrlichen Streckenabschnitt durch Ackerflächen und Streuobstwiesen kommen wir zur **Burg Namedy (P2)** (www.burg-namedy.com), die sich seit 1907 im Privatbesitz der Familie von Hohenzollern befindet. Die ursprüngliche Wasserburg aus dem 14. Jh. wurde 1896 in ein Schloss umgebaut. Bei rund 30 Kulturveranstaltungen und zum alljährlichen Country Style Gartenfestival ist das Schloss für die Öffentlichkeit geöffnet. Es kann auch für Feiern und Tagungen gemietet werden.

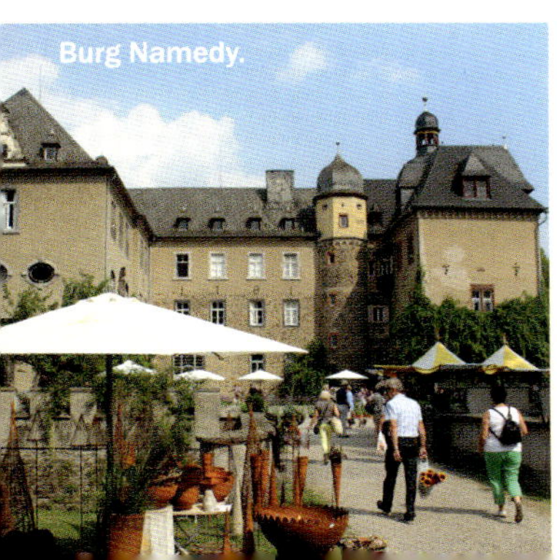
Burg Namedy.

Auf Namedy folgt eine ungewöhnliche Wegpassage. Wir fahren an den mächtigen Brückenstelzen der B 9 entlang, die fast alpin in den Rheinhang, die sog. Andernacher Pforte, hineingebaut ist. Der Blick auf die andere Rheinseite mit der steilen Weinbergkulisse bei Leutesdorf ist beeindruckend. Andernach begrüßt uns mit dem Pegelhaus „Alter Krahnen“ in den Rheinanlagen. Die Stadt bietet sich für eine Pause an, sei es auf einer der Hotelterrassen an der Rheinpromenade oder in der nahen Innenstadt. Andernach blickt auf eine über 2000-jährige Geschichte zurück und zählt zu den ältesten Städten Deutschlands. Einen Besuch lohnt das **Geysir Museum (P3)**. Den berühmten Kaltwassergeysir kann man nur im Rahmen einer Führung besichtigen, die am Geysir Museum beginnt und den Schiffstransfer zur Halbinsel Namedyer Werth einschließt, wo sich der Geysir befindet (www.geysir-andernach.de).

P3
11.1 km
55'

Beim Bollwerk, der früheren Rheinzollbastion, verlassen wir den Rhein und fahren entlang der Stadtmauer zur Burgruine mit dem Schlossgarten. Hier können wir Gemüse, Obst, Beeren und Kräuter probieren. In Andernach werden im Rahmen des Konzepts „Die Essbare Stadt“ öffentliche Flächen mit Nutzpflanzen kultiviert und können von jedermann probiert und genutzt werden. Mehr über die „Essbare Stadt“ vermittelt ein Audiopunkt.

Die Romantischer Rhein Tourismus GmbH (www.romantischer-rhein.de) bietet am Rhein zwischen Bingen und Bonn insgesamt 42 Audiobeiträge (www.rhein-radweg-rlp.de/de/cms-erleben/audiotouren/) zu besonderen Sehenswürdigkeiten. In Andernach sind es die Audiopunkte 21 „Der Geysir im Blick“ und 22 „Die Essbare Stadt“. Die Beiträge können über QR-Codes mit dem Smartphone von Hinweisschildern an der Strecke eingescannt oder aus dem Internet heruntergeladen werden. Auf dieser Tour kommen wir an insgesamt 16 Audiopunkten (die Punkte 11 bis 26) vorbei.

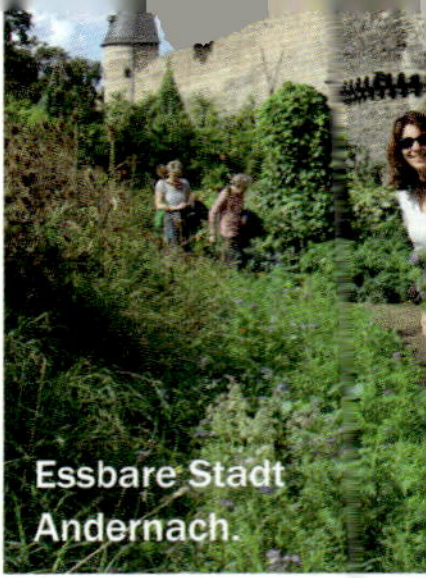
Essbare Stadt Andernach.

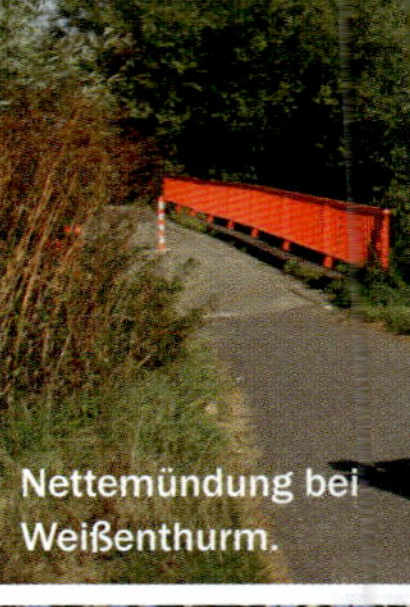
Nettemündung bei Weißenthurm.

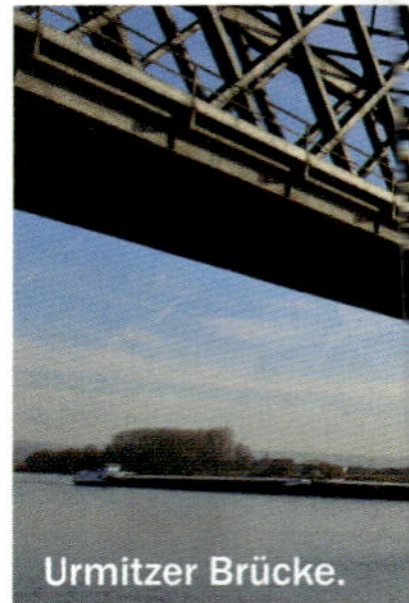
Urmitzer Brücke.

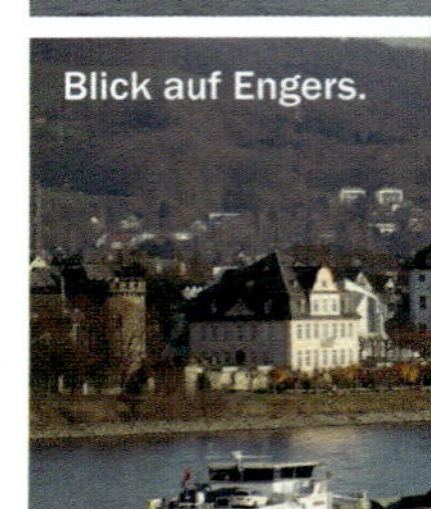
Blick auf Engers.

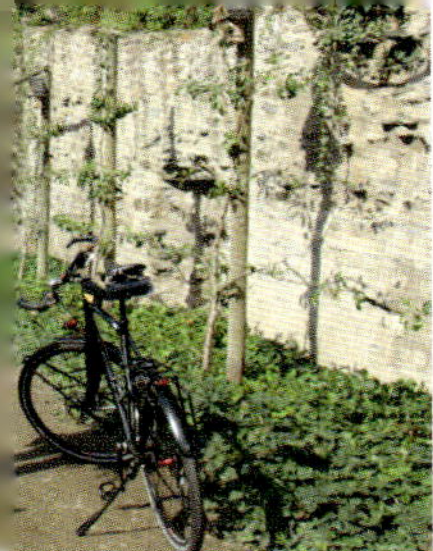

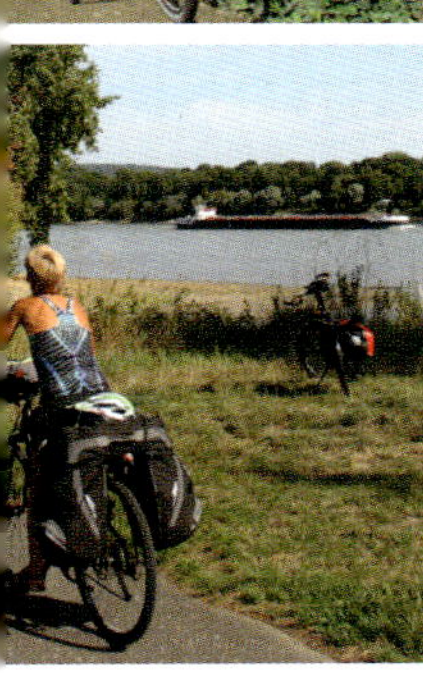

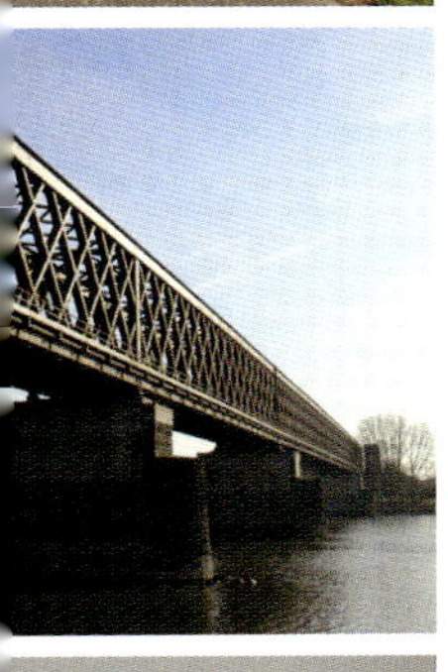

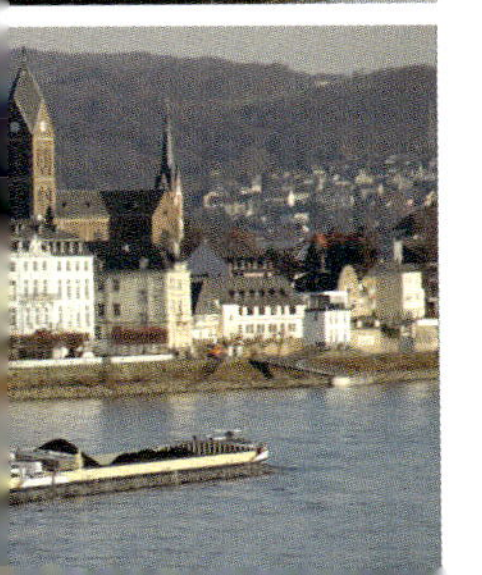

Dass Andernach auch industriell geprägt ist, wird uns auf der Fahrt durch das Gewerbegebiet entlang der Koblenzer Straße und durch das Gelände des größten Binnenhafens am Mittelrhein deutlich.

Beim Hafen sind wir zurück am Rhein und können uns auf eine verkehrsfreie Passage unmittelbar am Rheinufer bis zur **Nette-Mündung (P4)** freuen. Auf der anderen Rheinseite beeindruckt das Residenzschloss Neuwied. In Weißenthurm rollen wir unter der mächtigen Rheinbrücke hindurch und kommen am ehemaligen Kernkraftwerk Mülheim-Kärlich vorbei, dessen Kühlturm inzwischen abgebaut ist.

P4
16.2 km
1h 20'

Wegen Fehlern beim Genehmigungsverfahren, unter anderem wegen unzureichend berücksichtigter Erdbebengefährdung, wurde das Kraftwerk 1988 nach weniger als zwei Jahren Betriebszeit vom Netz genommen. Mit dem Rückbau wurde 2004 begonnen.

Auf einen Abstecher zur Kapelle „Am guten Mann“ folgt Urmitz mit einer einladenden Liegewiese am Rheinufer und der imposanten Eisenbahnbrücke.

Hier verlassen wir die linke Rheinseite und fahren am **Bahnhof Urmitz Rheinbrücke (P5)** vorbei die Brückenrampe hinauf. Die Rheinüberquerung auf dem schmalen Rad- und Fußgängerweg ist ein kleines Abenteuer. Die Urmitzer Brücke erinnert an die ehemalige Ludendorff-Brücke stromabwärts bei Remagen. Doch anders als die Brücke von Remagen wurde die Kronprinz-Wilhelm-Brücke 1945 von deutschen Soldaten zerstört und nach dem Krieg als Urmitzer Eisenbahnbrücke wieder aufgebaut.

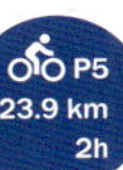

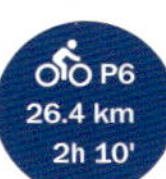

Auf der rechten Rheinseite gönnen wir uns einen Abstecher zum **Schloss Engers (P6)** Das Schloss diente den Trierer Kurfürsten als Jagd- und Lustschloss. Das einzige unzerstört erhaltene Rokokoschloss am Mittelrhein ist Sitz der Akademie für Kammermusik (Villa Musica). Engers, als südwestlicher Wendepunkt unserer Strecke, bietet sich für eine Verpflegungspause an. Gestärkt geht es zurück zur Eisenbahnbrücke und stromabwärts durch das beeindruckende Vogel- und Wasserschutzgebiet Engerser Feld nach Neuwied. Hier führt der **Rheinradweg** unter der Raiffeisenbrücke hindurch und direkt am Rheinufer entlang weiter.

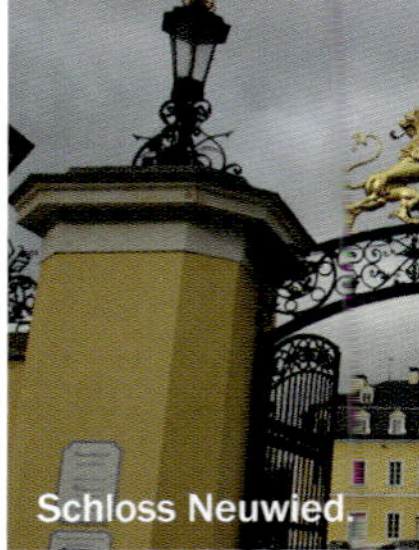
Schloss Neuwied.

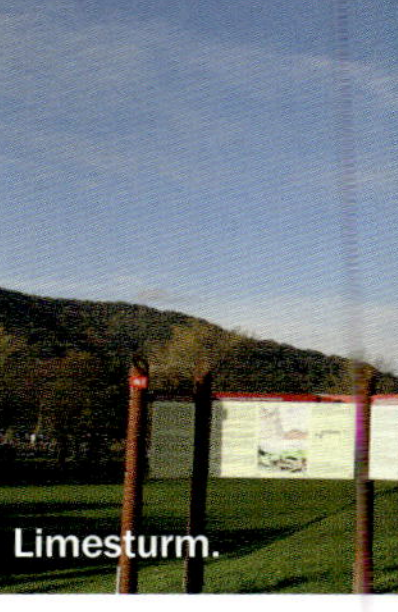
Limesturm.

Auf unserer rechten Seite versperrt der Hochwasserdeich den Blick auf die Stadt. Neuwied (www.neuwied.de) wird auch „Die Deichstadt" genannt. Nach mehreren Hochwasserkatastrophen schützt seit 1931 eine 7.5 km lange Deichanlage die Stadt. Wir kommen am Wahrzeichen Neuwieds, dem Pegelturm mit der Deichkrone, vorbei und biegen bei der Schlossstraße rechts ab, um dem prunkvollen **Residenzschloss (P7)** einen Besuch abzustatten. Neben den Einkehrmöglichkeiten in der Innenstadt bietet sich im Sommer der Biergarten am Rheinufer für eine Pause an.

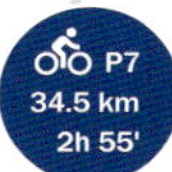

Anschließend fahren wir am Schlosspark entlang und erreichen die Wied-Mündung. Bis Leutesdorf führt der **Rheinradweg** an der B 42 entlang, wobei der Blick auf Andernach und die Andernacher Pforte beeindruckt. Im Weindorf Leutesdorf (www.leutesdorf-rhein.de) lockt die Gaststätte **Leyscher Hof (P8)** (www.leyscher-hof.de) am Zolltor. Wer den Biergarten auslässt, hat in der Jugendherberge Kloster Leutesdorf mit Aussichtsterrasse Gelegenheit zu

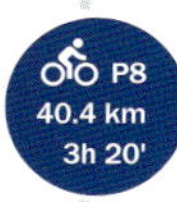

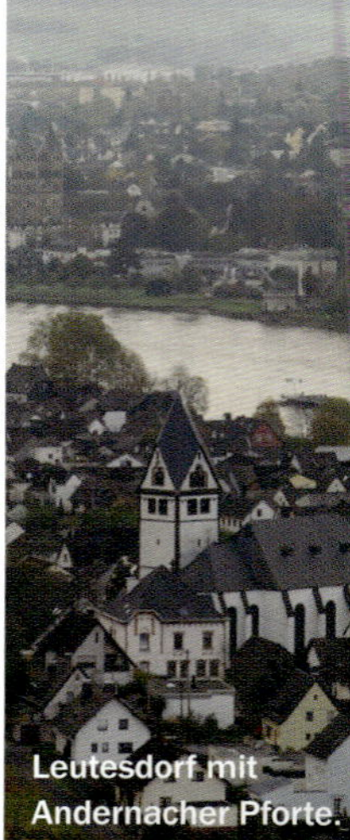
Leutesdorf mit Andernacher Pforte.

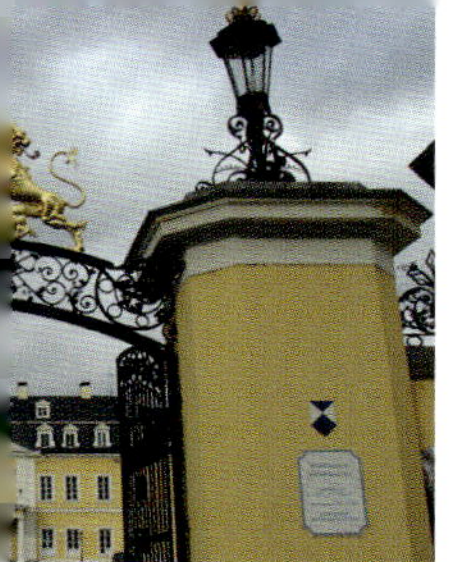

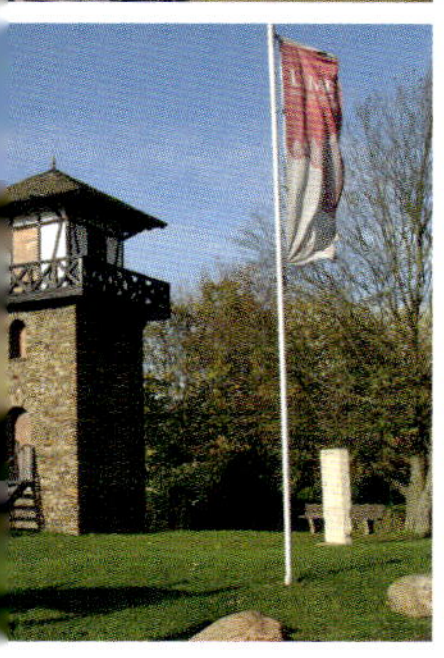

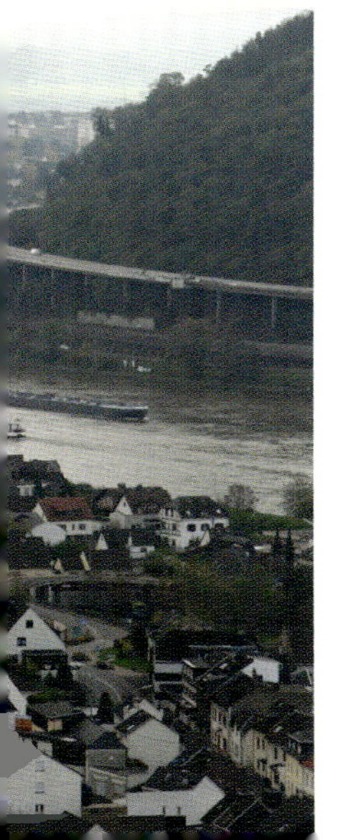

einer Erfrischungspause. Mit etwas Glück wird man Zeuge des Geysir-Ausbruchs. Die 60 Meter hohe Wasserfontäne des Geysirs ist von Leutesdorf aus gut auf der anderen Uferseite sichtbar. Der Geysir ist täglich fünf Mal aktiv. Das Spektakel dauert jeweils 6-10 Minuten. Leutesdorf ist rheinabwärts die letzte bedeutende „Riesling-Bastion", und der **Rheinradweg** streift auf unserer Weiterfahrt den Hang der Weinberge.

Auf Höhe von Hammerstein verjüngt sich das Rheintal abermals und gewährt einen imposanten Blick hinauf zur Ruine Hammerstein. Die einst prächtige Burg Hammerstein wurde erstmals 1020 erwähnt und ist die älteste Burganlage im Mittelrheintal. Wir biegen am Bahnhof Rheinbrohl links ab und kommen an den verlassenen Gebäuden der Hilgers AG vorbei.

Entlang der Rheinwiese führt uns der **Rheinradweg** zum **Limesturm (P9)**. Der 2005 zum UNESCO-Welterbe ernannte Limes beginnt in Rheinbrohl und verläuft über 550 km bis Regensburg an der Donau. Vor 2000 Jahren bildete er die Grenze des Römischen Reiches zum freien Germanien. Man kann die ehemalige Grenzbefestigung per Fahrrad auf dem Deutschen Limes-Radweg erkunden (www.limesstrasse.de).

P9
49.2 km
4h 05'

Wer sich für die kurze Streckenvariante entscheidet, setzt in Bad Hönningen mit der Fähre (www.faehre-badhoenningen.de) nach Bad Breisig über und ist nach 500 Metern am Ausgangspunkt unserer Tour, dem Bahnhof Bad Breisig (P1).

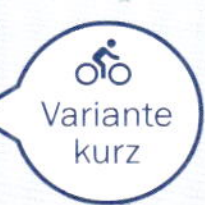

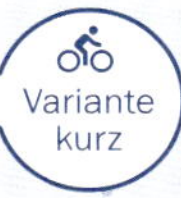

Auf der **Langstrecke** folgt der Kurpark von Bad Hönningen mit der Kristalltherme (www.kristall-rheinpark-therme.de). Am Ortsende von Bad Hönningen haben wir die Möglich-

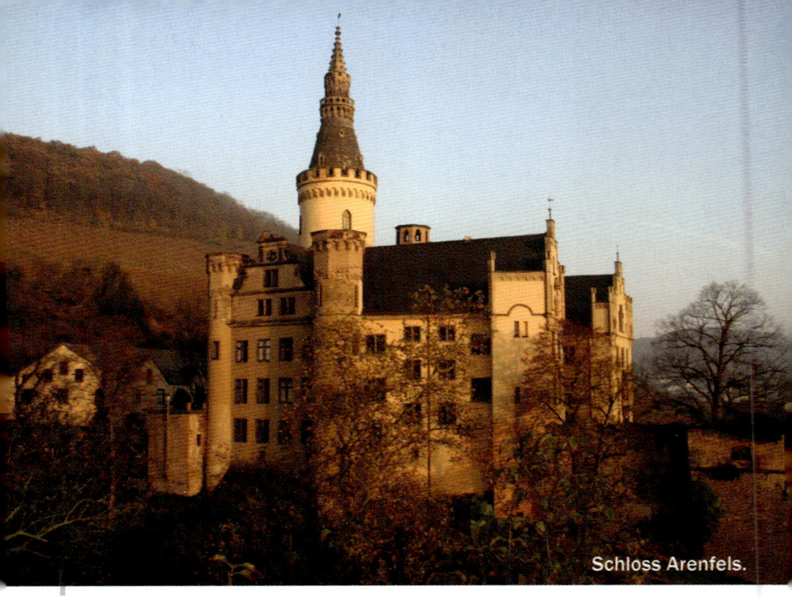

Schloss Arenfels.

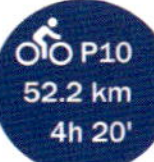

keit zu einem Abstecher zum imposanten **„Märchenschloss" Arenfels (P10)** (www.schloss-arenfels.com). Es thront inmitten von Weinbergen über der Stadt und bietet einen herrlichen Blick ins Rheintal. Schloss Arenfels wird auch „Schloss des Jahres" genannt, da es über 365 Fenster, 52 Türen und 12 Türme verfügt. Nachgezählt habe ich aber nicht. Arenfels wurde 1259 als Burg erbaut und im 16. und 17. Jh. zum Schloss umgestaltet. Heute kann man Arenfels für Feierlichkeiten mieten.

P11
59.3 km
4h 55'

In Ariendorf können wir einen Blick auf die gleichnamige Burg erhaschen. Auf Leubsdorf folgt Linz (www.linz.de), die „Bunte Stadt am Rhein". Auf einen Stadtrundgang sollte man keinesfalls verzichten. Die Unterstadt bietet vom Burgplatz aus ein beeindruckendes 360-Grad-Panorama auf **Burg Linz (P11)** und die bunten Fachwerkhäuser. Durch die ansteigende Fußgängerzone geht es hinauf zum Marktplatz mit dem Rathaus, in dem sich die Tourist-Info befindet. Nach einem Abstecher zu Neutor und Buttermarkt verlassen wir die Altstadt. Beim Rheintor können wir durch eine Unterführung die Eisenbahnlinie und B 42 queren und erreichen die Rheinfähre Linz-Kripp (www.rheinfaehre-linz-remagen.de).

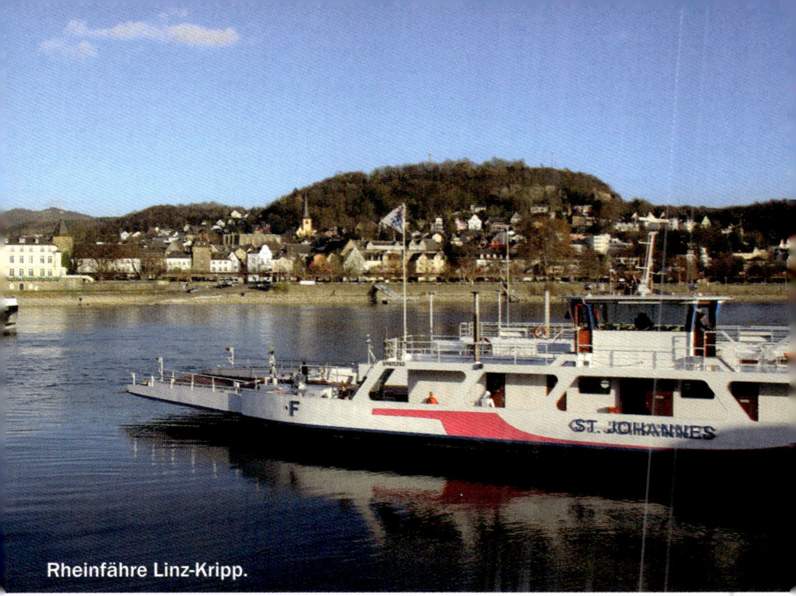

Rheinfähre Linz-Kripp.

Bei schönem Wetter bietet die Sonnenterrasse des Restaurants La Cucina (www.lacucina-linzamrhein.de) unmittelbar neben der Fähre einen herrlichen Rastplatz. Auf der anderen Rheinseite weisen die Denkmäler Skulptur Treidelpfad und eine kleine Kanone auf die bewegte Geschichte der Rheinschifffahrt hin.

Treideln nannte man das Ziehen der Rheinschiffe bzw. Flöße mit Pferdegespannen gegen die Strömung. Die Dampfschifffahrt machte das Treideln überflüssig und die Halfen arbeitslos. Wer in Linz den gastronomischen Verlockungen widerstanden hat, wird vielleicht bei dem Imbiss „Rheinbiss 629“ oder dem RheinHotel ARTE (www.rheinhotel-arte.de) schwach.

Nun beginnt das entspannte Ausradeln nach Bad Breisig. An der, nach der Flutkatastophe von Juli 2021 wiederaufgebauten, **Ahrmündungsbrücke (P12)** kann man links zur Ahr hinuntersteigen und findet auf den Kieselsteinbänken am Rheinufer wunderschöne Picknickplätze. Der **Rheinradweg** führt auf dem herrlichen Leinpfad durch das fruchtbare Becken der Goldenen Meile entlang dem Rheinufer nach Bad Breisig.

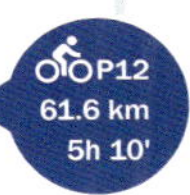

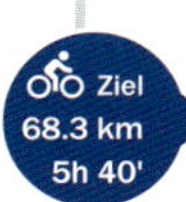

Die Uferpromenade mit Restaurants, Cafés und Eisdielen sorgt für einen gebührenden Tourenabschluss. Der Ausschilderung zur Tourist-Info folgend, sind wir im Handumdrehen zurück am Parkplatz an der B 9 und bei unserem Ausgangspunkt, dem **Bahnhof Bad Breisig (P1)**.

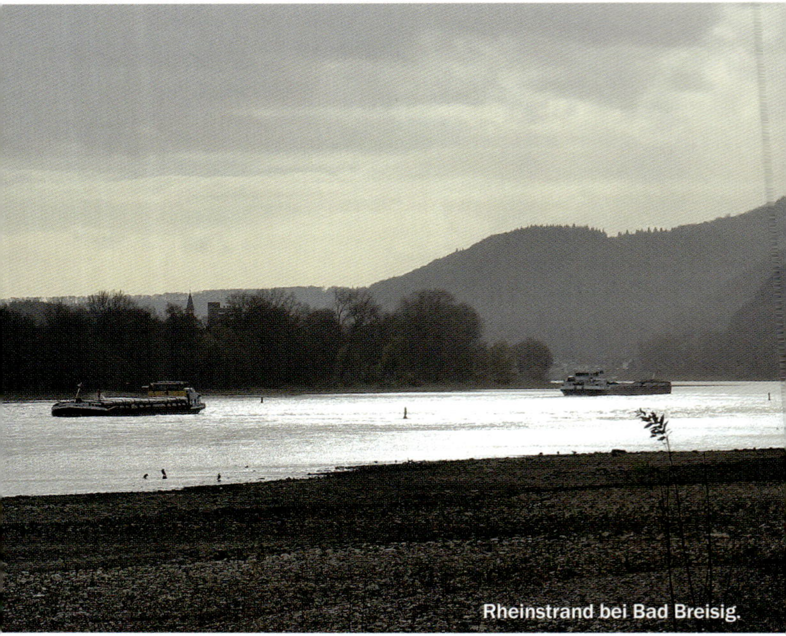

Rheinstrand bei Bad Breisig.

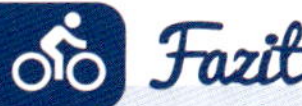

Fazit

Herrliches Flussradeln in einer tollen Landschaft mit Sehenswürdigkeiten am laufenden Band. Eine Ganzjahrestour mit Ausnahme der Hochwasserzeit. An etwas Kleingeld für die Fährpassage denken.

TourTipps

- Tourist-Info Andernach, Hochstraße 80, 56626 Andernach
  ✆ 02632/987948-0 ⓘ www.andernach-tourismus.de
- Tourist-Info Bad Breisig, Koblenzer Straße 39 (im Kurpark), 53498 Bad Breisig ✆ 02633/4563-0 ⓘ www.bad-breisig.de
- Tourist-Info Linz, Marktplatz 14, 53545 Linz am Rhein
  ✆ 02644/2526 ⓘ www.linz.de

- Biergarten am Deich, Schlossstraße (vor dem Deich), 56564 Neuwied
- Hotel & Restaurant Villa am Rhein, Konrad-Adenauer-Allee 3, 56626 Andernach
  ✆ 02632/92740 ⓘ www.villa-am-rhein.de
- Jugendherberge Kloster Leutesdorf, Rheinstraße 25, 56599 Leutesdorf am Rhein
  ✆ 02631/95674100 ⓘ www.diejugendherbergen.de
- Leyscher Hof am Zolltor, August-Bungert-Allee 9, 56599 Leutesdorf am Rhein
  ✆ 02631/73131 ⓘ www.leyscher-hof.de
- La Cucina, Linzhausenstraße 1, 53545 Linz am Rhein
  ✆ 02644/600100-102 ⓘ www.lacucina-linzamrhein.de
- Marktwirtschaft, Marktplatz 6, 53545 Linz am Rhein ✆ 02644/800820
  ⓘ www.weinbistro-marktwirtschaft.de
- RheinHotel ARTE, Rheinallee 3, 53424 Remagen-Kripp
  ✆ 02642/3083330 ⓘ www.rheinhotel-arte.de
- Rheinterrasse im Parkhotel Andernach, Konrad-Adenauer-Allee 1, 56626 Andernach
  ✆ 02632/920500 ⓘ www.parkhotel-andernach.de
- Schlossschenke, Alte Schlossstraße 5, 56566 Neuwied-Engers
  ✆ 02622/9756782 ⓘ www.schlossschenke-engers.de

- Zweirad Oberkirch, In den Mittelweiden 5, 56220 Urmitz am Rhein
  ✆ 02630/7139 ⓘ www.zweirad-oberkirch.de

- Deichwelle Neuwied, Andernacher Straße 55, 56564 Neuwied
  ✆ 02631/85-1666 ⓘ www.deichwelle.de
- Kristall Rheinpark-Therme, Allée St. Pierre les Nemours 1, 53557 Bad Hönningen
  ✆ 02635/952110 ⓘ www.kristall-rheinpark-therme.de
- Römer-Thermen, Albert-Mertes-Straße 11, 53498 Bad Breisig
  ✆ 02633/480710 ⓘ www.roemerthermen.de
- Freibad Andernach, Stadionstraße, 56626 Andernach
  ✆ 02632/43685 ⓘ www.andernach.de

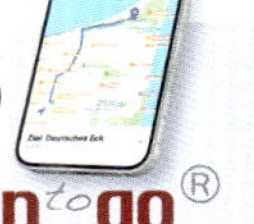

Tour-Code: **BT1X115** (www.wander-touren.com)

Direkt zum Startpunkt mit scan to go®

Nette-Obst-Radrunde

Wir fahren durch die einmalige Kulturlandschaft zwischen Andernach und Mülheim-Kärlich. Streuobstwiesen, die Nähe zu Rhein und Nette sowie herrliche Panoramablicke prägen die Tour. Die Anstiege nach Bassenheim und hinter Kettig dürfen wir nicht unterschätzen.

Start/Ziel: Bahnhof Urmitz Rheinbrücke, Hauptstraße 1, 56220 Urmitz/Rhein
N 50° 25' 08.4" • E 7° 31' 40.0"

Anfahrt: B 9 am Rhein entlang bis Ausfahrt Urmitz/Mülheim-Kärlich/Kaltenengers/Sankt Sebastian, L 126 Richtung Urmitz/Sankt Sebastian, nicht links nach Urmitz Bahnhof abbiegen! Vorfahrtsstraße L 126 bis Bahnhof Urmitz Rheinbrücke folgen

Parkplatz: Am Bahnhof Urmitz Rheinbrücke

Zug: Rhein-Erft-Bahn RB 27 bis Bahnhof Urmitz Rheinbrücke

Variante kurz
43.0 km | 3h 35' | 265

Variante lang
57.3 km | 4h 45' | 475

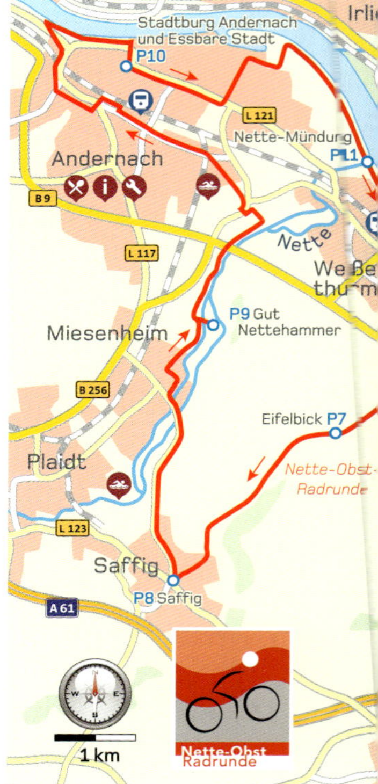

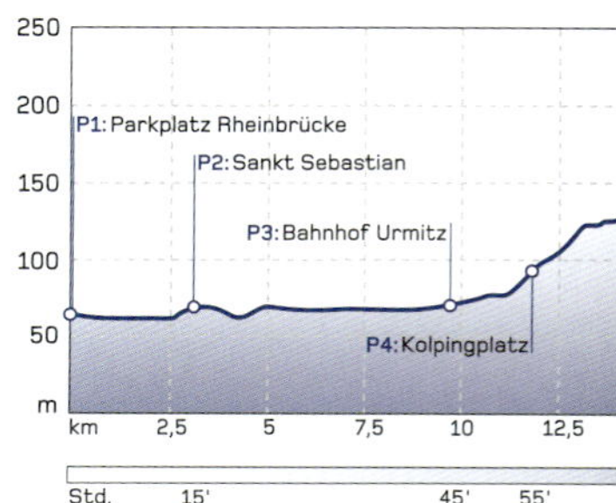

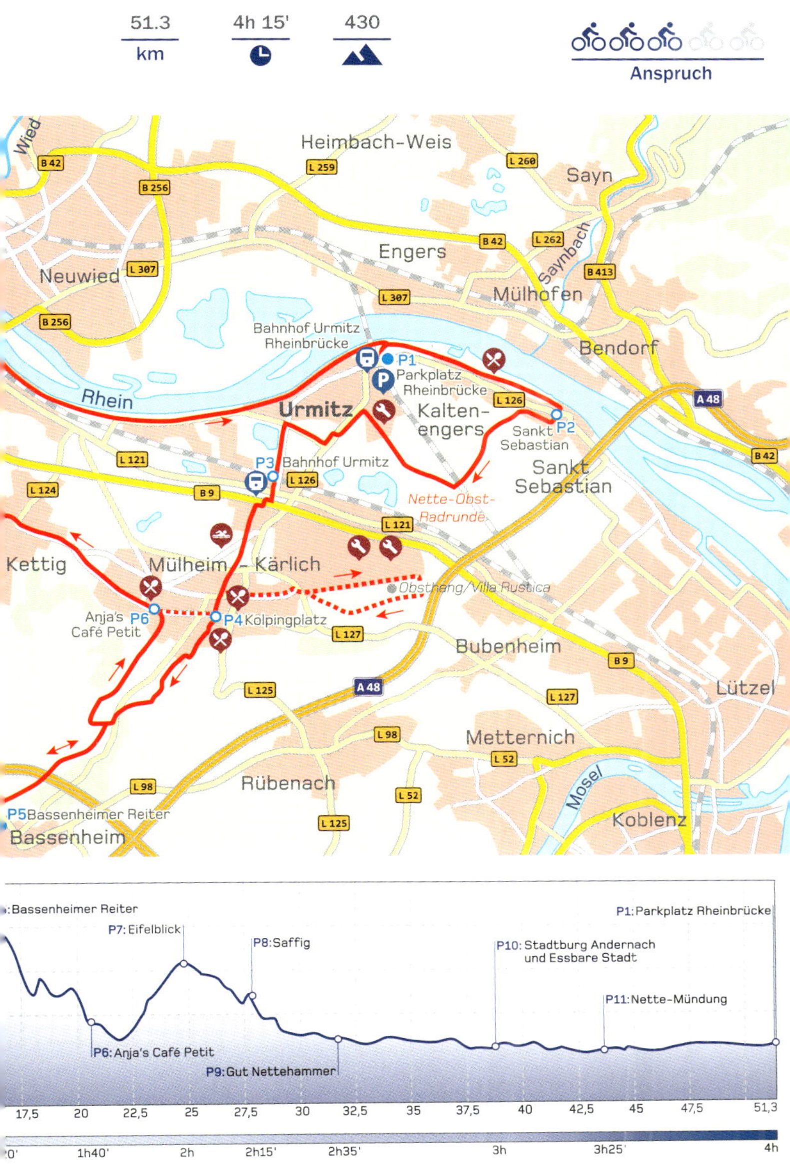
51.3
km
4h 15'
430
Anspruch
Wied
B 42
B 256
L 259
Heimbach-Weis
L 260
Sayn
Engers
B 42
L 262
Saynbach
Neuwied
L 307
B 413
L 307
Mülhofen
B 256
Bahnhof Urmitz
Rheinbrücke
Bendorf
P1
Parkplatz
Rheinbrücke
Rhein
L 126
A 48
Urmitz
Kalten-
engers
Sankt
Sebastian
P2
B 42
L 121
P3
Bahnhof Urmitz
L 126
Sankt
Sebastian
L 124
B 9
Nette-Obst-
Radrunde
L 121
Kettig
Mülheim - Kärlich
Obsthang/Villa Rustica
Anja's
Café Petit
P6
P4
Kolpingplatz
L 127
Bubenheim
B 9
L 125
A 48
L 127
Lützel
L 98
Metternich
L 52
L 98
Rübenach
L 52
Mosel
P5
Bassenheimer Reiter
L 125
Koblenz
Bassenheim
:Bassenheimer Reiter
P1: Parkplatz Rheinbrücke
P7: Eifelblick
P8: Saffig
P10: Stadtburg Andernach
und Essbare Stadt
P11: Nette-Mündung
P6: Anja's Café Petit
P9: Gut Nettehammer
17,5
20
22,5
25
27,5
30
32,5
35
37,5
40
42,5
45
47,5
51,3
1h40'
2h
2h15'
2h35'
3h
3h25'
4h

Im Blütenzauber

Duftende Frühlingstour.

P1 Start

Der **Parkplatz Rheinbrücke Urmitz (P1)** liegt nur wenige Meter vom Bahnhof Urmitz Rheinbrücke und dem Rheinufer mit der imposanten Eisenbahnbrücke entfernt. Die **Nette-Obst-Radrunde** (www.remet.de) und der **Rheinradweg** folgen der Rheinfront von Kaltenengers mit Blick auf den verlandeten Wiesenbereich „Kahles Loch" und die prächtige Front von Schloss Engers auf der anderen Uferseite.

P2 3.0 km 15'

In **Sankt Sebastian (P2)** verlassen wir den Rhein und radeln mit einigen Richtungswechseln durch die weite Mulde des fruchtbaren Neuwieder Beckens. Der Radweg führt durch ausgedehnte Obstplantagen, vorbei an Kiesgruben, Feldern und Wohngebieten. Bei einigen Straßenquerungen ist Vorsicht geboten.

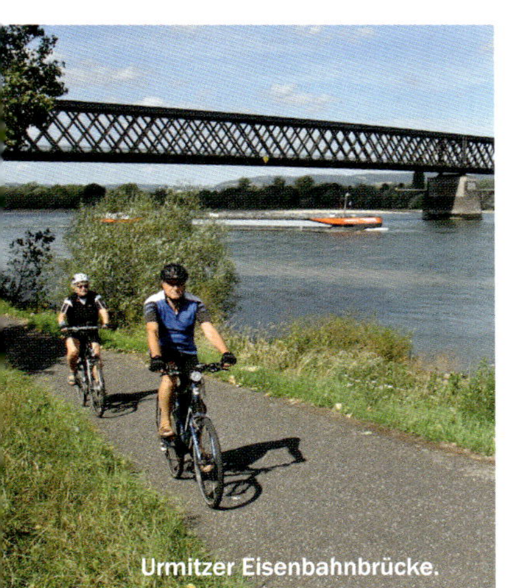
Urmitzer Eisenbahnbrücke.

P3 9.2 km 45'

Anschließend erreichen wir den **Bahnhof Urmitz (P3)**. Ja, die 3.600-Einwohner-Gemeinde Urmitz hat zwei Bahnhöfe, einen an der Rheinbrücke und den anderen in der Rheinebene. Nach einem Streckenabschnitt durch Obstwiesen und entlang dem Mülheimer Bach können wir in Mülheim-Kärlich links abbiegen und einen Abstecher durch die Obsthänge am Ortsrand unternehmen.

Die „Blütenschleife" (lange Streckenvariante) führt knapp drei Kilometer über die stark befahrene Ring-, Jahn- und Fraunhofer Straße, zu den Obsthängen nahe der A 48. Beim Wendepunkt, den Mauerresten einer römischen Villa Rustica, ist ein Rastplatz eingerichtet. Der allerdings nicht mit dem Logo der Nette-Obst-Radrunde ausgeschilderte Abstecher lohnt sich insbesondere im Frühling, wenn die Landschaft um Mülheim-Kärlich in einen weißen Blütenteppich gehüllt ist.

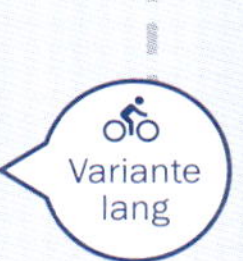

Das Zentrum Mülheim-Kärlichs bildet der **Kolpingplatz (P4)** mit mehreren sehenswerten Fachwerkhäusern und dem Dorfbrunnen. Am Platz liegen zahlreiche Einkehr- und Verpflegungsmöglichkeiten wie das Alte Brauhaus (www.altesbrauhaus-muelheim-kaerlich.de), das Eiscafé Venezia und Nikenich's Hofladen. Nach einem Päuschen müssen wir entscheiden, ob wir die **Kurzstrecke** fahren oder „den Bassenheimer Reiter" mitnehmen.

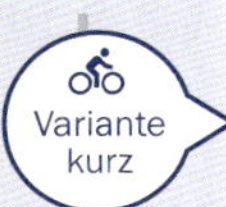

Die kurze Streckenvariante führt ein Stück entgegen der Fahrtrichtung der Kapellenstraße (Achtung Einbahnstraße) am Hotel Grüters (www.hotel-grueters.de) und an der Stadtverwaltung vorbei durch Mülheim-Kärlich zu Anja's Café Petit (P6) (www.cafe-petit.de) in der Kirchstraße.

Wer sich für die **mittlere** und **lange Streckenvariante** entscheidet (Achtung: Der Radweg nach Bassenheim ist nicht mit dem Logo der Nette-Obst-Radrunde ausgeschildert), fährt vom Kolpingplatz in südlicher Richtung vorbei am Restaurant Zur Linde (www.zurlinde.info) aus Mülheim-Kärlich heraus. Es folgt ein herrlicher Streckenabschnitt durch Holunderbestände zur Lucasmühle und zum Lucasweiher. Der Holunderanbau und die Verarbeitung zu Saft, Limonade, Tee, Sirup, Konfitüre und Likör ist eine Besonderheit der Region.

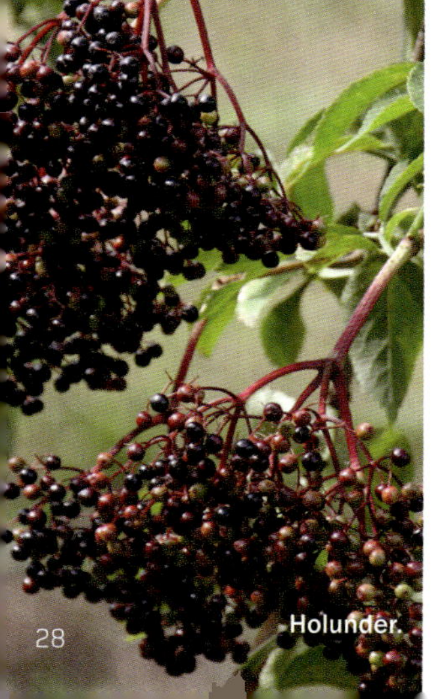
Holunder.

Dem Holunder wird auch eine heilende Wirkung zugeschrieben. Und Harry-Potter-Fans wissen, dass aus Holunder- bzw. Ebenholz Zauberstäbe hergestellt werden. Die strauchartige, knorrige Pflanze stand früher in fast jedem Garten und Hof. Nahezu der gesamte Holunder mit Rinde, Blättern, Blütendolden und Beeren lässt sich nutzen. Die schwarzen Beeren sind allerdings nur gekocht genießbar.

Nun bleibt uns der steile Anstieg den Hang des Lützelbachtals hinauf nach Bassenheim nicht erspart. Das Tal wird von der mächtigen Autobahnbrücke der A 61 überspannt. Am Walpot-Platz angekommen, haben wir die Hauptsehenswürdigkeiten Bassenheims vor uns: das Martinus-Museum mit dem blauen Briefkasten, Schloss Bassenheim, das Adenauer-Schu-

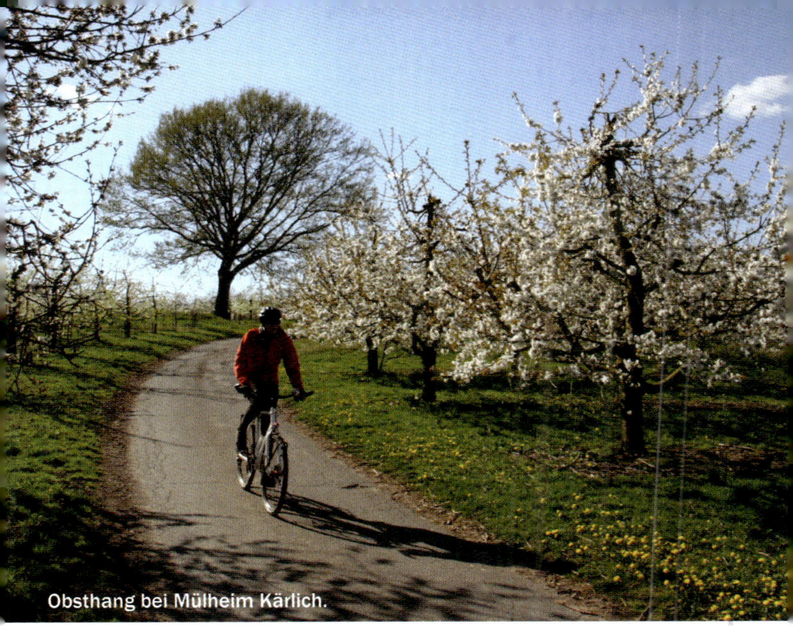

Obsthang bei Mülheim Kärlich.

man-Denkmal vor dem Rathaus und die Pfarrkirche St. Martin mit dem berühmten Relief des **Bassenheimer Reiters (P5)**.

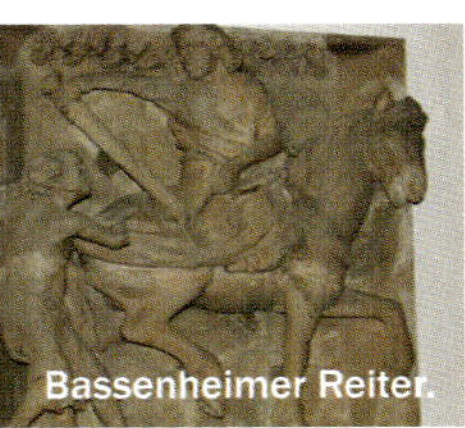
Bassenheimer Reiter.

Das Sandsteinrelief zeigt den heiligen Martin, einen römischen Reiter, der hoch zu Ross seinen Mantel mit dem Schwert durchtrennt, um ihn mit einem Bettler zu teilen. Das 1239 von dem Naumburger Meister geschaffene Kunstwerk war ursprünglich für den Mainzer Dom vorgesehen. Wir finden es etwas versteckt im linken Seitenschiff der Pfarrkirche.

Entlang dem Bassenheimer Schlosspark fahren wir zurück in Richtung Mülheim-Kärlich und kommen beim Sonnenhof erneut an herrlichen Obsthängen mit Kirschen, Äpfeln und Zwetschgen vorbei. Die Streuobstwiesen bieten zu jeder Jahreszeit ein herrliches Bild. In Mülheim-Kärlich rollen wir den steilen Berg hinab und können uns in **Anja's Café Petit (P6)** (www.cafe-petit.de) stärken. Hier stößt die **Kurzstrecke** zu uns.

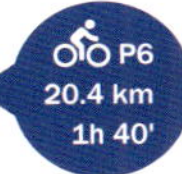

P7
24.4 km
2h

Als Nächstes durchqueren wir Kettig und mühen uns, mit einem Richtungswechsel am Umspannwerk vorbei den Hang hinauf. Durch herrliche Holunderplantagen gelangen wir zu einer T-Kreuzung auf offener Flur, dem **Eifelblick (P7)**. Der Blick durch einen am Rastplatz angebrachten Holzrahmen ist ein beliebtes Fotomotiv. Vor uns breitet sich das Bilderbuch-Panorama der Vulkaneifel aus. Bei Wind und Wetter kann es auf der Hochfläche allerdings auch ungemütlich sein.

P8
26.6 km
2h 20'

Anschließend rollen wir nach **Saffig (P8)** hinunter und kommen an netten Bruchsteinhäusern vorbei. In der Ortschaft biegt die **Nette-Obst-Radrunde** rechts ab und führt uns hangabwärts zum Ortsausgang. Auf dem neben der K 63 angelegten Radweg erreichen wir bei Miesenheim das Nettetal und folgen dem Flusslauf durch die Ortschaft.

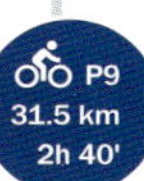
P9
31.5 km
2h 40'

Den Abstecher zum nahen **Gut Nettehammer (P9)** sollte man sich nicht entgehen lassen. Das Gut besticht durch eine besondere Mischung aus früheren Industriegebäuden, Wohnhäusern aus der Biedermeierzeit, einem Wasserturm, dem prächtig angelegten Park und der Ruine des ehemaligen Herrenhauses (das „Haus, in dem die Bäume wachsen"). Das Gut befindet sich in Privatbesitz und ist keine öffentliche Touristenattraktion. Aber den Blick vom Zufahrtsweg gestattet der Besitzer. Man kann Gut Nettehammer (www.nettehammer.de) für Feste und Events mieten.

Nach Überquerung der B 9 verabschieden wir uns von der Nette und biegen links ab nach Andernach (www.andernach-tourismus.de). Vorbei an Freibad, Wasser-

Eifelblick zwischen Kettig und Saffig.

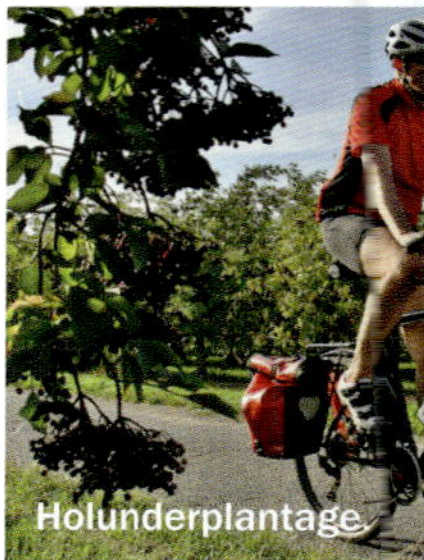

Holunderplantage.

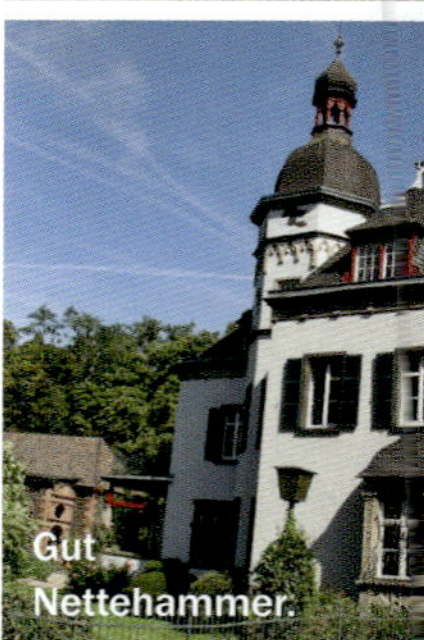

Gut Nettehammer.

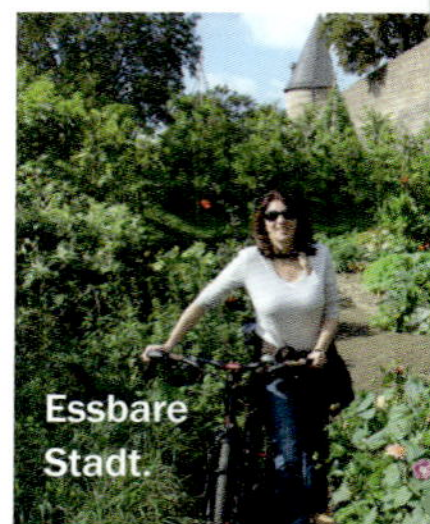

Essbare Stadt.

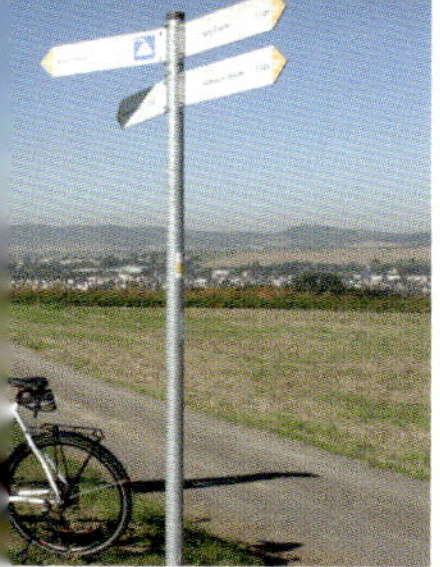
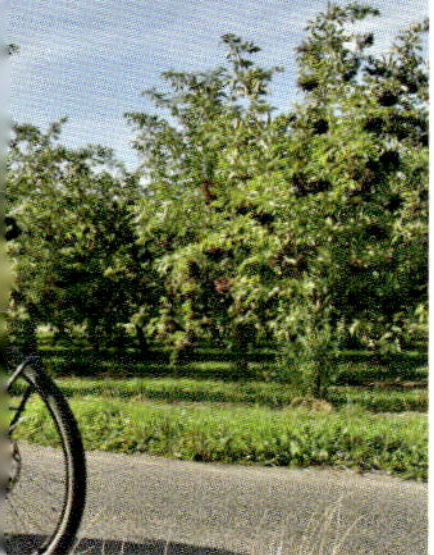
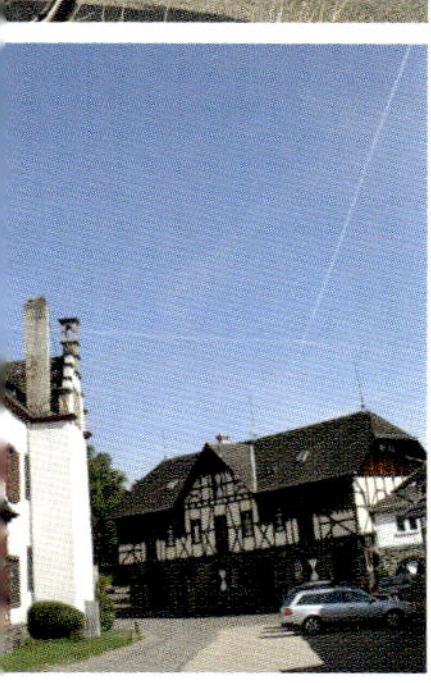
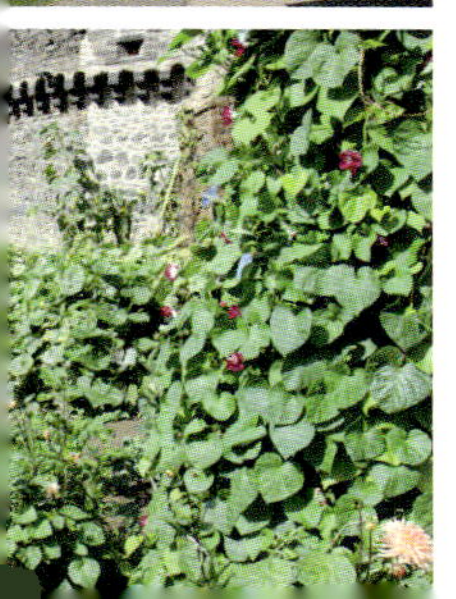

turm und Bahnhof folgen wir der **Nette-Obst-Radrunde** im Uhrzeigersinn um das Stadtzentrum von Andernach herum. Wir passieren die Rheinanlagen und erreichen das Geysir Museum. Dort besteht die Gelegenheit, per Schiff den Kaltwassergeysir zu besuchen. Ein Abstecher in die Innenstadt bietet viele Einkehrmöglichkeiten und Sehenswürdigkeiten wie den Runden Turm und die Pfarrkirche Maria Himmelfahrt, den Andernacher Dom.

Auf dem Weg entlang der eindrucksvollen Stadtmauer erreichen wir die **Stadtburg Andernach (P10)** und erleben, was man unter einer „Essbaren Stadt“ versteht. In Andernach werden Kräuter, Obst und Gemüse auf öffentlichen Flächen kultiviert, und jeder darf probieren und genießen.

P10
38.9 km
3h 15'

Die **Nette-Obst-Radrunde** führt uns entlang der Koblenzer Straße durch ein Gewerbegebiet aus Andernach heraus. Beim Friedhof queren wir die Ausfallstraße und fahren am Containerhafen vorbei zum Rheinufer. Es folgt ein herrlicher Streckenabschnitt durch die Rheinwiesen und Überschwemmungsflächen zur **Nette-Mündung (P11)** bei Weißenthurm. Unterwegs kommen wir an stimmungsvollen Picknickplätzen direkt am Rheinufer vorbei, die zu einer Verschnaufpause einladen.

P11
43.7 km
3h 40'

Anschließend fahren wir unter der mächtigen Rheinbrücke hindurch und können den Blick auf die Rheininsel Weißenthurmer Werth und auf das Stadtpanorama von Neuwied genießen. Der einst landschaftsbestimmende Kühlturm des ehemaligen Kernkraftwerks Mülheim-Kärlich ist inzwischen abgebaut. Die Kapelle Am guten Mann ist einen Abstecher wert, bevor wir das „Kuchenstückhaus“, einen auffälligen Neubau

Ziel
51.3 km
4h 15'

am Ortsrand von Urmitz, erreichen. In Urmitz bietet eine gepflegte Rheinwiese mit dem dort einbetonierten Rheinfischereidenkmal, dem Aalschokker St. Georg, die Gelegenheit zum entspannten Tourenausklang. Denn nach Passieren der Eisenbahnbrücke schließt sich der Kreis am **Parkplatz Rheinbrücke Urmitz (P1).**

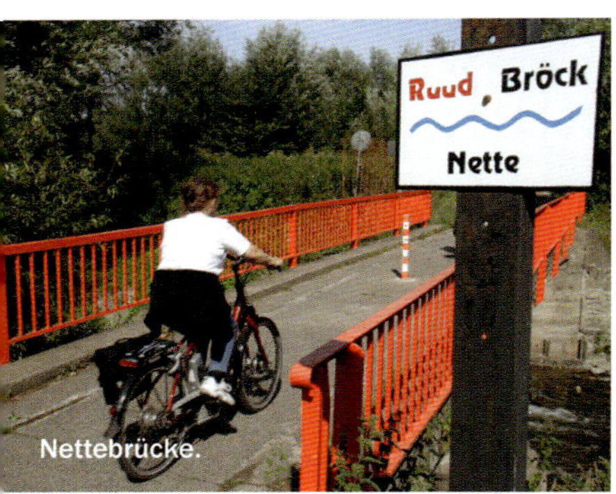

Nettebrücke.

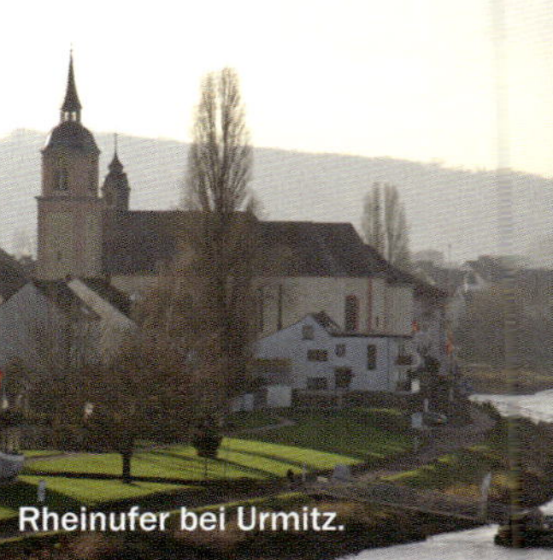
Rheinufer bei Urmitz.

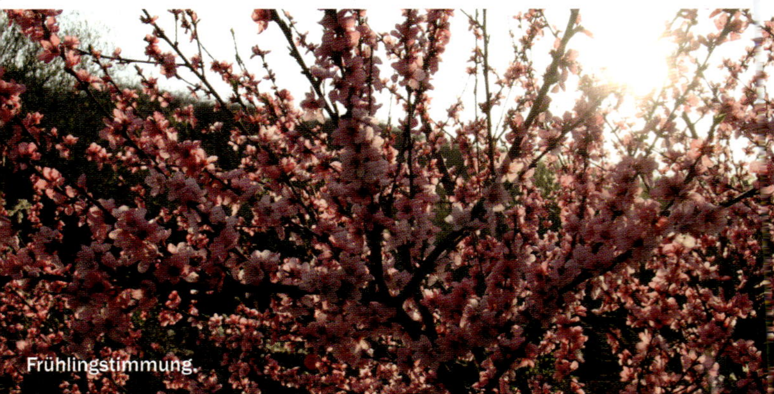
Frühlingstimmung.

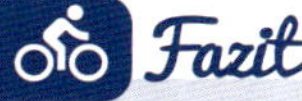

Fazit

Eine Traumtour, speziell während der Obstbaumblüte im Frühling. Doch auch im übrigen Jahr setzt die Strecke mit ihrer landschaftlichen und kulturellen Vielfalt Akzente. Einzelne Passagen entlang dem Rhein und der Nette können bei Hochwasser gesperrt sein.

TourTipps

- Tourist Andernach, Hochstraße 80, 56626 Andernach
  ✆ 02632/987948-0, ⓘ www.andernach-tourismus.de

- Anja's Café Petit, Kirchstraße 24-26, 56218 Mülheim-Kärlich
  ✆ 02630/9196877 ⓘ www.cafe-petit.de
- Altes Brauhaus, Kapellenstraße 2, 56218 Mülheim-Kärlich
  ✆ 02630/9190294 ⓘ www.altesbrauhaus-muelheim-kaerlich.de
- Hotel Grüters, Ringstrasse 1, 56218 Mülheim-Kärlich
  ✆ 02630/9416-0 ⓘ www.hotel-grueters.de
- Hotel & Restaurant Villa am Rhein, Konrad-Adenauer-Allee 3, 56626 Andernach
  ✆ 02632/92740 ⓘ www.villa-am-rhein.de
- Rheinhotel LARUS, In der Obermark 7, 56220 Kaltenengers
  ✆ 02630/98980 ⓘ www.rheinhotel-larus.de
- Rheinterrasse im Parkhotel Andernach, Konrad-Adenauer-Allee 1, 56626 Andernach
  ✆ 02632/920500 ⓘ www.parkhotel-andernach.de
- Zur Linde, Bachstraße 12, 56218 Mülheim-Kärlich
  ✆ 02630/4130 ⓘ www.zurlinde.info

- Fahrrad Esper, Landsegnung 38, 56626 Andernach
  ✆ 02632/43458 ⓘ www.fahrrad-esper.de
- Fahrrad-XXL Franz, Industriestraße 18, 56218 Mülheim-Kärlich
  ✆ 0261/133686-0 ⓘ www.fahrrad-xxl.de
- Zweirad Oberkirch, In den Mittelweiden 5, 56220 Urmitz am Rhein
  ✆ 02630/7139 ⓘ www.zweirad-oberkirch.de
- Zweirad-Center Stadler, Industriestraße 15, 56218 Mülheim-Kärlich
  ✆ 0261/988897-0 ⓘ https://shop.zweirad-stadler.de

- Freibad Andernach, Stadionstraße, 56626 Andernach
  ✆ 02632/43685 ⓘ www.andernach.de
- Freibad Pellenz, Rauscherstraße 98, 56626 Andernach-Plaidt
  ✆ 02632/5674 ⓘ www.pellenz.de

Tour-Code: **BT1X215** (www.wander-touren.com)

Direkt zum Startpunkt mit scan to go®

Rheinradweg 2

Mit dem zum Weltkulturerbe erklärten Oberen Mittelrheintal lernen wir einen der schönsten Streckenabschnitte des Rheinradwegs kennen. Von Boppard fahren wir rechtsrheinisch nach Koblenz und auf der linken Rheinseite zurück. Dabei können wir jederzeit auf Schiff oder Bahn umsteigen.

Start/Ziel: Bahnhof Boppard, Heerstraße 193, 56154 Boppard
N 50° 13' 54.8" • E 7° 35' 10.2"

Anfahrt: B 9 am Rhein entlang bis Boppard, in Boppard Ausfahrt P2/P4/Fähre folgen, P2 Ecke Kaiser-Friedrich-Straße/Rheinallee.

Parkplatz: P2 Ecke Kaiser-Friedrich-Straße/Rheinallee, 56154 Boppard
N 50° 13' 54.6" • E 7° 35' 57.7"

Zug: Mittelrheinbahn RB 26, Mittelrhein-Main-Express RE 2, und Hunsrückbahn RB 37 bis Bahnhof Boppard

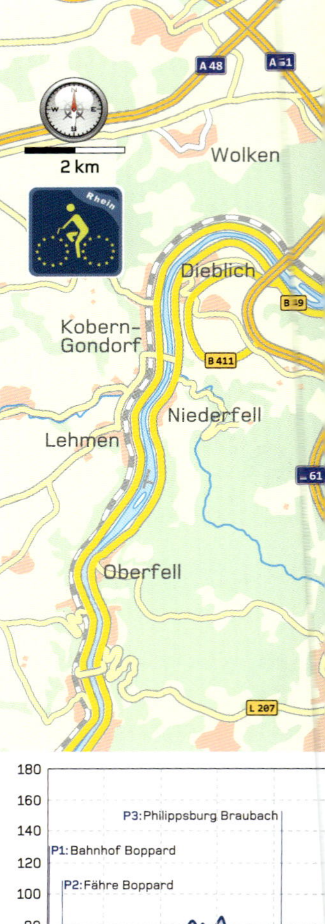

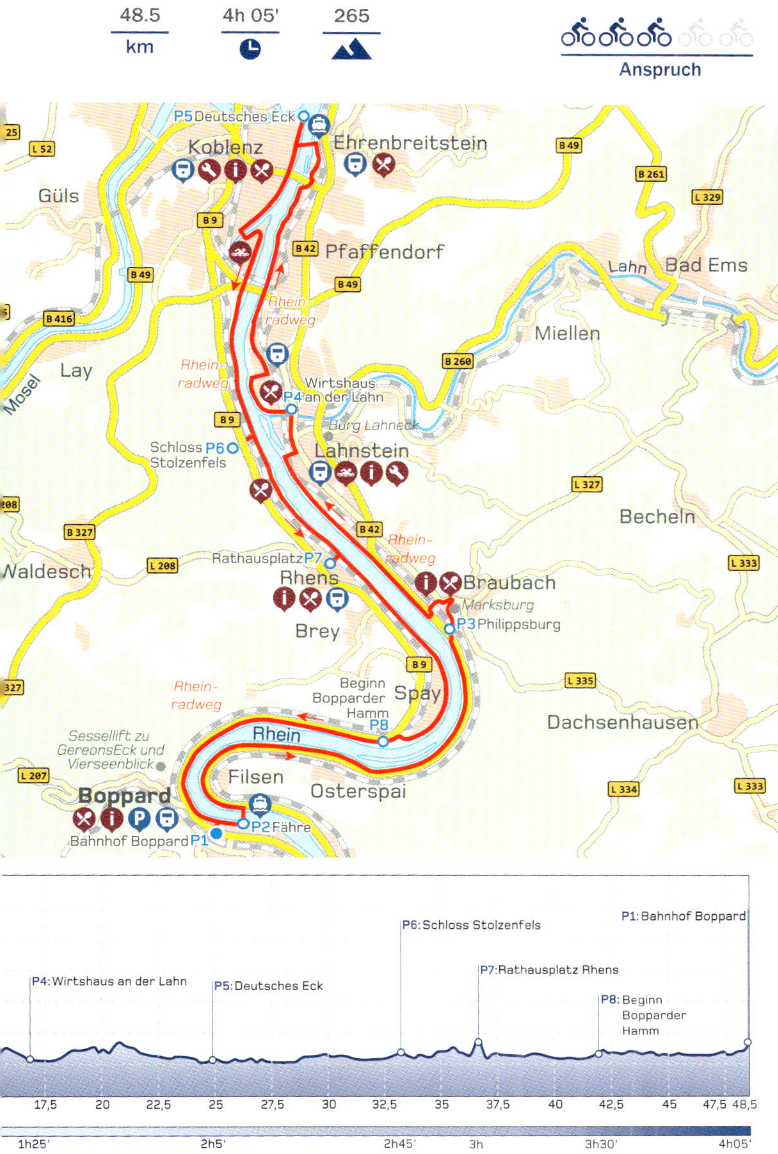
48.5
km
4h 05'
265
Anspruch
P5 Deutsches Eck
Koblenz
Ehrenbreitstein
Güls
Pfaffendorf
Lahn
Bad Ems
Rhein-radweg
Miellen
Lay
Mosel
Wirtshaus an der Lahn
P4
Burg Lahneck
Schloss Stolzenfels P6
Lahnstein
Becheln
Rathausplatz P7
Rhens
Braubach
Marksburg
P3 Philippsburg
Brey
Waldesch
Beginn Bopparder Hamm
Spay
P8
Rhein
Dachsenhausen
Sessellift zu GereonsEck und Vierseenblick
Filsen
Osterspai
Boppard
P2 Fähre
Bahnhof Boppard P1
P4: Wirtshaus an der Lahn
P5: Deutsches Eck
P6: Schloss Stolzenfels
P7: Rathausplatz Rhens
P8: Beginn Bopparder Hamm
P1: Bahnhof Boppard
17,5
20
22,5
25
27,5
30
32,5
35
37,5
40
42,5
45
47,5
48,5
1h25'
2h5'
2h45'
3h
3h30'
4h05'

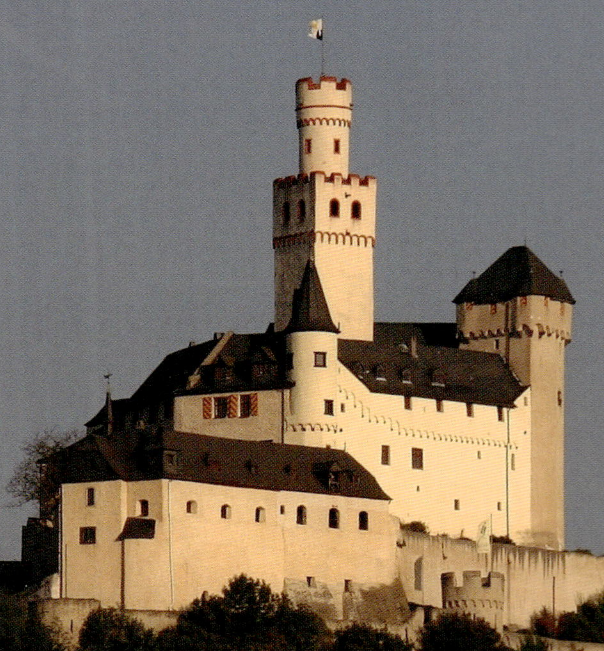

Mittelrhein-Momente

Die stolze Marksburg.

Das „Nizza am Rhein“, wie Boppard auch genannt wird, verdankt seinen Namen dem sonnenverwöhnten Klima und den Belle-Époque-Hotels mit ihren eleganten Rheinterrassen. Vom **Bahnhof Boppard (P1)** sind es nur wenige Meter zur Rheinpromenade, wo wir auf den **Rheinradweg** treffen. Entlang der Uferfront gelangen wir zur Kurfürstlichen Burg und zum Fähranleger.

P1
Start

Wir können die Tour nach Lust und Laune modifizieren, indem wir auf einzelnen Streckenabschnitten auf das Schiff oder die Eisenbahn umsteigen. Die Fahrpläne der Linienschiffe und deren Anlegestellen sind in Boppard an der Uferpromenade angeschlagen.

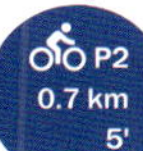

Von der **Fähre (P2)** (www.faehre-boppard.de) aus kommt die prächtige Häuserfront Boppards vor dem mächtigen Hang der Rheinebene bestens zur Geltung. Auf der rechten Rheinseite verläuft der Radweg am Rheinufer entlang der B 42. Wir fahren durch Filsen und Osterspai, wo das Naturschutzgebiet „Auf der Schottel“ beginnt. Die künstliche Halbinsel mit altem Pappel- und Weidenbestand trennt wie ein Wellenbrecher das stehende Gewässer vom Fluss.

Wir folgen dem Rheinbogen und blicken gebannt auf die hoch über Braubach thronende Marksburg (www.marksburg.de), die einzige unzerstörte Höhenburg am Mittelrhein. Der **Rheinradweg** führt an Braubach vorbei, doch den Abstecher durch die verwinkelte Altstadt sollten wir uns gönnen. Dazu überqueren wir vor Schloss **Philippsburg (P3)** die B 42. Das Renaissanceschloss wurde 1571 fertiggestellt. Adelige wollten damals lieber komfortabel im Tal als in einer engen Höhenburg leben. In Braubach scheint die Zeit stehen geblieben, und Fachwerkhäuser bilden eine perfekte Mittelalterkulisse. Burgliebhaber sollten unbedingt die steile Rampe zur Marksburg hinaufstrampeln und an einer Führung teilnehmen.

P3
10.2 km
50'

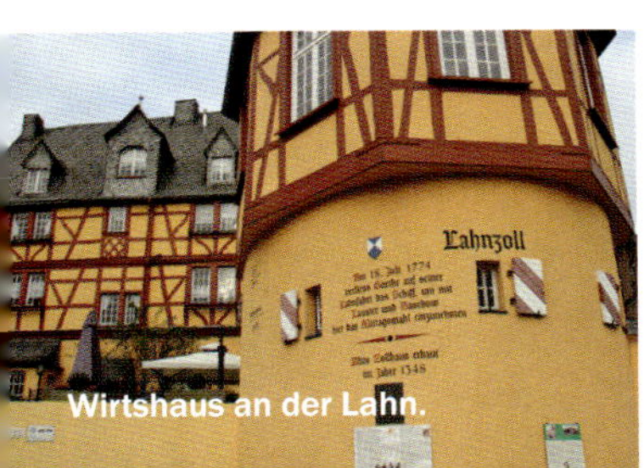

Wirtshaus an der Lahn.

Zurück auf dem **Rheinradweg** folgt Lahnstein. Die Stadt zählt zu den vier zentralen Standorten der BUGA 2029. Unter dem Arbeitstitel „Hafen des Wissens“ wird das komplette Lahnsteiner

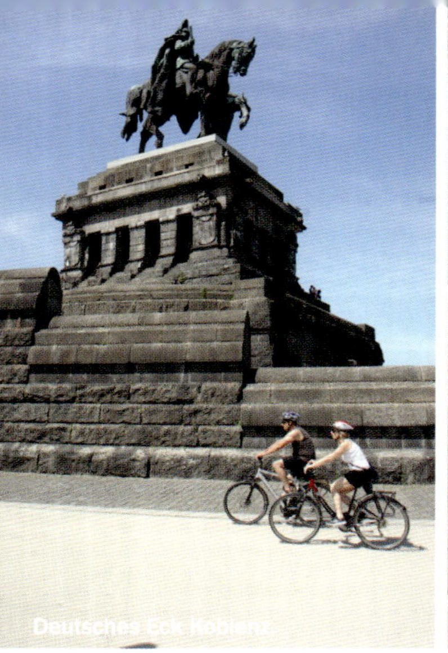
Deutsches Eck Koblenz.

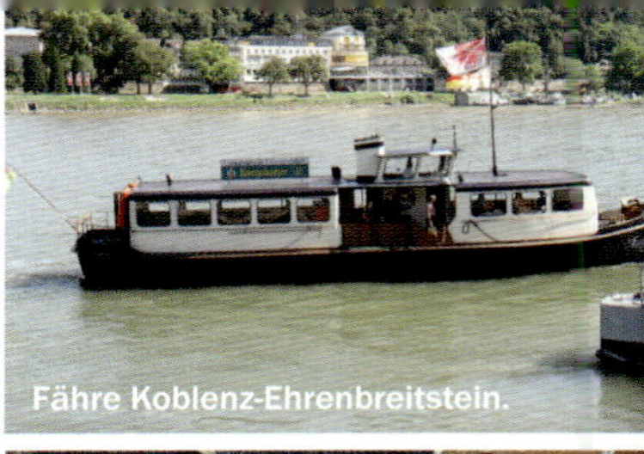
Fähre Koblenz-Ehrenbreitstein.

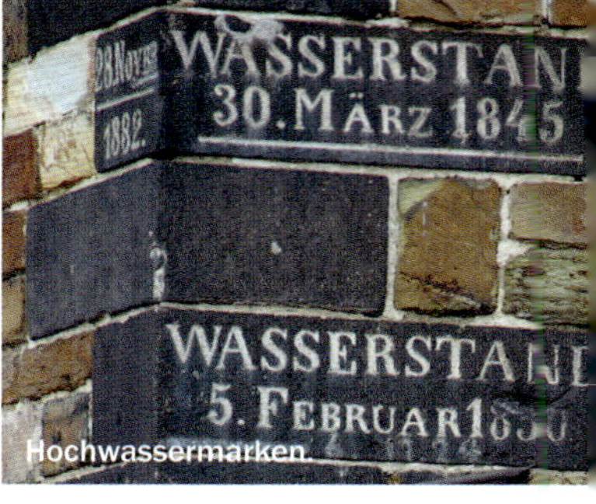

Hochwassermarken.

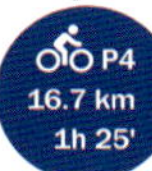
P4
16.7 km
1h 25'

Rheinufer zusammen mit dem Hafengelände neugestaltet. Für Radfahrer ist eine neue Fahrradbrücke über die Lahn vorgesehen. Am Ortseingang passieren wir das beeindruckende Schloss Martinsburg. Der Radweg führt aktuell durch Oberlahnstein zur Lahnbrücke und zum **Wirtshaus an der Lahn (P4)** (www.wirtshaus-an-der-lahn.info), wo wir uns in dem herrlich gelegenen Biergarten mit Blick auf Burg Lahneck eine Pause verdient haben. Der Gasthof mit eigenem Zollturm existiert seit 1697. Anschließend folgen wir der Lahn auf ihren letzten Metern zum Rhein und erfreuen uns an Schloss Stolzenfels auf der gegenüberliegenden Rheinseite.

In Niederlahnstein zwingen uns ein Gewerbegebiet und die Löhnberger Mühle zu einem Umweg. Zurück am Rheinufergeht es unter der Südbrücke und Horchheimer Eisenbahnbrücke hindurch nach Koblenz-Pfaffendorf. Wegen des Neubaus der Pfaffendorfer Brücke (vermutlich bis 2028) bestehen Umleitungen. Nach der Baustelle im Bereich der Brückenauffahrt kommen wir am Yachthafen der Rhein Marina Kaiser Willhelm und an Diehls Hotel vorbei, ehe wir den Anleger der Fähre Koblenz-Ehrenbreitstein erreichen.

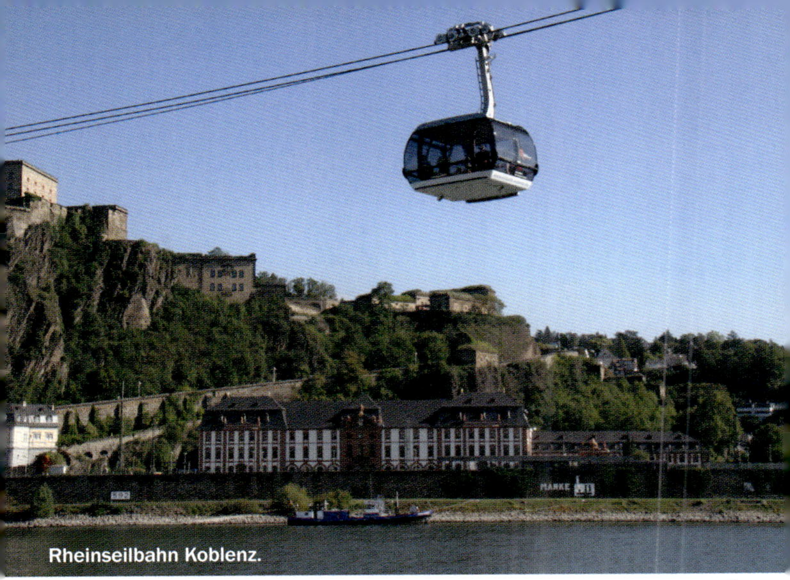

Rheinseilbahn Koblenz.

Vor der Überfahrt lohnt sich ein Abstecher in den beschaulichen Stadtteil Ehrenbreitstein mit dem Rhein-Museum (www.rhein-museum.de). Die Überfahrt mit der Personenfähre Schängel (Fährbetrieb von Ostern bis 30.10., alternativ kann man über die Pfaffendorfer Brücke fahren) weckt Urlaubsgefühle und ist die schönste Art die Koblenzer Altstadt zu ereichen. Mit dem **Deutschen Eck (P5)** am Zusammenfluss von Mosel und Rhein erreichen wir den Wendepunkt unserer Tour.

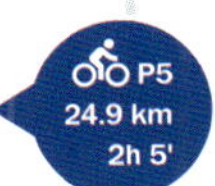

107 Stufen führen hinauf zum Aussichtsring unterhalb des Reiterstandbildes von Kaiser Wilhelm I. Das monumentale Standbild wurde 1897 zu Ehren der Einigung des Deutschen Reiches erbaut. Nachdem das Denkmal im 2. Weltkrieg zerstört worden war, ziert seit 1993 eine Nachbildung den Sockel.

Trotz des Trubels bieten sich das Deutsche Eck und die Rheinpromenade, z.B. mit der Terrasse des Pegelhauses (www.restaurant-pegelhaus.de), für eine Erfrischungspause an. Zur BUGA 2011 wurden die Rheinpromenade und der Schlossgarten neu gestaltet, das Schloss renoviert und die Rheinseilbahn als Touristenattraktion eingeweiht. Die Seilbahn hinüber zur Festung Ehrenbreitstein (www.diefestungehrenbreitstein.de), eine preußische Befestigungsanlage aus dem 19. Jh., ist äußerst empfehlenswert und ein Muss für jeden Koblenz-Besucher. Nach dem Kurfürstlichen Schloss fahren wir durch die Kaiserin-Augusta-Anlage.

An einem großen, weißen Rondell begegnen wir der Marmorstatue der Kaiserin, die von 1850 bis 1858 im Kurfürstlichen Schloss lebte. Während des Augusta-Festes (www.weinfestival-koblenz.de) flanieren Damen und Herren in historischen Gewändern auf dem prächtigen Uferboulevard durch die von dem preußischen Gartenbaudirektor Peter Joseph Lenné angelegten Anlagen.

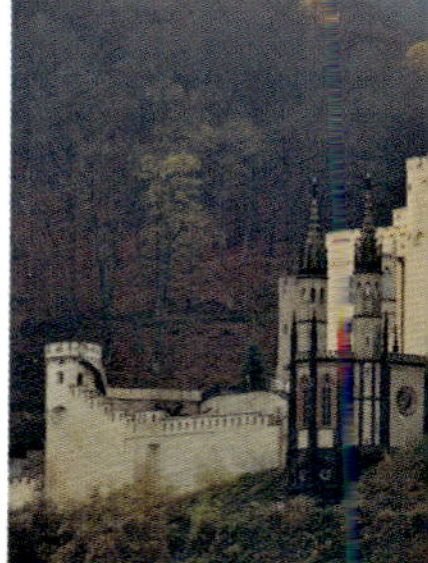

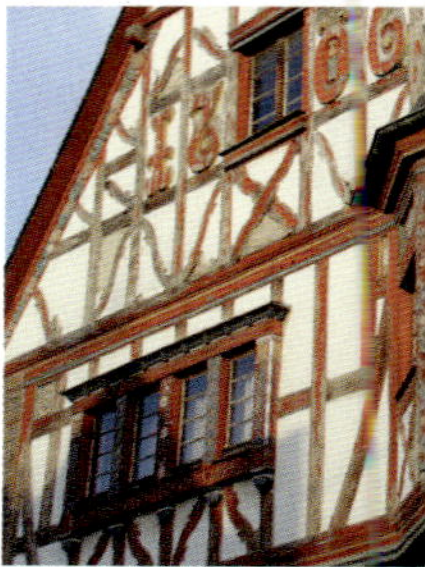

Wir radeln entlang einem Altrheinarm weiter und passieren bei unserem Schlenker durch Oberwerth das Freibad und die Sportschule. Es folgt ein nicht geteerter Streckenabschnitt entlang dem Rheinufer vorbei an der ehemaligen Koblenzer Brauerei. Auf der gegenüberliegenden Rheinseite blicken wir auf das beeindruckende Backsteingebäude der Löhnberger Mühle, wo ein riesiges Bauprojekt Namens „Rhein Lahn Living“ geplant ist. Anschließend bestimmt Schloss Stolzenfels, der Inbegriff der preußischen Rheinromantik, den Blick. Es thront in malerischer Lage vor uns auf einem Felssporn über dem Rhein.

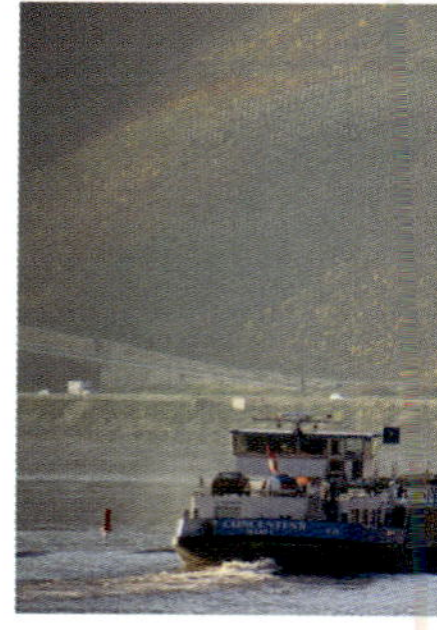

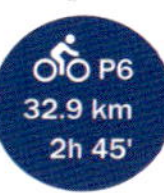

In Stolzenfels sollte man unbedingt die Mühe auf sich nehmen und den steilen Weg durch den herrlich angelegten Landschaftspark zu **Schloss Stolzenfels (P6)** (www.schloss-stolzenfels.de) hinaufgehen. Die Stadt Koblenz schenkte 1823 die Ruine der Burg Stolzenfels dem preußischen Kronprinzen und späteren König

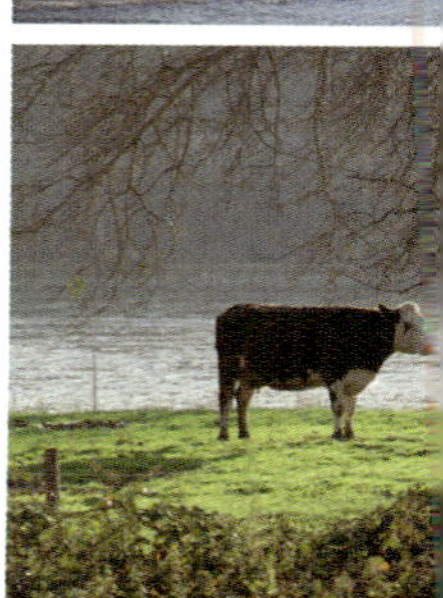

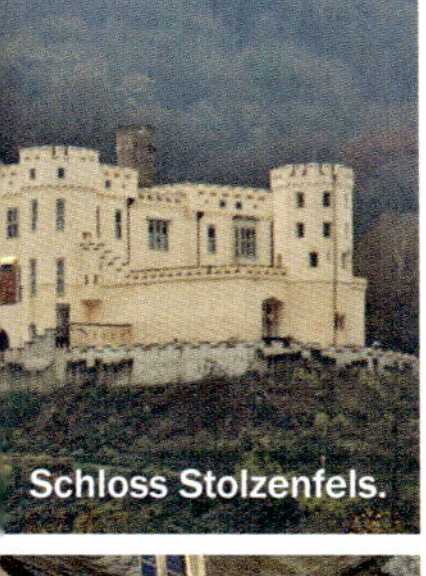
Schloss Stolzenfels.

Friedrich Wilhelm IV. Dieser ließ Schloss Stolzenfels von seinem Hofarchitekten Karl Friedrich Schinkel als Sommerresidenz neu errichten. Die Schlossführung vermittelt eindrucksvoll die Verbindung von Schloss, Gärten und Rhein zum romantischen Gesamtkunstwerk. Der Blick von der Schlossterrasse ist kolossal. Die Räder hatten wir am Eingang zum Schlosspark abgestellt.

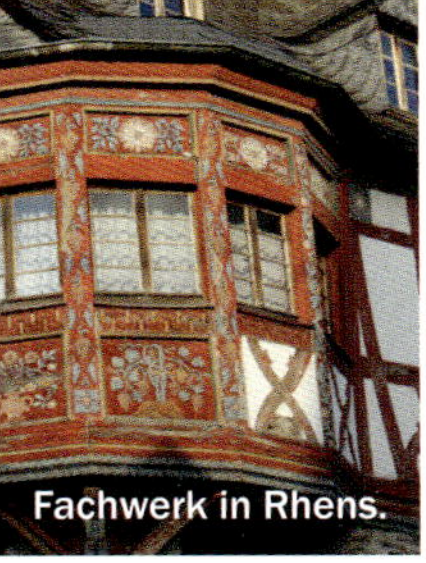
Fachwerk in Rhens.

Das Obere Mittelrheintal (www.welterbe-mittelrhein.de) zwischen Koblenz und Bingen, zählt zum UNSECO-Welterbe. Nirgendwo sonst finden sich so viele Schlösser, Burgen und Ruinen auf so engem Raum. Der **Rheinradweg** verläuft anschließend teils direkt am Fluss und teils in zweiter Uferreihe. Wir kommen am Biergarten des Restaurants „Zur Kripp" vorbei und werden auf einer Kopfsteinpflasterpassage durchgerüttelt. Beim Rhenser Mineralbrunnen können wir unsere Radflaschen auffüllen.

P7
36.4 km
3h

In **Rhens** lohnt sich ein Abstecher zum **Rathausplatz (P7)** mit seinen herrlichen Fachwerkhäusern. Das eindrucksvollste Gebäude ist das reich verzierte Rathaus. Auf der gegenüberliegenden Rheinseite bestimmen die mächtige Marksburg und die drei markanten Schornsteine der Blei- und Silberhütte Braubach das Bild. Der folgende Abschnitt entlang dem Rheinbogen bei den Weinorten Brey und Spay mit ihren netten Fachwerkhäusern, den urigen Winzerhöfen und Rastplätzen am Rheinufer bietet Radelvergnügen par excellence.

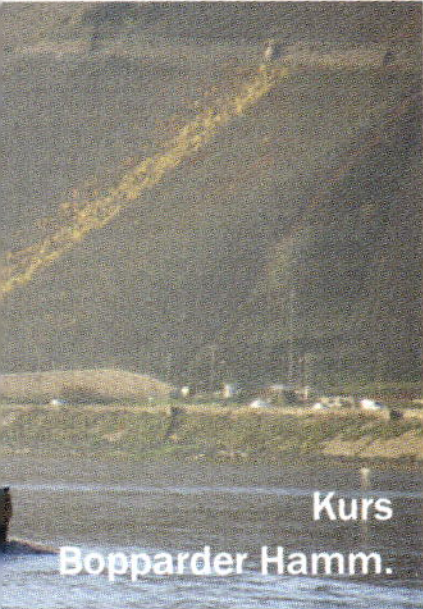
Kurs Bopparder Hamm.

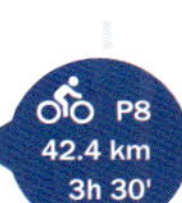
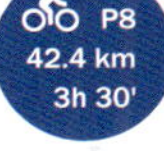

Anschließend fahren wir neben der B 9 entlang, wo wir den **Beginn** der imposant wirkenden Wand des **Bopparder Hamms (P8)** mit seinen Weinbergterrassen erreichen. Der Bergrücken erstreckt sich in Südausrichtung. Die intensive Sonneneinstrahlung,

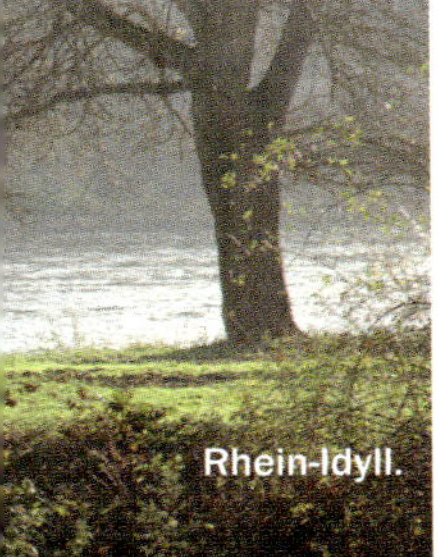
Rhein-Idyll.

das besondere Terroir der Schieferböden, die Rheinnähe und Steillagen mit bis zu 70 Prozent Hangneigung garantieren die herausragende Qualität der Weine des Bopparder Hamms.

Ziel 48.5 km 4h 05'

In Boppard laden die Innenhöfe und Terrassen der Cafés, Restaurants und Gastwirtschaften zu einem Einkehrschwung ein, bevor wir zum **Bahnhof (P1)** zurückkehren. Wer genug Zeit mitbringt, kann vom Mühltal aus mit dem Sessellift (www.sesselbahn-boppard.de) zu Gedeonseck und Vierseenblick fahren und die Bopparder Rheinschleife von oben bewundern. Vom Mühltal aus kommt man natürlich auch mit dem Fahrrad auf einem Serpentinensträßchen den Hang hinauf.

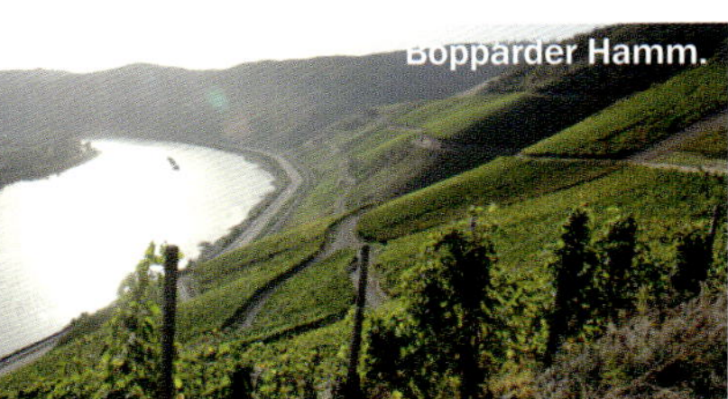
Bopparder Hamm.

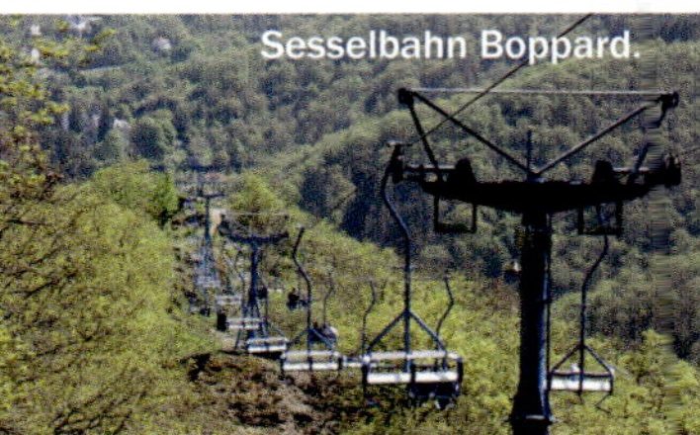
Sesselbahn Boppard.

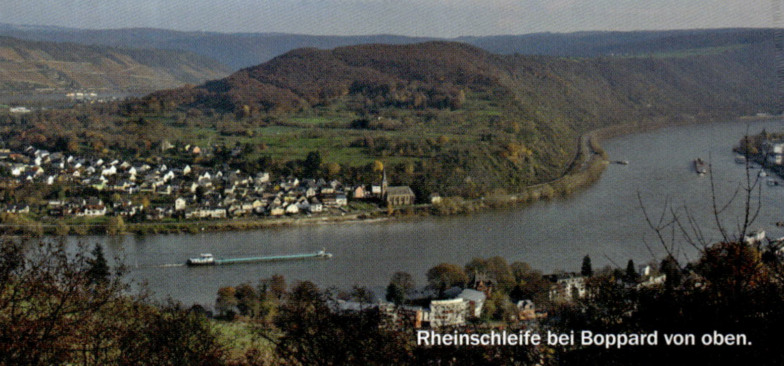
Rheinschleife bei Boppard von oben.

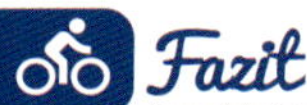

Fazit

Die Rheinnähe, herrliche Panoramablicke, die Vielzahl der Sehenswürdigkeiten und der „Genussfaktor" Wein machen die Tour zum besonderen Erlebnis. Für die Fähre brauchen wir etwas Kleingeld. Uferwege am Rhein können bei Hochwasser gesperrt sein.

TourTipps

- Tourist-Info Boppard, Marktplatz (Altes Rathaus), 56154 Boppard
  06742/3888 www.boppard-tourismus.de
- Tourist-Info Braubach, Rathausstraße 8, 56338 Braubach
  02627/976001 www.braubach.welterbe-mittelrheintal.de
- Tourist-Info Koblenz im Forum Confluentes, Zentralplatz 1, 56068 Koblenz
  0261/1291610 www.koblenz-touristik.de
- Tourist-Info Lahnstein, Salhofplatz 3, 56112 Lahnstein
  02621/914-171 www.lahnstein.de
- Tourist Info Erlebnis Rheinbogen, Am Viehtor 2, 56321 Rhens
  02607/49-510 www.erlebnis-rheinbogen.de

- Café am Kapuzinerplatz, Humboldtstraße 133, 56077 Koblenz 0176/29364790
- Hotel Ebertor, Heerstraße 172, 56154 Boppard
  06742/8070 www.das-ebertor.de
- Pegelhaus, Konrad-Adenauer-Ufer 1, 56068 Koblenz
  0261/91489644 www.restaurant-pegelhaus.de
- Roter Ochse, Hochstraße 27, 56321 Rhens
  02628/2221 www.roter-ochse.de
- Weindorf Koblenz, Julius-Wegeler-Straße 2, 56068 Koblenz
  0261/133719-0 www.weindorf-koblenz.de
- Wirtshaus an der Lahn, Lahnstraße 8, 56112 Lahnstein
  02621/6279670 www.wirtshaus-an-der-lahn.info
- Zur Kripp, Brunnenstraße 23-25, 56075 Koblenz-Stolzenfels
  0261/2919775 www.hotellerie-zur-kripp.de

- Canyon Bicycles, Karl-Tesche-Straße 12, 56073 Koblenz
  0261/94903000 www.canyon.com
- Laufrad, Bahnhofstraße 27, 56112 Lahnstein 02621/62197 www.laufrad.com
- Radsport Regenhardt, Markenbildchenweg 28, 56068 Koblenz
  0261/33667 www.radsport-regenhardt.de

- Freibad Lahnstein, Am Burgweg 27, 56112 Lahnstein
  02621/2500 www.lahnstein.de
- Freibad Oberwerth, Haydnstraße 2, 56075 Koblenz
  0261/97335088 www.koblenz.de

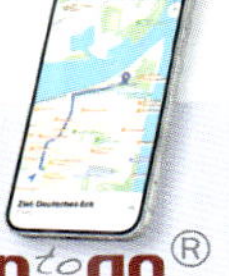

Tour-Code: **BT1X315** (www.wander-touren.com)

Direkt zum Startpunkt mit scan to go®

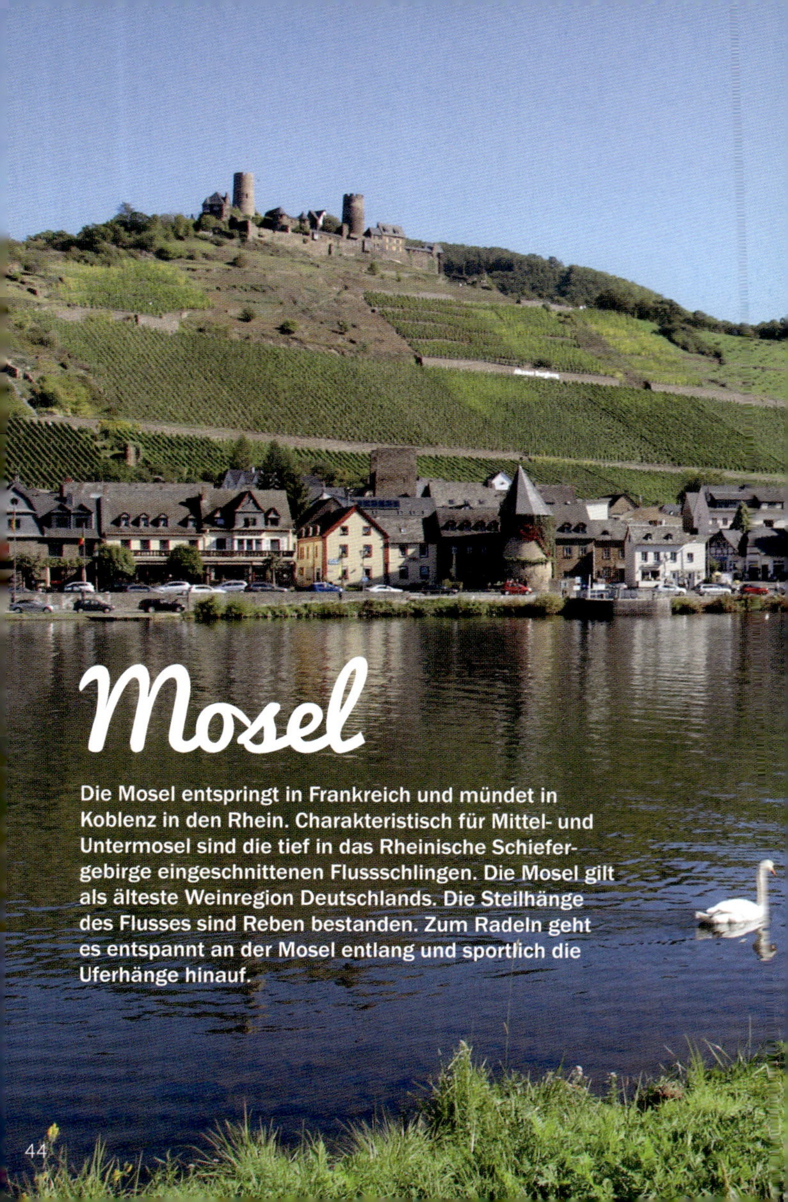

Mosel

Die Mosel entspringt in Frankreich und mündet in Koblenz in den Rhein. Charakteristisch für Mittel- und Untermosel sind die tief in das Rheinische Schiefergebirge eingeschnittenen Flussschlingen. Die Mosel gilt als älteste Weinregion Deutschlands. Die Steilhänge des Flusses sind Reben bestanden. Zum Radeln geht es entspannt an der Mosel entlang und sportlich die Uferhänge hinauf.

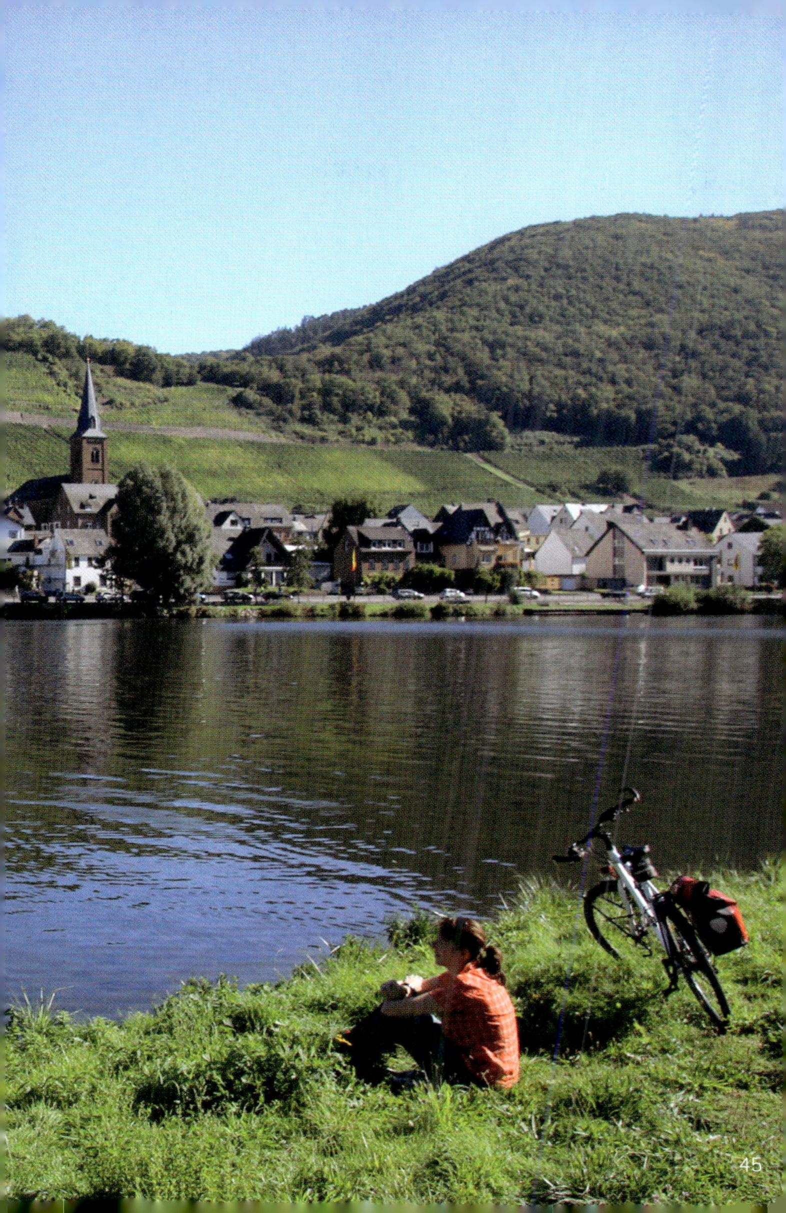

MOSEL 04

Mosel-Genuss-Radeln

Mosel und Wein, das ist fast ein Synonym. Wir erweitern das Begriffspaar um Radeln und Genuss. Willkommen an der Mosel, viel Spaß beim Mosel-Genuss-Radeln. Der Radweg führt von Winningen nach Hatzenport. Zurück geht es wahlweise mit der Bahn oder mit dem Fahrrad entlang dem Moselufer.

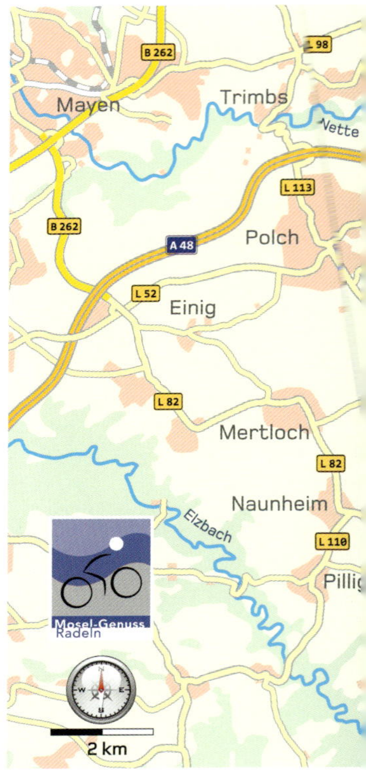

Start/Ziel: Bahnhof Winningen, Bahnhofstraße 9a, 56333 Winningen
N 50° 18' 55.6" • E 7° 31' 22.0"

Anfahrt: A 61 bis Ausfahrt Koblenz-Metternich, ein paar Meter auf der L 52, K 21 Richtung Winningen/ Flughafen folgen, rechts auf L 125 abbiegen, in Winningen beim Rathaus links in die Bahnhofstraße abbiegen

Parkplatz: Parktaschen in der Bahnhofstraße beim Bahnhof Winningen

Zug: Moseltalbahn RB 81 bis Bahnhof Winningen

Variante kurz
18.7 km | 1h 35' | 140 ↑ ↓ 130

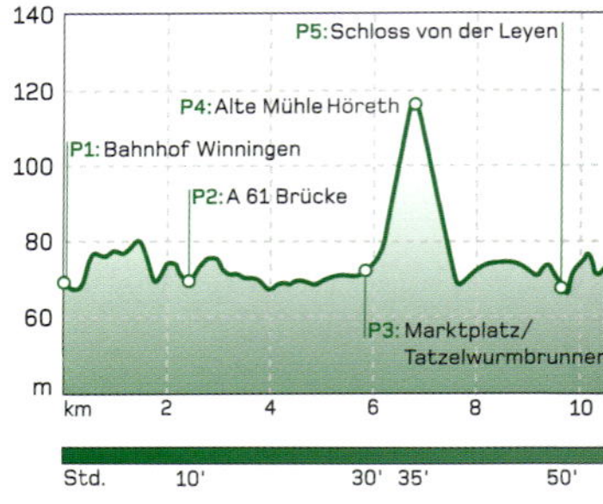

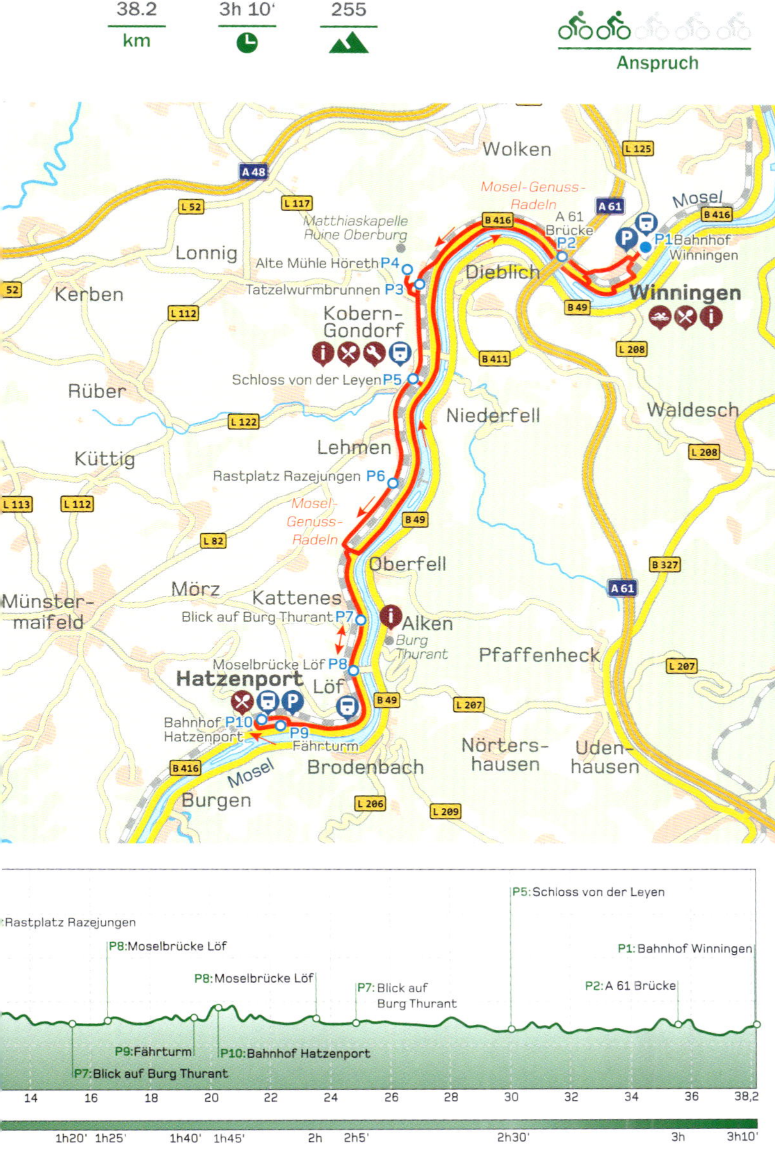

38.2
km
3h 10'
255
Anspruch
Wolken
Mosel-Genuss-Radeln
A 61 Brücke
P2
P1 Bahnhof Winningen
Mosel
Winningen
Matthiaskapelle Ruine Oberburg
Lonnig
Alte Mühle Höreth P4
Tatzelwurmbrunnen P3
Dieblich
Kerben
Kobern-Gondorf
Schloss von der Leyen P5
Rüber
Niederfell
Waldesch
Lehmen
Küttig
Rastplatz Razejungen P6
Mosel-Genuss-Radeln
Oberfell
Mörz
Kattenes
Münster-maifeld
Blick auf Burg Thurant P7
Alken
Burg Thurant
Pfaffenheck
Moselbrücke Löf P8
Hatzenport
Löf
Bahnhof Hatzenport P10
P9 Fährturm
Nörters-hausen
Uden-hausen
Brodenbach
Mosel
Burgen
A 48
L 52
L 117
L 125
A 61
B 416
52
L 112
B 49
L 208
B 411
L 122
L 113
L 112
B 49
L 82
B 327
A 61
L 207
B 49
L 207
B 416
L 206
L 209
:Rastplatz Razejungen
P8: Moselbrücke Löf
P8: Moselbrücke Löf
P7: Blick auf Burg Thurant
P5: Schloss von der Leyen
P1: Bahnhof Winningen
P2: A 61 Brücke
P9: Fährturm
P10: Bahnhof Hatzenport
P7: Blick auf Burg Thurant
14
16
18
20
22
24
26
28
30
32
34
36
38,2
1h20'
1h25'
1h40'
1h45'
2h
2h5'
2h30'
3h
3h10'

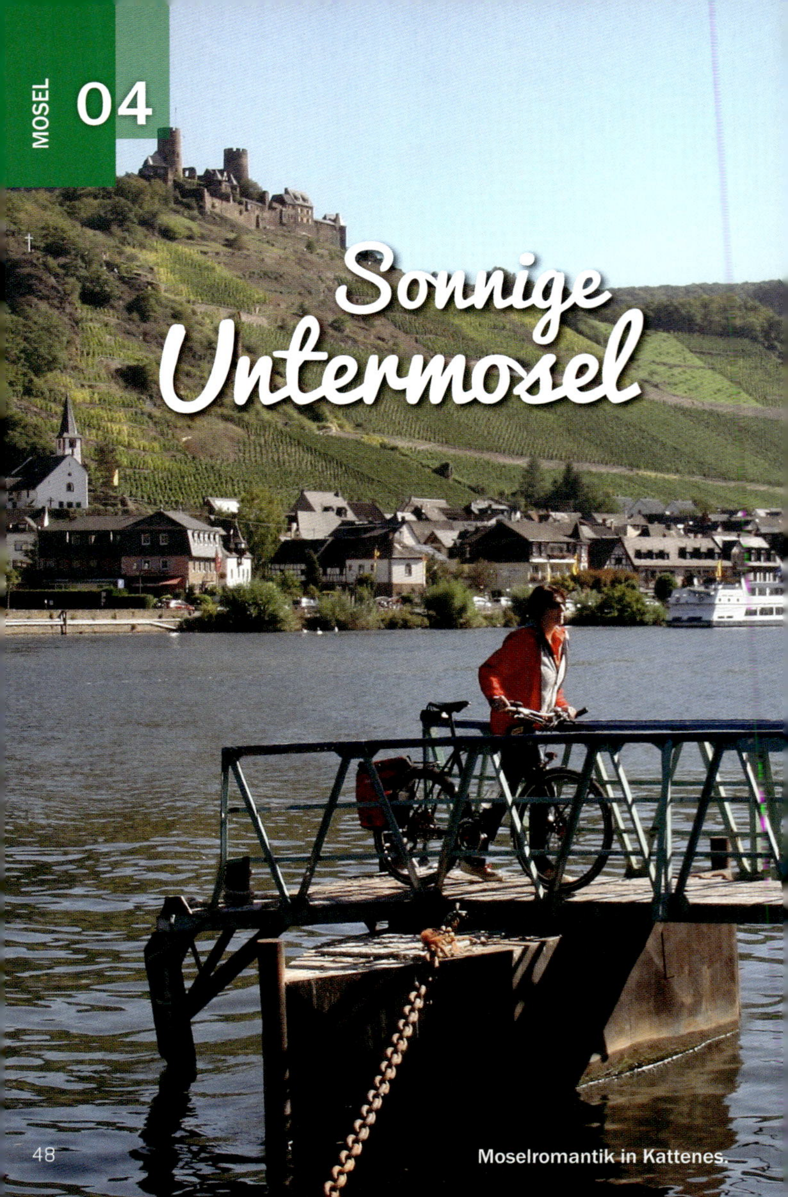

MOSEL 04

Sonnige Untermosel

Moselromantik in Kattenes.

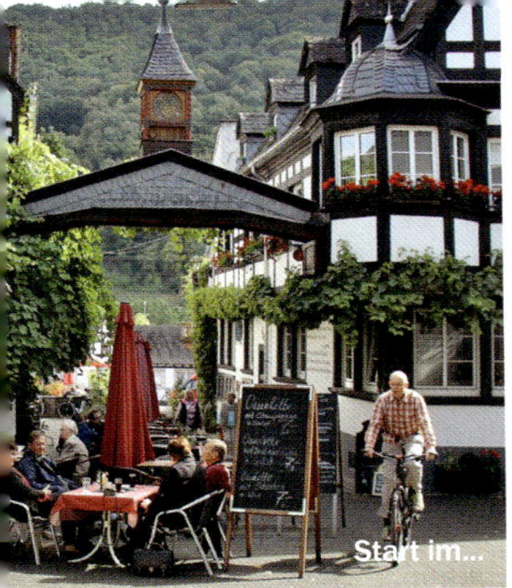
Start im...

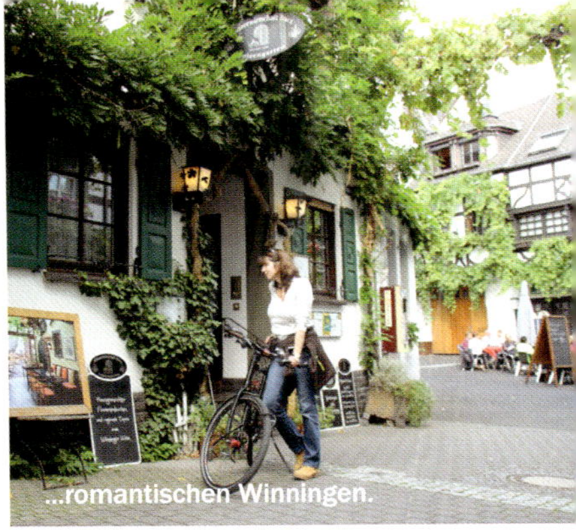
...romantischen Winningen.

Wenig Niederschlag, viel Sonne und ein wunderbar mildes Klima – das „verspricht“ die Tourismuswerbung der Sonnigen Untermosel (www.sonnige-untermosel.de). Dem pittoresken Weindorf Winningen sieht man an, dass es mehrfach bei dem Wettbewerb „Unser Dorf hat Zukunft“ als Gewinner ausgezeichnet wurde. Wir starten am **Bahnhof Winningen (P1)**, in dessen Nähe sich auch Parkplätze befinden. Die Tourist-Info (www.winningen.de) hat ihren Sitz im Rathaus. Ein paar Meter entfernt queren wir die L 125 und biegen beim Weinhof und dem Weinhexbrunnen rechts zum Marktplatz ab.

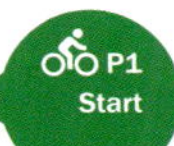

Die Streckenführung des **Mosel-Genuss-Radelns** (www.remet.de) deckt sich bis zur Moselbrücke bei Löf mit dem Mosel-Radweg. Wir verlassen Winningen auf der mit Weinreben überwachsenen Marktstraße. Vor uns überspannt die mächtige **Autobahnbrücke der A 61 (P2)** das Tal. Die Steilheit der Weinbergterrassen ist beeindruckend, und die Arbeit der Winzer in den Steilhängen wirkt halsbrecherisch. Die Hanglage hinter der Autobahnbrücke ist der bekannte Winninger Uhlen. Weinkenner rühmen die Rieslinge des Uhlens für ihre tänzerische Vitalität, gepaart mit Eleganz und Finesse sowie ausgeprägter Mineralität.

Entlang der Eisenbahntrasse erreichen wir das nächste Weindorf. Der **Marktplatz** von Kobern-Gondorf mit seinen adretten Fachwerkhäusern und dem **Tatzelwurmbrunnen (P3)**, der den geschlängelten Lauf der Mosel symbolisiert, ist eine Augenweide. Die Hauptsehenswürdigkeiten des Weindorfes liegen jedoch in den Weinbergen. Am Marktplatz müssen wir uns entscheiden,

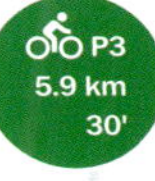

ob wir einen Abstecher zu den beiden Burgruinen und der Matthiaskapelle unternehmen wollen.

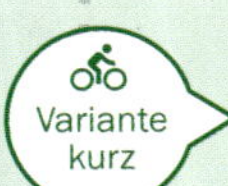

Die kurze Streckenvariante verzichtet auf zusätzliche Höhenmeter und führt direkt über die Kreuzung der L 117 in den Ortsteil Gondorf.

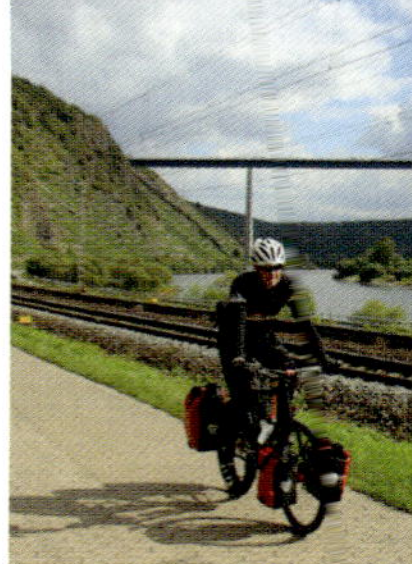

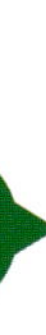

Wer sich für den Abstecher **(lange Streckenvariante)** entscheidet, biegt am Marktplatz rechts ab und kommt an der Pfarrkirche St. Lubentius vorbei zur L 117. Von der nächsten Straßenkehre aus, blicken wir auf das Bilderbuchpanorama mit Glockenturm, Nieder- und Oberburg sowie der sechseckigen Matthiaskapelle oben auf der Bergkuppe. Bei der **Alten Mühle Höreth (P4)** , einem urigen Restaurant in herrlicher Lage, haben wir die Qual der Wahl und können die Serpentinenstraße zur Matthiaskapelle und zur Oberburg mit dem Fahrrad hinaufkurbeln (nicht im GPX-Track aufgeführt), alternativ das Rad zurücklassen und auf dem Kreuzweg nach oben wandern oder es bei dem herrlichen Blick und einem Espresso in der Alten Mühle (www.altemuehlehoereth.de) belassen.

P4
6.7 km
35'

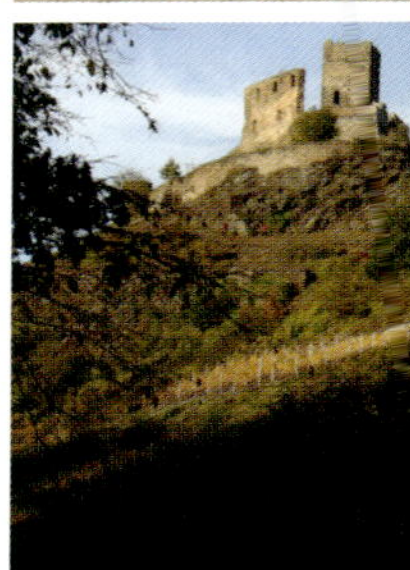

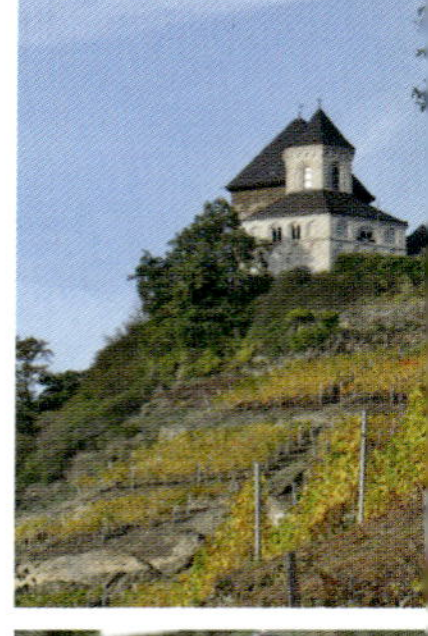

Zurück im Tal, erreichen wir auf der Ortsstraße von Gondorf das neugotische Schloss Liebieg mit einer am Hang gelegenen Kapelle. Nach dem Schloss müssen wir bei einer Fahrbahn-Engstelle gut auf den Gegenverkehr achten. Anschließend treffen wir auf eine Kuriosität: **Schloss von der Leyen (P5)** (www.koberngondorf.de), die einzige Wasserburg an der Mosel, stand der Moderne, sprich dem Schienen- und Straßenverkehr, im Weg. Das kolossale Gebäude wird seit 1876 von der Bahnlinie durchschnitten und seit 1971

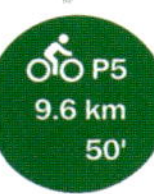

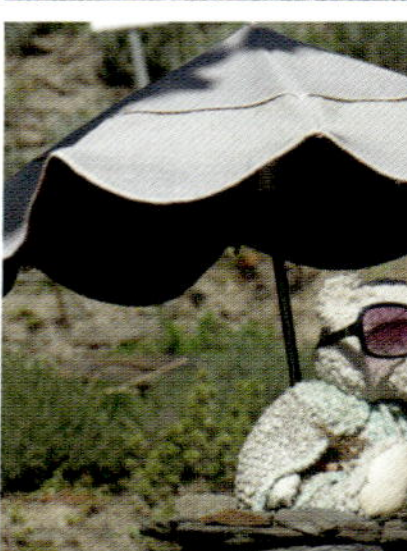

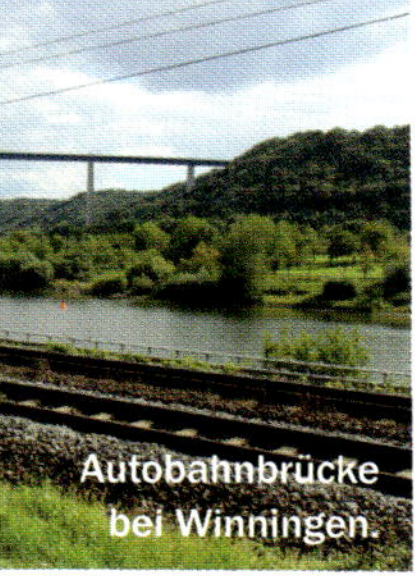
Autobahnbrücke bei Winningen.

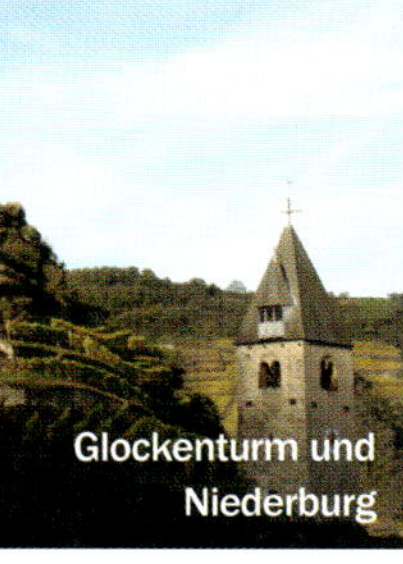
Glockenturm und Niederburg

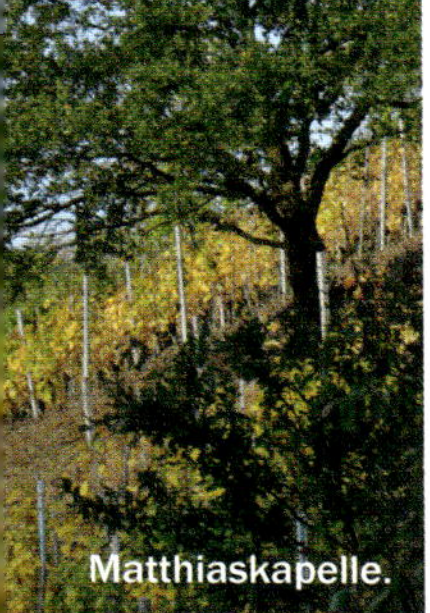
Matthiaskapelle.

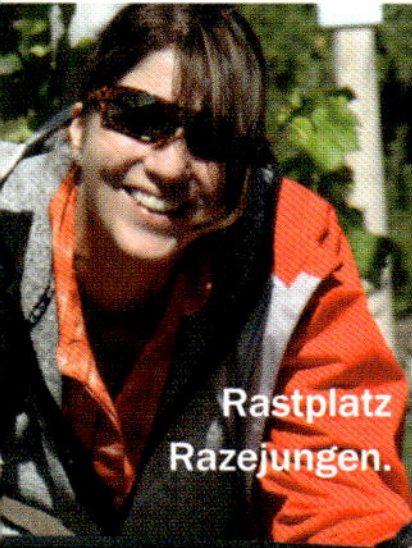
Rastplatz Razejungen.

führt die Bundesstraße durch einen Teil des Erdgeschosses. Das Schloss dient heute dem Koblenzer Landeshauptarchiv als Außenstelle, und die Vorburg beherbergt ein historisches Weinmuseum.

Nach einigen Richtungsänderungen führt der Radweg durch das Weindorf Lehmen. Am Fuß der Weinberge folgt der originelle **Rastplatz Razejungen (P6)** (www.lehmer-razejunge.de) mit Bänken und einem zum Tisch umfunktionierten Maischebehälter. Früher wurde in den Wintermonaten mit dem Rückentragekorb, der Raze, Stallmist in die Weinbergterrassen getragen. Heute pflegt der Verein Lehmer Razejungen das Brauchtum und die Tradition des Weinbaus. Es folgt eine herrliche Passage durch die Weinberge oberhalb der Eisenbahnlinie nach Kattenes.

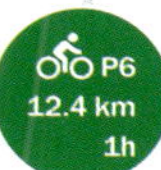

Die Fahrt entlang der Bundesstraße durch Kattenes besticht durch den wunderbaren Blick auf die andere Moselseite mit der Ortschaft Alken und der **Burg Thurant (P7)** (www.thurant.de). Die Doppelburg thront auf einem mit Weinbergen bestandenen Berghang über Alken. Am Ortsende wechseln wir die Straßenseite und können von einer Bank am Moselufer das Panorama genießen. Die Burg Thurant wurde teils auf römischen Grundmauern errichtet und beeindruckt mit zwei Bergfrieden, dem Trierer und dem Kölner Turm. Die Besichtigung der Burg lohnt sich und ist einen Abstecher (nicht im GPX-Track aufgenommen) wert.

P7
15.4 km
1h 20'

In Löf wechselt der Mosel-Radweg die Flussseite. Wir bleiben der **Mosel-Genuss-Radeln-Strecke** treu und fahren unter der **Moselbrücke (P8)** hindurch. Es folgt eine lang gezogene Moselschleife, in der wir auf Hatzenport zusteuern.

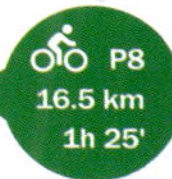

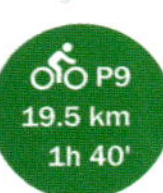

Das malerische Weindorf wird von dem Fährturm am Moselufer und von den beiden Kirchen St. Rochus und St. Johannes geprägt. Der 1863 errichtete **Fährturm (P9)** besaß bis zum Bau der Moselbrücke Löf-Alken im Jahr 1972 eine große Bedeutung. Fähren und Mühlen waren ein finanziell einträglicher Rechtsbesitz der Landesherren. Die Hatzenporter Moselfähre verband den Hunsrück mit der Kornkammer, dem Maifeld, und war zeitweise das größte motorbetriebene Fährschiff an der Mosel.

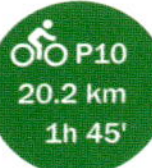

Je nachdem, ob wir die Strecke zurückradeln **(lange Streckenvariante)** oder die Tour in Hatzenport beenden **(kurze Streckenvariante)** und mit der Bahn nach Winningen zurückkehren, bietet sich Hatzenport für einen Aufenthalt an. Empfehlenswert ist beispielsweise der an der Moselstraße gelegene Winzerhof Gietzen (www.winzerhof-gietzen.com). Beim **Bahnhof Hatzenport (P10)** beginnt unser Rückweg entlang der B 416.

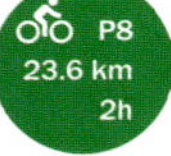

Wir fahren durch den Ort an der Kirche St. Rochus vorbei zur Hofanlage der Apfelwein-Kelterei Hasdenteufel in der Oberstaße (geöffnet nach Vereinbarung), wo seit 1888 Apfelwein und seit 2001 Apfelsekt hergestellt wird. Die Familie Hasdenteufel bietet sogar Betriebsbesichtigungen durch den Gewölbe- und Holzfasskeller an. Anschließend geht es auf der Strecke des Hinwegs an der B 416 entlang zur **Moselbrücke Löf-Alken (P8)**.

P7
24.7 km
2h 5'

In Kattenes verabschieden wir uns von der **Burg Thurant (P7)** und achten auf Höhe der Schiefergrube darauf, dass wir nicht

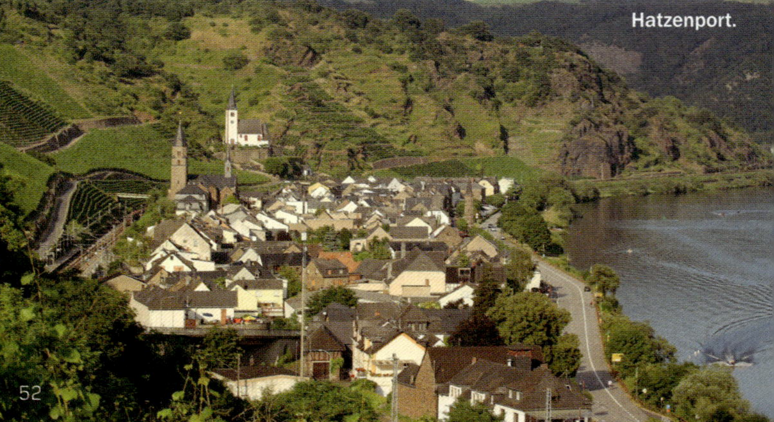
Hatzenport.

dem Hinweg nach links in die Weinberge folgen, sondern die B 416 queren und direkt am Moselufer weiterfahren. Wir passieren die Schleuse der Staustufe Lehmen und pedalieren auf dem Radweg neben der Bundesstraße an Lehmen vorbei.

Ein Höhepunkt des Rückwegs folgt bei **Schloss von der Leyen (P5)**. Die Fahrt durch den Tunneldurchbruch im Erdgeschoss des Schlosses ist etwas Besonderes. Nachdem wir auf Höhe Kobern-Gondorf auf eine Ufernebenstraße gewechselt sind, müssen wir bei einem Tunnel gut aufpassen, dass wir die Auffahrt auf die B 416 nicht verpassen. Das Hinweisschild des Radwegs übersieht man an dieser Stelle gerne. Ab Kobern-Gondorf ist auf der B 416 eine Radwegspur abgetrennt.

P5
30.0 km
2h 30'

Auch in Fahrtrichtung Winningen ist die 136 Meter hohe **Moselbrücke der A61 (P2)** ein imposantes Bauwerk. Wir kommen am Freibad Winningen vorbei und biegen anschließend von der B 416 links in die engen Gassen des Weindorfs ab. Gleich um die Ecke empfängt uns die Gutsschänke Schaaf (www.gutsschaenke.com) mit ihrem hübschen Innenhof. Direkt am Weinhof befindet sich das ehemalige Winninger Spital mit einer Vinothek (www.vinothek-winningen.de). Winningen verfügt über reichlich Gastronomie und bietet damit die Gelegenheit, die Tour gemütlich ausklingen zu lassen.

P2
35.6 km
3h

Winningen ist bekannt für das älteste Winzerfest Deutschlands mit Krönung der Weinkönigin und Proklamation der Weinhexe.

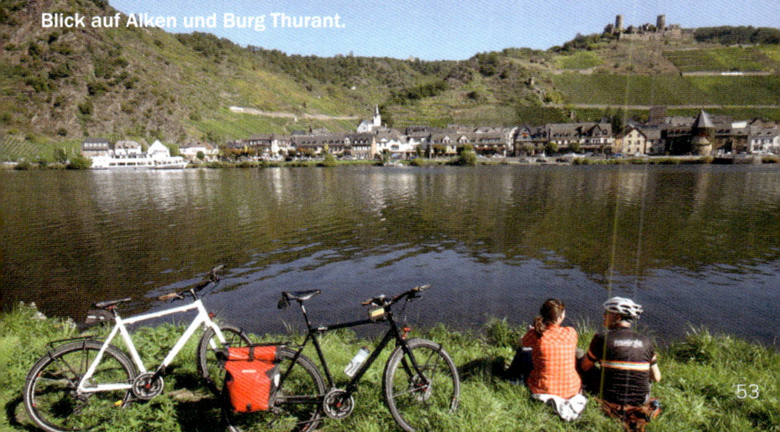
Blick auf Alken und Burg Thurant.

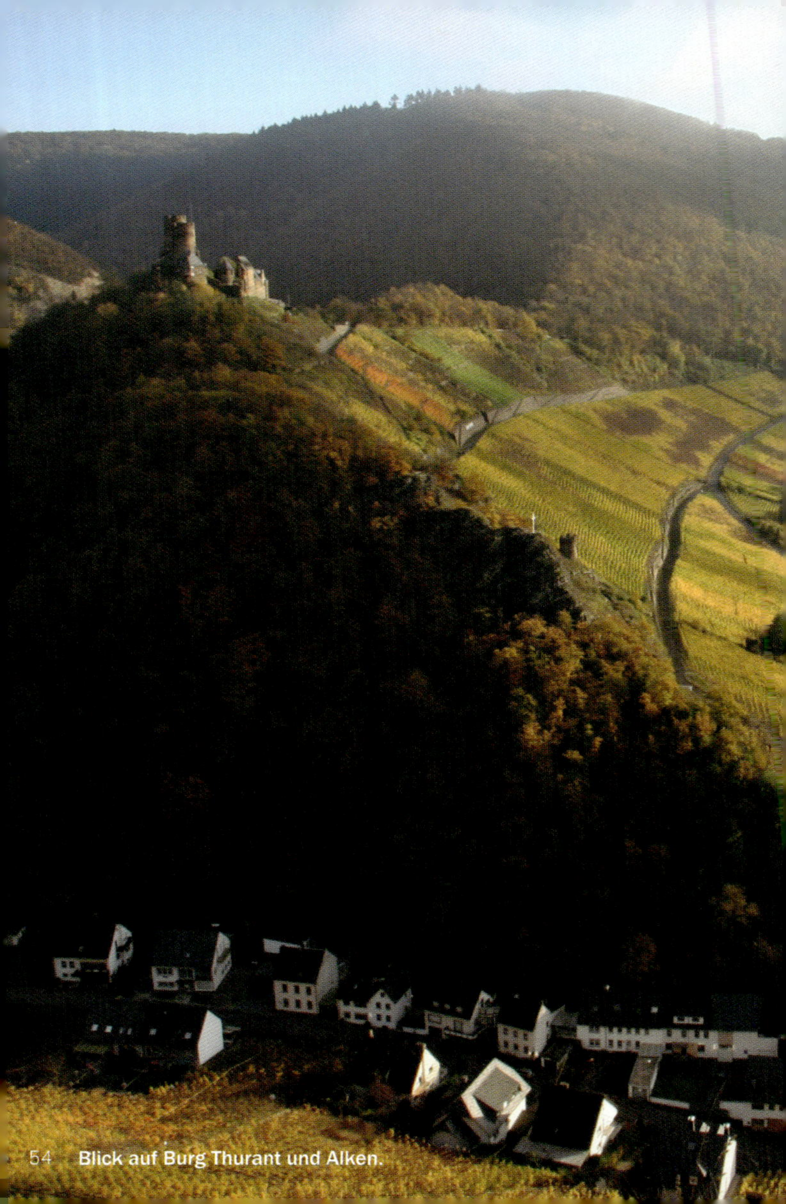

Blick auf Burg Thurant und Alken.

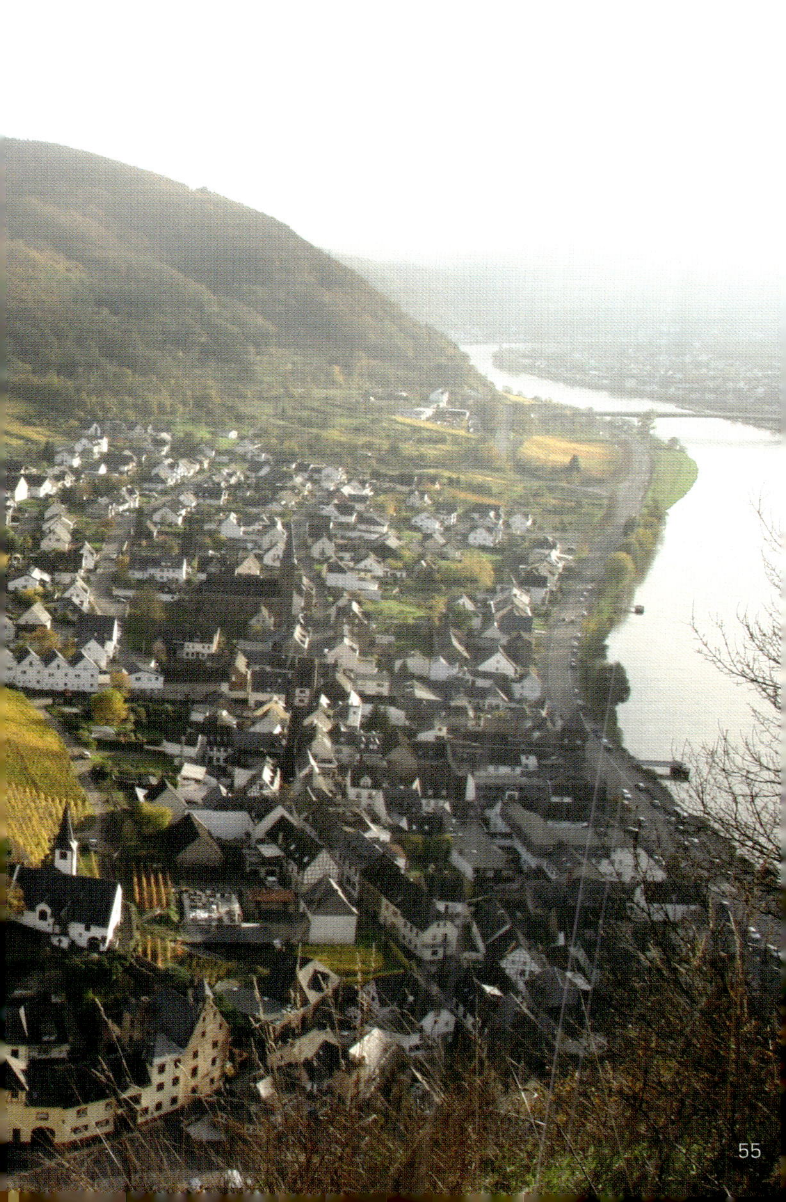

Das sehenswerte Museum Winningen (www.museum-winningen.de) widmet sich neben der Ortsgeschichte und dem Weinbau insbesondere August Horch, dem Gründer der Automobilwerke Horch und Audi. Ob vom Starwinzer oder von der Straußwirtschaft um die Ecke, ein Fläschchen (oder Kistchen) Riesling passt sicherlich in die Packtasche bzw. den Kofferraum des Autos. Mit Reiseproviant versorgt, kehren wir zum **Bahnhof Winningen (P1)** zurück.

Ziel
38.2 km
3h 10'

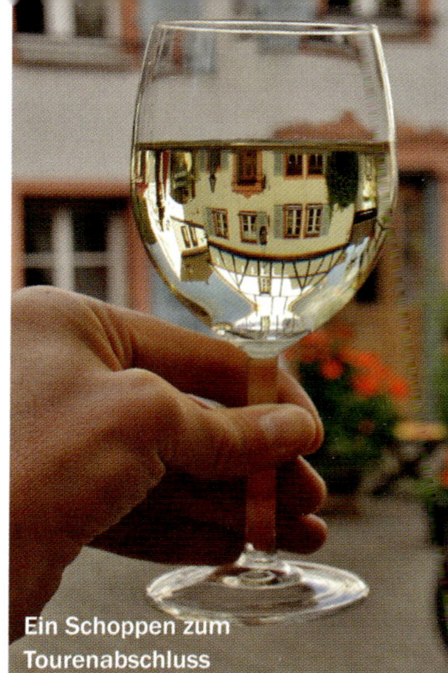
Ein Schoppen zum Tourenabschluss

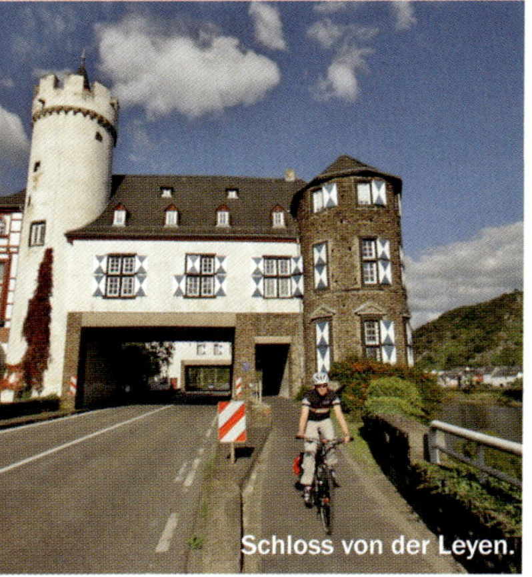
Schloss von der Leyen.

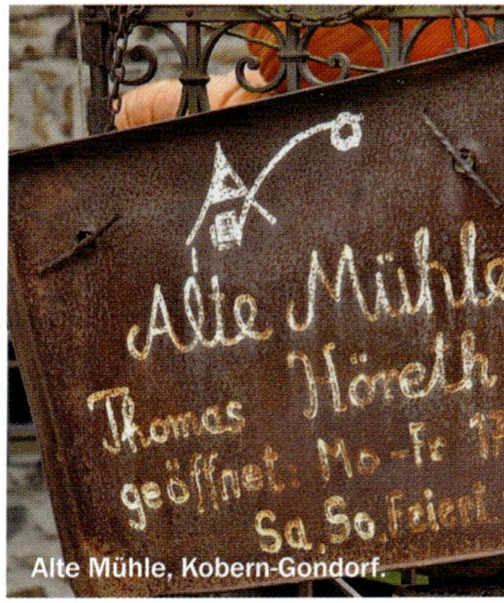

Alte Mühle, Kobern-Gondorf.

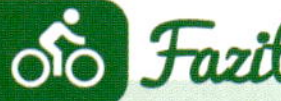

Fazit

Genuss pur! Traumhafte Blicke, herrliche Burgen und Schlösser, tolle Rastplätze, schwindelerregende Weinbergterrassen und wie an einer Perlenkette aneinandergereihte Weindörfer mit vorzüglicher Gastronomie. Und dank der Eisenbahn ist die Streckenlänge variabel.

TourTipps

- Tourist-Info Kobern-Gondorf, Lenningstraße 12-14, 56330 Kobern-Gondorf, ✆ 02607/1055 ⓘ www.koberngondorf.de
- Tourist-Info Sonnige Untermosel, Moselstraße 7, 56332 Alken ✆ 02605/8472736 ⓘ www.sonnige-untermosel.de
- Tourist-Info Winningen, August-Horch-Straße 3 (im Rathaus), 56333 Winningen ✆ 02606/2214 ⓘ www.winningen.de

- Alte Mühle Thomas Höreth, Mühlental 17, 56330 Kobern-Gondorf ✆ 02607/6474 ⓘ www.altemuehlehoereth.de
- Kleins Fronhof, Fronstraße 2, 56333 Winningen ✆ 02606/435 ⓘ www.kleins-fronhof.eatbu.com
- Gutsschänke Schaaf, Fährstaße 6, 56333 Winningen ✆ 02606/597
- Vinothek im Winninger Spital, Weinhof 2, 56333 Winningen ✆ 02606/961514 ⓘ www.vinothek-winningen.de
- Winzerhaus am Brunnen, Marktplatz 13-15, 56330 Kobern-Gondorf ✆ 02607/9733505 ⓘ www.wirtshaus-am-brunnen.de
- Winzerhof Gietzen, Moselstraße 70, 56332 Hatzenport ✆ 02605/952371 ⓘ www.winzerhof-gietzen.com

- Der kleine Fahrradladen, Fährstraße 3, 56330 Kobern-Gondorf ✆ 0172/6536076 ⓘ www.fahrrad-winningen.de

- Freibad Winningen, Inselweg, 56333 Winningen ✆ 02606/670 ⓘ www.winningen.de

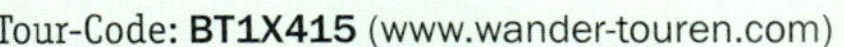

Tour-Code: **BT1X415** (www.wander-touren.com)

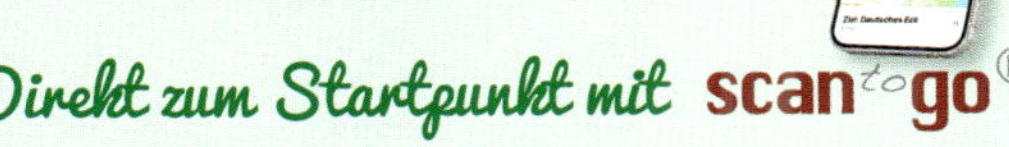

Direkt zum Startpunkt mit scan to go®

MOSEL **05**

Mosel-Maifeld-Radroute

Der Radweg führt vom Winzerdorf Hatzenport an der Mosel durch das Schrumpftal nach Münstermaifeld. Im Maifeld führen Abstecher zu den Bilderbuchburgen Pyrmont und Eltz. Durch das Künstlerdorf Mörz und das Radelparadies am Schrumpfbach kehren wir ans Moselufer zurück.

Start/Ziel: Bahnhof Hatzenport, Oberstraße 113, 56332 Hatzenport
N 50° 13' 39.7" • E 7° 24' 50.4"

Anfahrt: B 416 entlang der Mosel bis Hatzenport

Parkplatz: Parktaschen unweit des Fährturms an der Moselstraße in Hatzenport
N 50° 13' 39.0" • E 7° 25' 10.6"

Zug: Moseltalbahn RB 81 bis Bahnhof Hatzenport

Variante kurz
15.6 km | 1h 20' | 395

Variante mittel
31.9 km | 2h 40' | 755

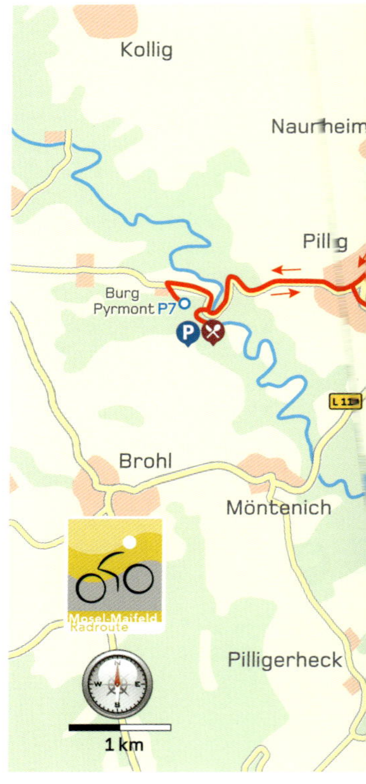

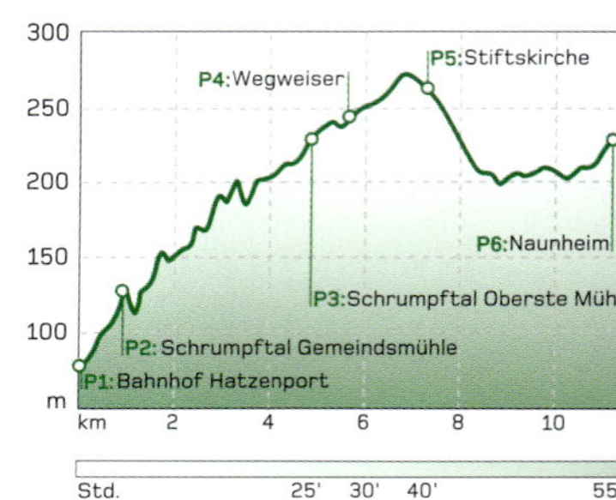

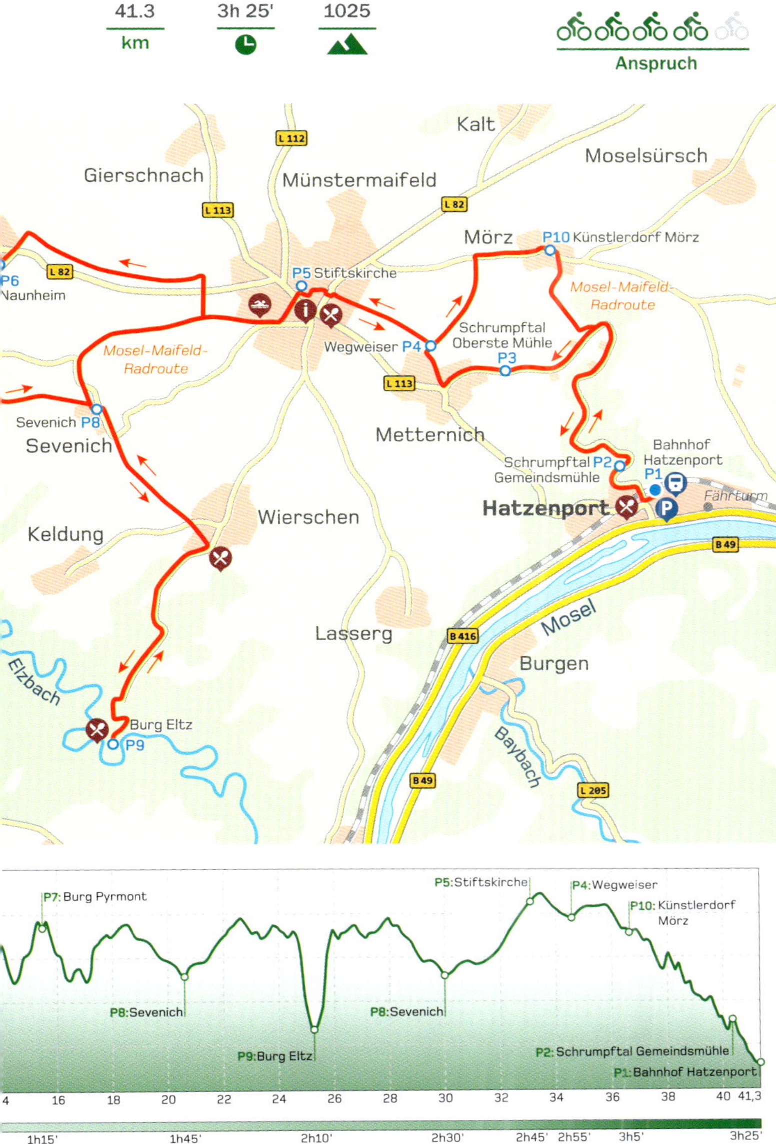

41.3
km
3h 25'
1025
Anspruch
Kalt
Moselsürsch
Gierschnach
Münstermaifeld
L 112
L 113
L 82
Mörz
P10 Künstlerdorf Mörz
P5 Stiftskirche
P6
Naunheim
Mosel-Maifeld-Radroute
Wegweiser P4
Schrumpftal Oberste Mühle
P3
Mosel-Maifeld-Radroute
L 113
Sevenich P8
Sevenich
Metternich
Bahnhof Hatzenport
Schrumpftal P2
Gemeindsmühle
P1
Fährturm
Hatzenport
Keldung
Wierschen
B 49
Lasserg
B 416
Mosel
Burgen
Elzbach
Burg Eltz
P9
Baybach
B 49
L 205
P7: Burg Pyrmont
P5: Stiftskirche
P4: Wegweiser
P10: Künstlerdorf Mörz
P8: Sevenich
P8: Sevenich
P9: Burg Eltz
P2: Schrumpftal Gemeindsmühle
P1: Bahnhof Hatzenport
4
16
18
20
22
24
26
28
30
32
34
36
38
40
41,3
1h15'
1h45'
2h10'
2h30'
2h45'
2h55'
3h5'
3h25'

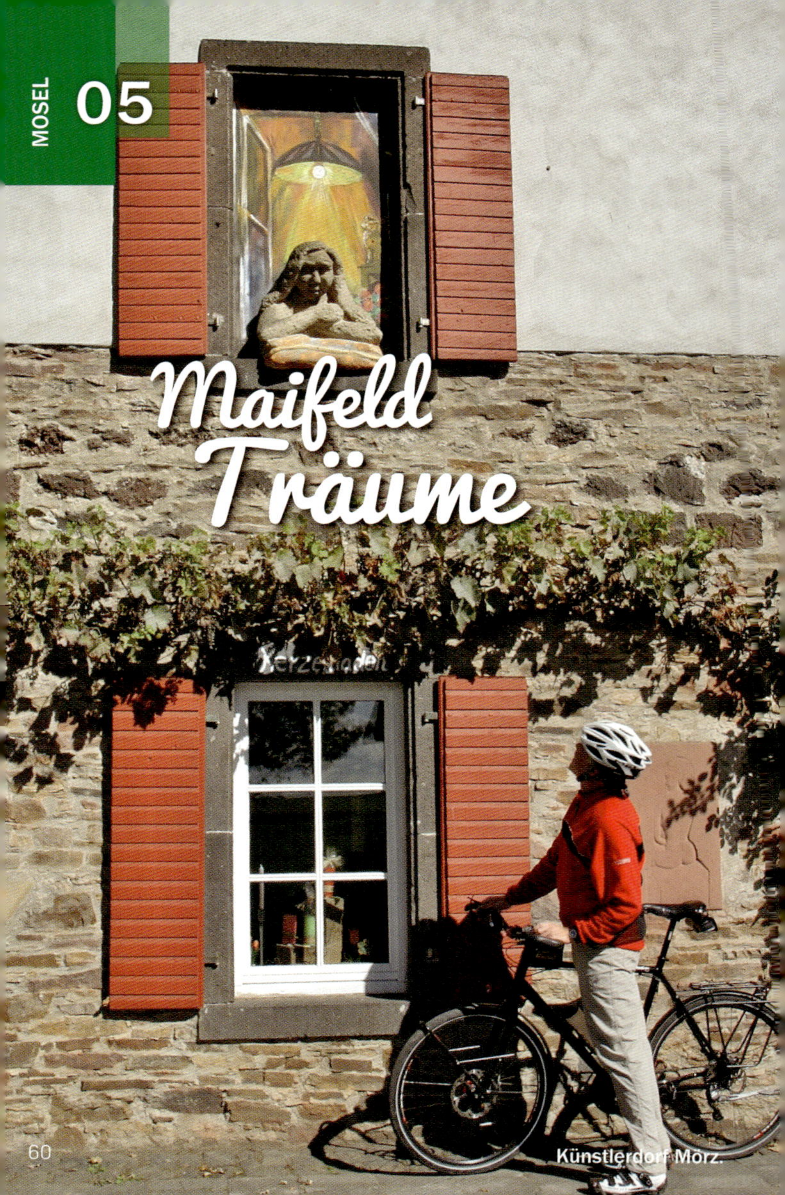

Maifeld Träume

Künstlerdorf Mörz.

Die **Mosel-Maifeld-Radroute** (www.remet.de) beginnt im Winzerort Hatzenport (www.hatzenport.de) an der Mosel. Wir verbringen den Tag jedoch nicht im ebenen Tal der Mosel, sondern erklimmen die Eifelhöhe und fahren durch das wellige Maifeld. Dabei kommen wir um etliche Höhenmeter nicht herum. Nach dem Start am **Bahnhof Hatzenport (P1)** biegen wir rechts ins wildromantische Schrumpftal ab. Die 4.5 Kilometer lange Strecke im Seitental der Mosel ist ein Radelparadies. Wir müssen jedoch auf der wenig befahrenen Straße mit Gegenverkehr rechnen.

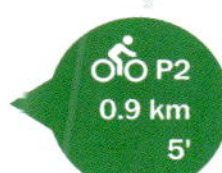

Aufgereiht wie an einer Perlenkette folgt entlang des Schrumpfbachs Mühle auf Mühle. Manche sind wunderbar renoviert, andere verharren im Dornröschenschlaf. Die Einfahrt ins Schrumpftal bei der **Gemeindsmühle (P2)** ist eng und wirkt durch das dichte Blätterdach verwunschen, weiter oben weitet sich das idyllische Tal und ist von Wiesen und Weideflächen umgeben. Die Straße führt zwar stetig bergauf, doch die Steigung ist moderat und selbst Gelegenheitsradler kommen gut den Berg hinauf.

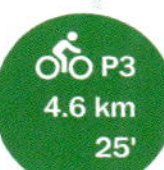

Nach der Kehre bei der Steinsmühle gabelt sich der Weg. Wir halten uns links und erreichen die Justen-Mühle. Nach der **Obersten Mühle (P3)** sind wir in Metternich, dem Eingang zum Schrumpftal angekommen. Zum alle zwei Jahre stattfindenden Mühlenfest „Schromb macht Spaß – Happy Schrumpftal" verwandelt sich das gesamte Schrumpftal von Metternich bis Hatzenport in einen großen „Jahrmarkt" der Kunst, Kultur und Attraktionen. Der Besuch des Schrumpftalfests lohnt sich!

P3
4.6 km
25'

Im Ort biegen wir vor der Eifelstraße L 113 rechts ab und erklimmen die restliche Maifeldhöhe. Die sanft gewellte, offene Landschaft ist bei Sonnenschein herrlich, bei Wind und Wetter sollte man als Radfahrer gut gerüstet sein. Bei einem markanten,

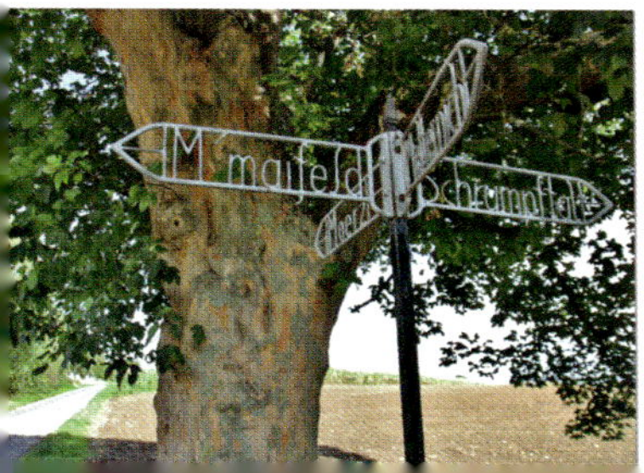

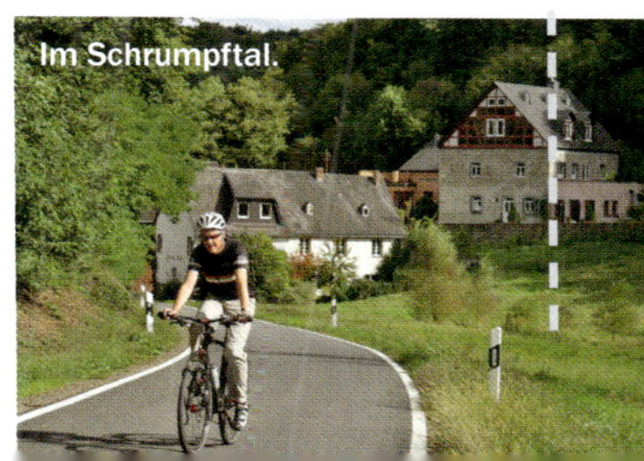
Im Schrumpftal.

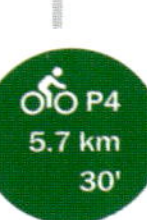

gusseisernen **Wegweiser (P4)** – schön, dass es noch so etwas gibt – folgen wir der Ausschilderung nach Münstermaifeld. Die Stadtgeschichte berichtet von einer fatalen Verwechslung. 1690 wurde Münstermaifeld auf Veranlassung des französischen Marschalls de Bouffles fast vollständig niedergebrannt, weil er die Stadt mit Münstereifel verwechselte.

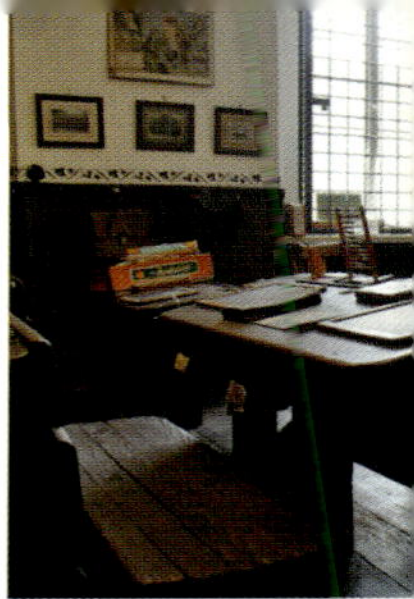

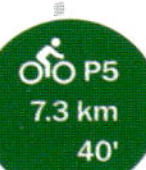

In Münstermaifeld führt die **Mosel-Maifeld-Radroute** am markanten Wasserturm vorbei zur **Stiftskirche (P5)** St. Martin und St. Severus. Der mächtige Kirchturm mit seinem Zinnenkranz gleicht dem Festungsturm einer Burg und beherrscht die Stadt und das Umland. Im Inneren der Wehrkirche beeindrucken die freigelegten Wandmalereien und der Antwerpener Goldaltar.

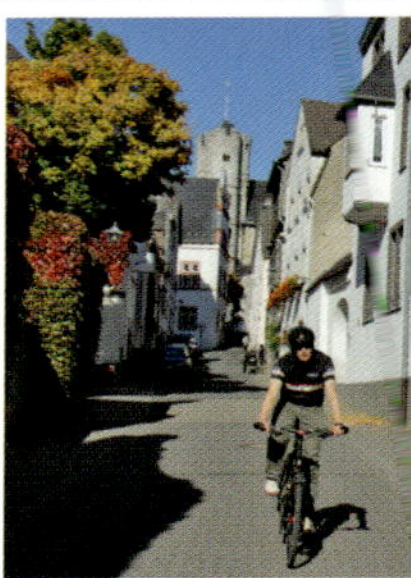

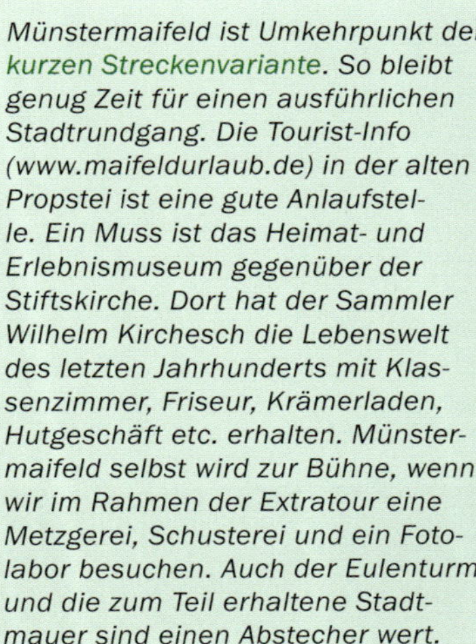

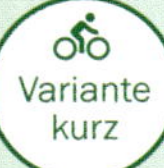

Münstermaifeld ist Umkehrpunkt der kurzen Streckenvariante. So bleibt genug Zeit für einen ausführlichen Stadtrundgang. Die Tourist-Info (www.maifeldurlaub.de) in der alten Propstei ist eine gute Anlaufstelle. Ein Muss ist das Heimat- und Erlebnismuseum gegenüber der Stiftskirche. Dort hat der Sammler Wilhelm Kirchesch die Lebenswelt des letzten Jahrhunderts mit Klassenzimmer, Friseur, Krämerladen, Hutgeschäft etc. erhalten. Münstermaifeld selbst wird zur Bühne, wenn wir im Rahmen der Extratour eine Metzgerei, Schusterei und ein Fotolabor besuchen. Auch der Eulenturm und die zum Teil erhaltene Stadtmauer sind einen Abstecher wert.

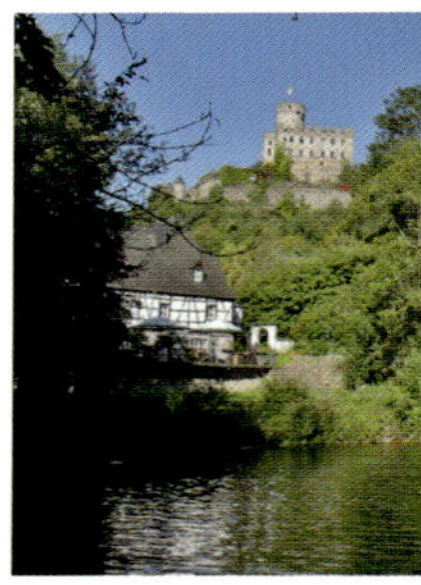

Aus Münstermaifeld heraus geht es steil den Hang hinunter. Nach zwei Richtungs-

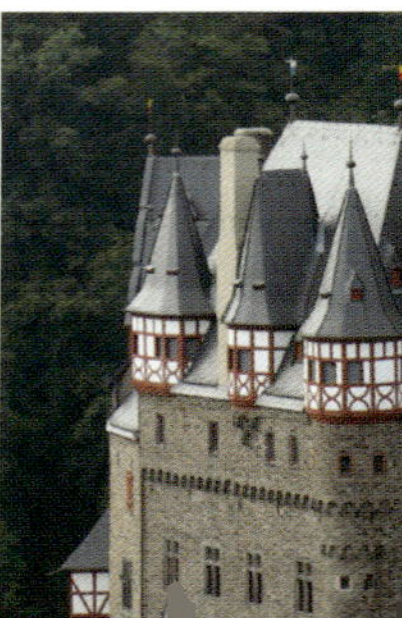

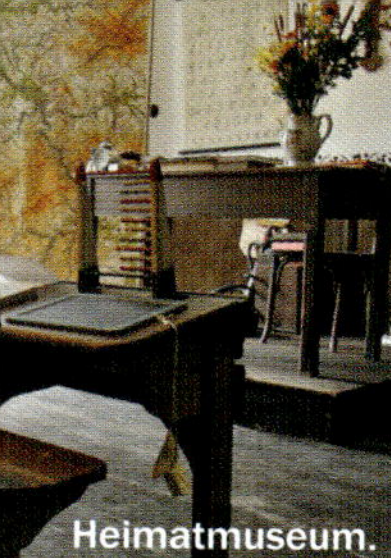
Heimatmuseum.

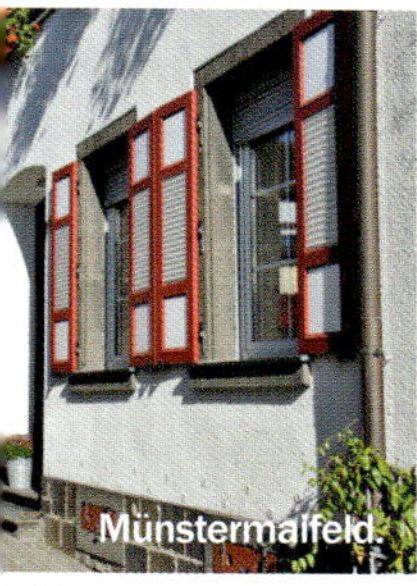
Münstermaifeld.

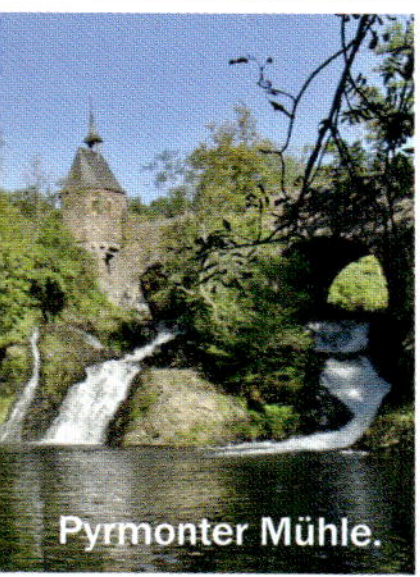
Pyrmonter Mühle.

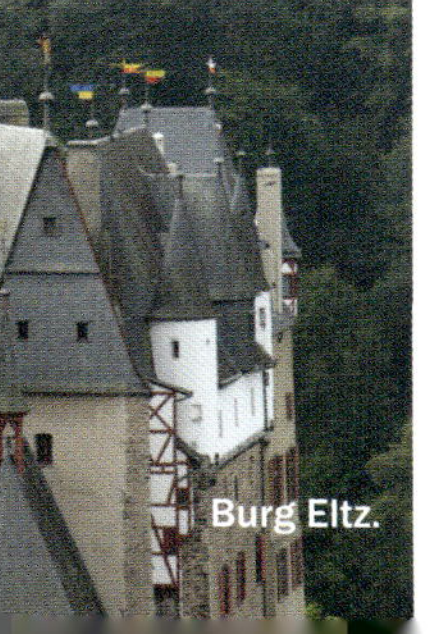
Burg Eltz.

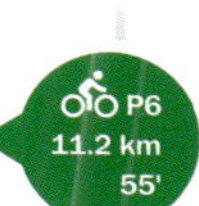

wechseln folgen wir rund zwei Kilometer dem **Maifeld-Radweg** bis **Naunheim (P6)**. Hier biegt die **Mosel-Maifeld-Radroute** links ab, und wir fahren über die gewellte, freie Feldflur auf der Landstraße L 110 nach Pillig. Dabei können wir den herrlichen Panoramablick auf Münstermaifeld genießen. Doch Obacht, das Maifeld ist windanfällig. In Pillig halten wir uns beim bunt bemalten Hotel Pastis rechts Richtung Burg Pyrmont und wechseln von der K 35 auf den parallel verlaufenden Radweg. Bei der anschließenden Abfahrt zur Pyrmonter Mühle kehren wir jedoch besser auf die Kreisstraße zurück und verzichten auf die steile Rampe des Radwegs.

P7
15.4 km
1h 15'

Die **Mosel-Maifeld-Radroute** sieht die herrlich gelegene Pyrmonter Mühle als Wendepunkt vor. Doch **Burg Pyrmont (P7)** (www.burg-pyrmont.de) ist zum Greifen nah, und es lohnt sich, den Gegenhang zur Burganlage hinaufzustrampeln. Die Burg wurde in den 1960er-Jahren aufwendig restauriert. Der 25 Meter hohe Bergfried beherrscht das Ensemble. Die untypisch großen Fenster zeugen vom Umbau zum Schloss im 18. Jh.

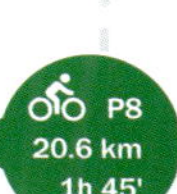

Auf der Rückfahrt lockt das Gasthaus Pyrmonter Mühle (www.pyrmonter-muehle.de) zum Einkehrschwung. Die großzügig angelegte Terrasse bietet einen zauberhaften Blick auf den idyllischen Mühlteich und den Wasserfall des Elzbachs. Nachdem wir die Serpentinenschleife der K 35 erklommen haben, biegen wir beim Hotel Pastis in Pillig rechts auf die L 110 ab. Am Ortsausgang folgen wir einem Flurbereinigungsweg nach links Richtung **Sevenich (P8)**. Auf der weiten Feldflur können wir erneut im tollen Maifeld-Panorama schwelgen.

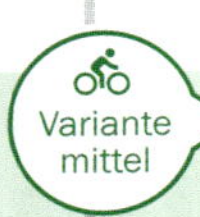

Die Mosel-Maifeld-Radroute verzichtet in Sevenich auf den Abstecher zur Burg Eltz und führt direkt nach Münstermaifeld (mittlere Streckenvariante).

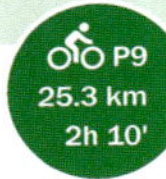

Wer **Burg Eltz (P9)** (www.burg-eltz.de) besuchen möchte, fährt von Sevenich nach Wierschem und folgt dort der Zufahrtsstraße zum Burgparkplatz **(lange Streckenvariante)**. Die Burg überrascht uns zunächst durch ihre Lage. Wir blicken von einer Hangkante auf Burg Eltz hinab, die im Elztal auf einem Felssporn thront und im Halbkreis von der Elz umflossen wird. Vor uns liegt eine Ritterburg mit Wohntürmen, Fachwerk-Erkern und Schiefertürmchen wie aus dem Bilderbuch.

P8
30.0 km
2h 30'

Mit dem Bau der Burg wurde im 12. Jh. begonnen. Burg Eltz ist nie erobert oder zerstört worden und befindet sich seit über 850 Jahren bzw. seit 33 Generationen im Besitz der Familie von Eltz. In der Vorburg locken Burg-Shop und Gastronomie. Die Burgführung lohnt sich und vermittelt einen guten Einblick in das Leben der Burgherren. Im Anschluss fahren wir auf der Strecke des Hinwegs retour nach **Sevenich (P8)**.

P5
33.0 km
2h 45'

In einem weiten Rechtsbogen kehren wir danach über Felder und Wiesen hinweg nach Münstermaifeld zurück. Im Ort bleibt uns der Anstieg, am Erlebnisbad Münstermaifeld vorbei, hinauf zur **Stiftskirche (P5)** nicht erspart. Die Kirche ist in

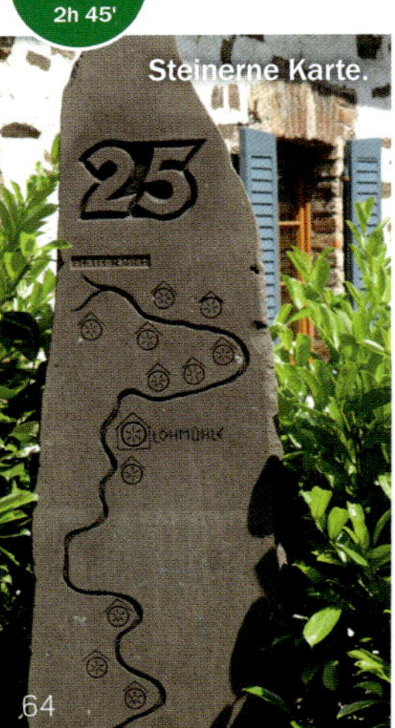

Steinerne Karte.

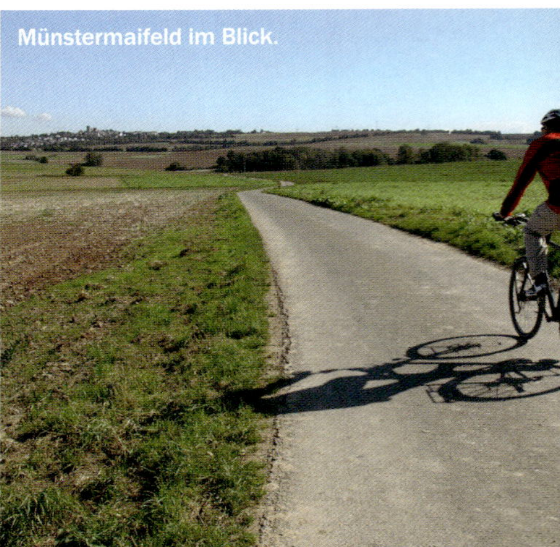
Münstermaifeld im Blick.

Stiftskirche Münstermaifeld.

einem Radius von 40 Kilometern um Münstermaifeld zu sehen. Für eine Erfrischungspause bietet sich Löffel's Landhaus (www.loeffelslandhaus.de) oder das Restaurant Vulcana (www.pizzeria-vulcana.de) an. Gut gestärkt passieren wir den Wasserturm und erreichen vor Metternich den schönen, gusseisernen **Wegweiser (P4)**, bei dem wir links nach Mörz abbiegen. Das außergewöhnliche „Künstlerdorf" empfängt uns mit seinen hübsch renovierten Bruchsteinhöfen und bunten Fachwerkhäusern.

P4
34.6 km
2h 55'

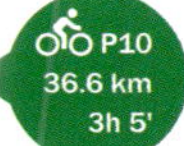

Mörz (P10) ist längst über die Grenzen des Maifelds für seine Feste und Veranstaltungen (www.mm-moerz.de), vom Weihnachtsmarkt über Vorlesetage bis zur Rocknacht (www.moerzer-feste.de) bekannt. Es ist beeindruckend, was „das kleine Dorf" im Maifeld alles auf die Beine stellt. Zudem lohnt es sich, im Familienbetrieb „Die Kleine Töpferei" von Martina Brück-Posteuke vorbeizuschauen, wo es originelle Keramik zu entdecken gibt.

Zum Abschluss folgt eine Genussstrecke. Dazu biegen wir am Ortsausgang von Mörz rechts in Richtung Schrumpftal ab. Die

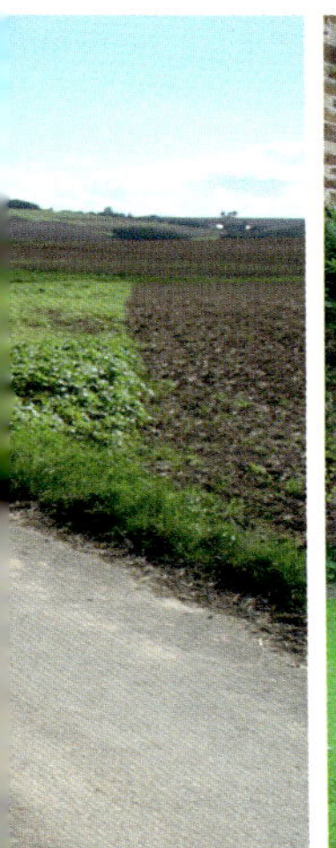

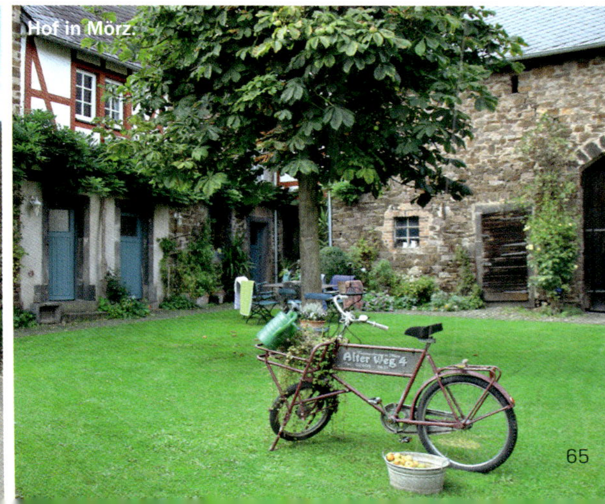

Hof in Mörz.

herrliche Feld-, Wald- und Wiesenlandschaft verzaubert uns. So schön kann Radfahren sein!

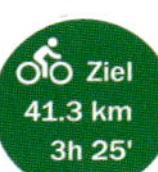

Ab der Steinsmühle kennen wir die Strecke im Schrumpftal bereits und kommen erneut an der **Gemeindsmühle (P2)** vorbei. In Hatzenport haben wir entlang der Moselstraße eine reiche gastronomische Auswahl an Cafés und Winzerhöfen; oder man lässt die Seele am Moselufer baumeln.

Ziel
41.3 km
3h 25'

Beim Bummel durch Hatzenport können wir uns bei einem der Winzer oder in Straußwirtschaften mit einem guten Riesling als Wegzehrung bevorraten, ehe wir zum Ausgangspunkt, dem **Bahnhof Hatzenport (P1)**, zurückkehren.

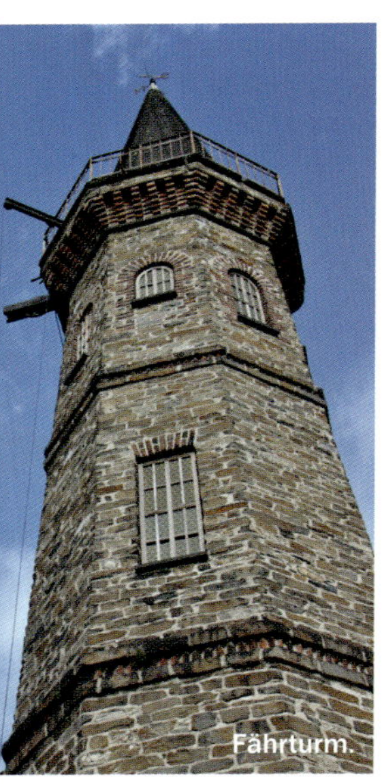
Fährturm.

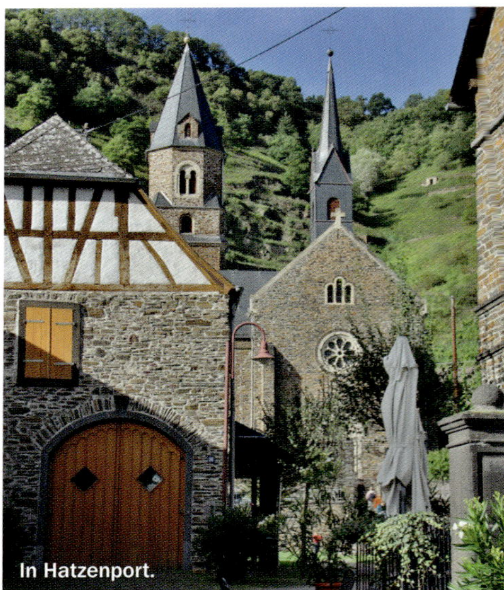
In Hatzenport.

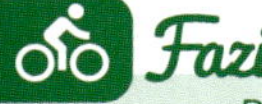

Fazit

Die Strecke muss man unbedingt gefahren sein! Die Tour verbindet das enge Moseltal mit der Weite des Maifelds. Das Schrumpftal gilt zu Recht als Radelparadies. Und mit Münstermaifeld, dem Künstlerdorf Mörz und den Märchenburgen Pyrmont und Eltz liegen Top-Sehenswürdigkeiten am Weg.

TourTipps

- Tourist-Info Maifeld in der alten Propstei, Münsterplatz 6, 56294 Münstermaifeld ✆ 02605/9615026 ⓘ www.muenstermaifel.de und www.maifeldurlaub.de

- Gräflich Eltz'sche Kastellanei Burg Eltz, Burg Eltz 1, 56294 Wierschem ✆ 02672/95050-0 ⓘ www.burg-eltz.de
- Landhaus vor Burg Eltz, Burg Eltz Straße 23, 56294 Wierschem ✆ 02605/565 ⓘ www.land-vor-burg-eltz.de
- Löffel's Landhaus, Obertorstraße 42, 56294 Münstermaifeld ✆ 02605/953773 ⓘ www.loeffelslandhaus.de
- Pyrmonter Mühle, Pyrmonter Mühle 1, 56754 Roes ✆ 02672/7325 und 0162/9837703 ⓘ www.pyrmonter-muehle.de
- Restaurant Vulcana, Münsterplatz 3, 56294 Münstermaifeld ✆ 02605/84138 ⓘ www.pizzeria-vulcana.de
- Winzerhof Gietzen, Moselstraße 70, 56332 Hatzenport ✆ 02605/952371 ⓘ www.winzerhof-gietzen.com

- Erlebnisbad Maifeld, Cusanusstraße 1, 56294 Münstermaifeld, ✆ 02605/2440 ⓘ www.erlebnisbad-maifeld.de

Tour-Code: **BT1X515** (www.wander-touren.com)

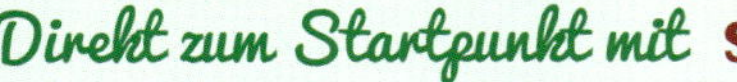

scan to go®

MOSEL 06

Mosel-Radweg 1

Der Mosel-Radweg zählt zu den schönsten und beliebtesten Radwegen Deutschlands. Besonders spektakulär ist der Streckenabschnitt der sogenannten Moselkrampen zwischen Bullay und Cochem, wo wir die Mosel als „Schleifenkünstlerin" erleben. Mit der Bahn oder dem Schiff kehren wir nach Bullay zurück.

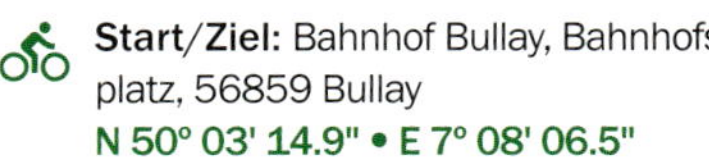

Start/Ziel: Bahnhof Bullay, Bahnhofsplatz, 56859 Bullay
N 50° 03' 14.9" • E 7° 08' 06.5"

Anfahrt: B 49 oder B 53/B 421 entlang der Mosel bis Alf, auf Doppelstockbrücke Richtung Bullay über die Mosel, Ausschilderung P&R/Bahnhof nach links folgen

Parkplatz: P&R-Platz Bahnhof Bullay

Zug: SÜWEX RE 1, Moseltalbahn RB 81 und Moselweinbahn RB 85 bis Bahnhof Bullay

Variante kurz
32.9 km | 2h 45' | 165 ↑ ↓ 200

Variante mittel
44.6 km | 3h 45' | 200 ↑ ↓ 235

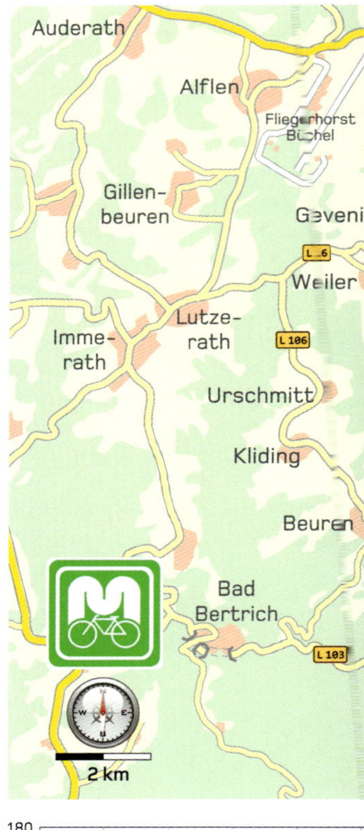

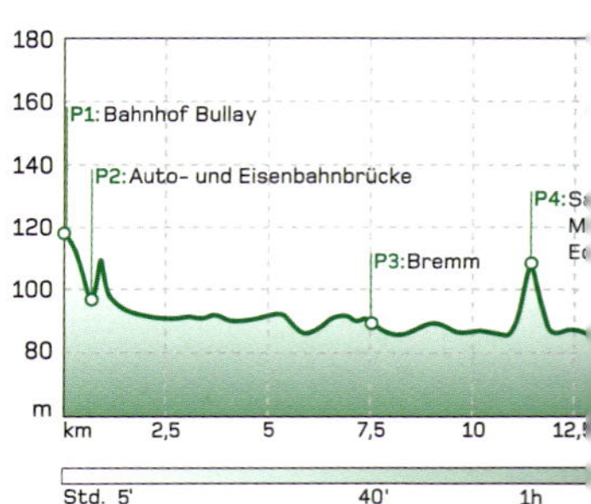

47.8 km | 4h | 325 ↑ 360 ↓ | Anspruch

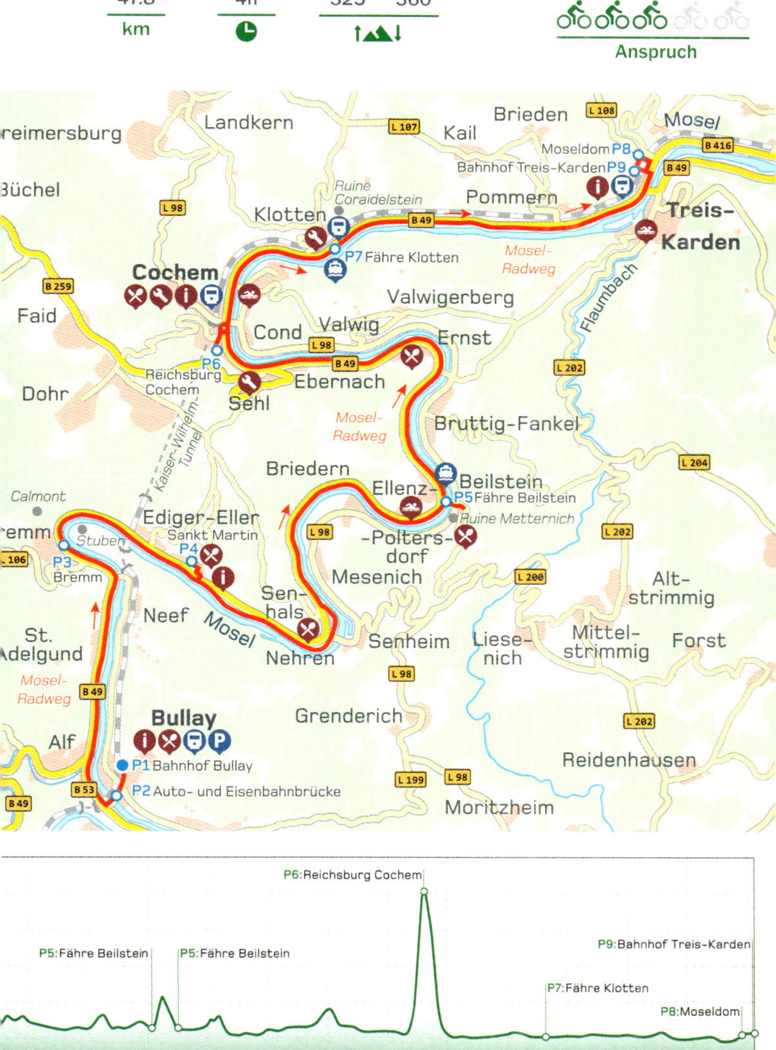

P6: Reichsburg Cochem

P5: Fähre Beilstein

P5: Fähre Beilstein

P9: Bahnhof Treis-Karden

P7: Fähre Klotten

P8: Moseldom

17,5 | 20 | 22,5 | 25 | 27,5 | 30 | 32,5 | 35 | 37,5 | 40 | 42,5 | 45 | 47,8

1h55' 2h5' | 2h50' | 3h15' | 3h55' 4h

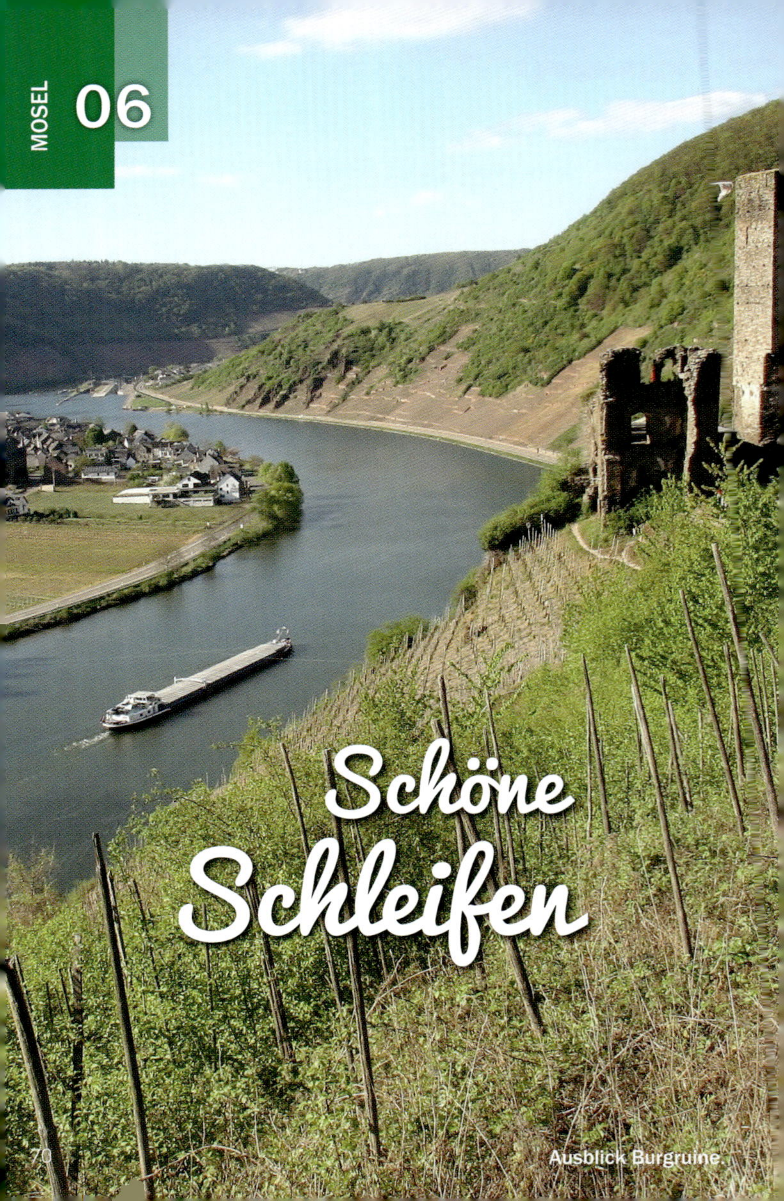

Schöne Schleifen

Ausblick Burgruine.

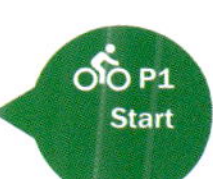

Die Streckentour beginnt am **Bahnhof Bullay (P1)**. Da der **Mosel-Radweg** (www.visitmosel.de und www.radwanderland.de) auf der anderen Uferseite verläuft, fahren wir zunächst über die Moselbrücke in den Nachbarort Alf.

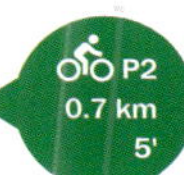

Bullay und Alf verbindet eine außergewöhnliche **Auto- und Eisenbahnbrücke (P2)**. Oben rollen Züge, das Stockwerk darunter ist Autos und Fußgängern vorbehalten. Die 1878 eröffnete Brücke ist Teil der Kanonenbahn Koblenz-Trier, die Truppen im Kriegsfall schneller an die Westfront bringen sollte.

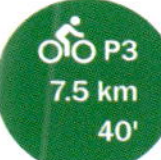

Am Ende der Doppelstockbrücke biegen wir rechts auf den **Mosel-Radweg** ab. Wir streifen Alf und radeln am Moselufer zur Staustufe St. Aldegund. Nach einer Linkskehre tauchen vor uns die Moselschleife bei **Bremm (P3)** (www.bremm-mosel.de) und die mächtige Steilwand des Calmont (www.calmont-region.de) auf. Europas steilster Weinberg ist 378 Meter hoch. Weinlagen mit Hangneigungen bis zu 65 Grad verlangen von den Winzern alpine Fertigkeiten.

Die Klosterruine Stuben auf der gegenüberliegenden Moselseite rundet das perfekte Moselpanorama ab. Von dem 1137 auf einer Landzunge gegründeten Augustinerinnenkloster sind nur die Außenmauern der Kirche und die Kreuzkapelle erhalten geblieben. Das Kloster wurde 1802 aufgehoben.

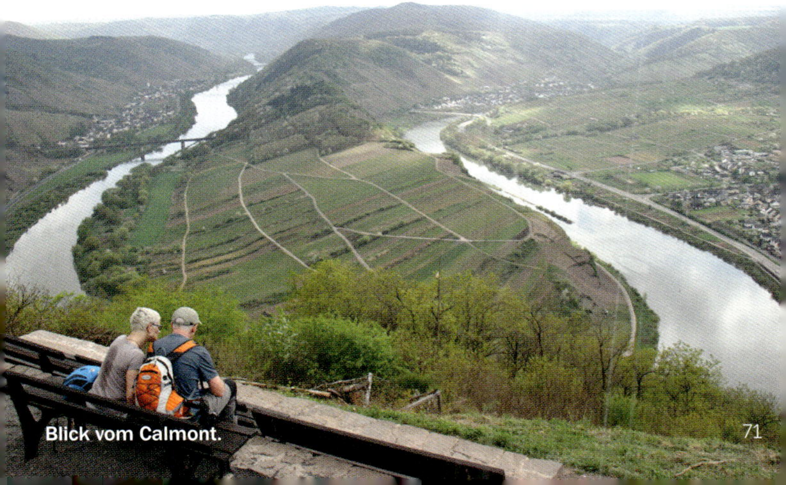

Blick vom Calmont.

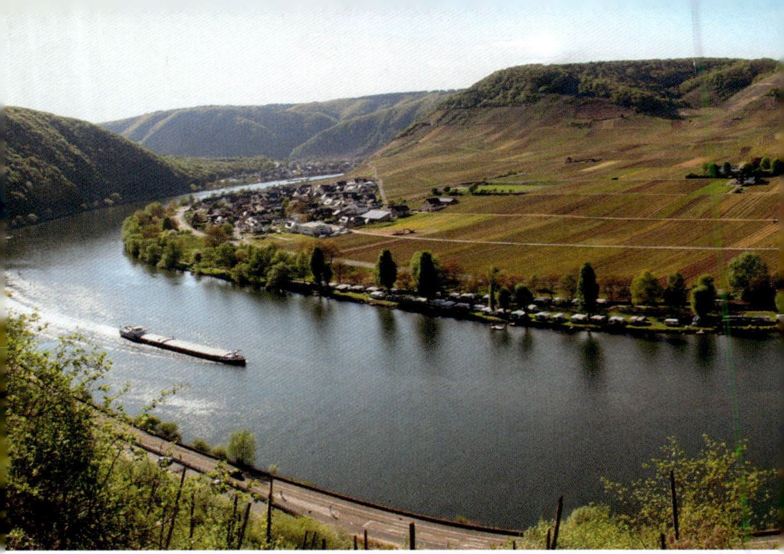

In Richtung Eller folgt eine Eisenbahnbrücke. Die Züge verschwinden nach Cochem im 4.2 km langen Kaiser-Wilhelm-Tunnel und überqueren bei Eller die Mosel. Wir sind im Gebiet der Moselkrampen – so werden die u-förmigen, an Krampen erinnernden Flussschleifen zwischen Bremm und Cochem genannt. Die folgenden 24 Flusskilometer entlang dem Moselkrampen sind wegen des Kaiser-Wilhelm-Tunnels eisenbahnfrei.

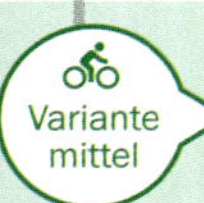

Die kurze und mittlere Streckenvariante folgen dem Mosel-Radweg von Alf bis Cochem bzw. Treis-Karden ohne Abstecher nach Ediger, Beilstein und zur Reichsburg Cochem.

Auf Höhe Ediger-Eller (www.ediger-eller.de) lohnt sich ein Abstecher (**Langstrecke**) in das pittoreske Weindorf Ediger. Der Ort beeindruckt mit vielen Fachwerkhäusern, der weitgehend erhaltenen Stadtmauer aus dem 14. Jh., der katholischen Pfarrkirche **Sankt Martin (P4)** und dem Flair eines gemütlichen Weindorfs mit Straußwirtschaften und Winzerhöfen. Die Weinlagen des Doppelortes tragen so prägnante Namen wie Ediger Osterlämmchen oder Ellerer Höll. Die Tourist-Info finden wir im Holle-Häuschen nahe der Moselweinstraße B 49.

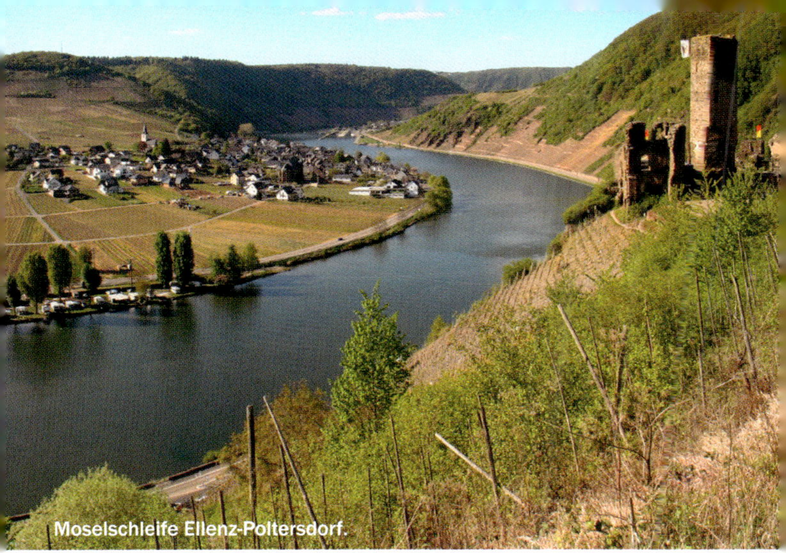

Moselschleife Ellenz-Poltersdorf.

Der **Mosel-Radweg** ist besonders reizvoll, wenn er unmittelbar am Moselufer ohne die „Begleitung“ von Bundesstraße und Eisenbahnlinie entlangführt. Einen solchen Abschnitt können wir zwischen Ediger und Senhals beim Naturschutzgebiet Ediger Laach genießen. Im engen Moseltal folgt die Moselschleife von Briedern, bevor wir die **Fähre Ellenz-Poltersdorf - Beilstein (P5)** erreichen.

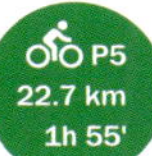

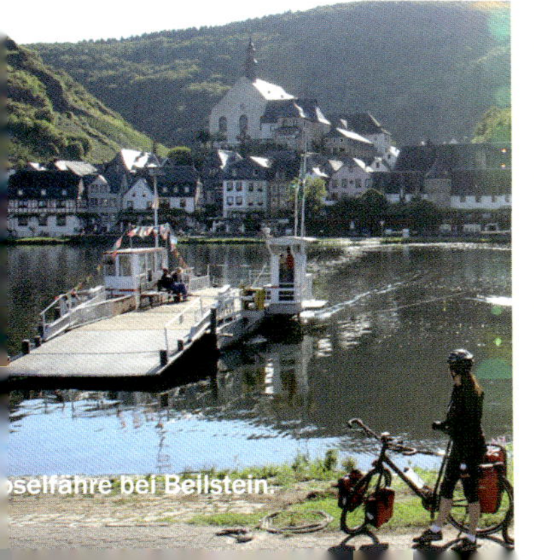
selfähre bei Beilstein.

Da sich die Sehenswürdigkeiten auf beide Uferseiten verteilen, sind wir teils auf der „verkehrten“ Uferseite unterwegs. Zum Glück gibt es eine Fähre. Für den Abstecher nach Beilstein (**Langstrecke**) können wir das Fahrrad auf der Ellenz-Poltersdorfer Uferseite zurücklassen, denn im 140-Einwohner-Städtchen Beilstein (www.beilstein-mosel.de) geht es eng zu.

Beilstein, das „Dornröschen an der Mosel" gilt als Inbegriff der Moselromantik. Das Mini-Rothenburg ist ein Gesamtkunstwerk: klein, pittoresk und überschaubar. Der Stadtbummel führt uns über den winzigen Marktplatz durch schmale Gässchen mit Kopfsteinpflaster, an wunderbar renovierten Fachwerk- und Bruchsteinhäusern vorbei zum Fuß der Burgruine Metternich. Dort biegen wir links ab und erreichen die Klosterkirche St. Joseph. Nach einem Besuch der Wallfahrtskirche mit dem Gnadenbild der Schwarzen Madonna lädt das Kloster Restaurant & Café Beilstein mit seiner wundervoll gelegenen Terrasse zu einer Rast ein. Über die 108 Stufen der steilen Klostertreppe (die Himmelsleiter diente des Öfteren als Filmkulisse) kehren wir zur Fähre zurück.

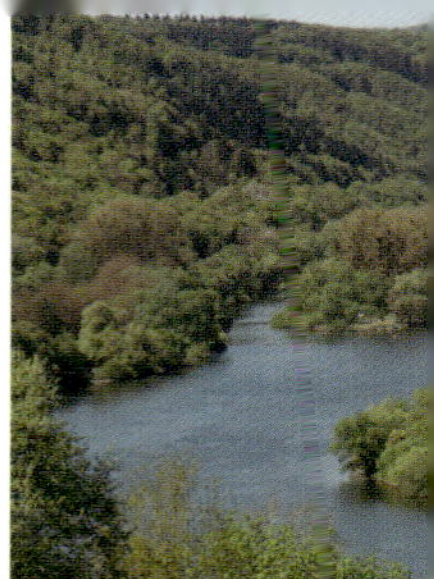

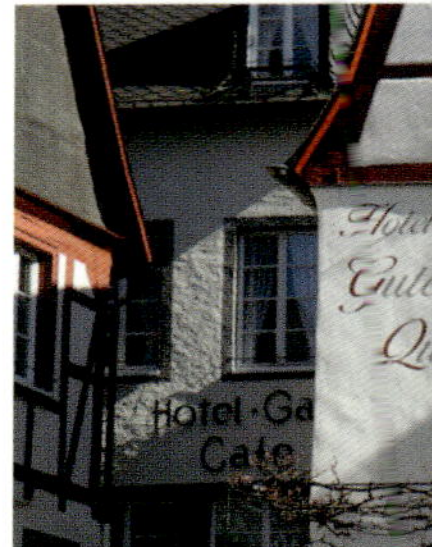

P5
23.7 km
2h 5'

Auf der **Fähre (P5)** können wir noch einmal das Bilderbuchpanorama von Beilstein und der Burgruine Metternich inmitten der Weinberge und Wälder genießen. Zurück auf dem **Mosel-Radweg** erreichen wir nach Ellenz-Poltersdorf die Staustufe Fankel. Bei dem Winzerdorf Ernst (www.ernst-mosel.de) folgt die nächste, nicht minder beeindruckende Moselschleife. Anschließend steuern wir auf Cochem, die Perle an der Mosel, zu. Von der Moselpromenade blicken wir auf die mächtige Reichsburg Cochem und fahren an der prächtigen Häuserfront der Altstadt vorüber.

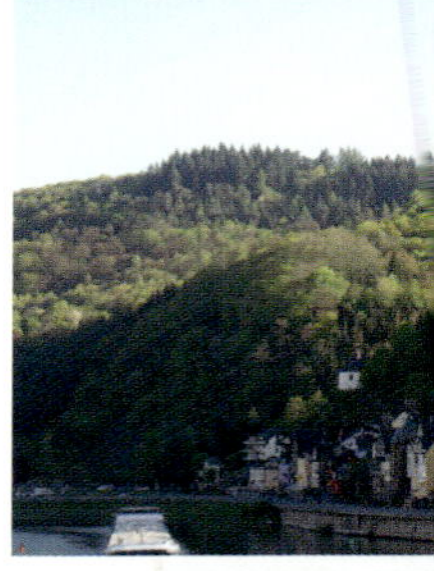

Cochem (www.cochem.de) ist das Zentrum des Moseltourismus. Wir finden die Tourist-Info am Endertplatz. Trotz des anstrengenden Anstiegs über die Kopfsteinpflasterrampe der Schlossstraße ist

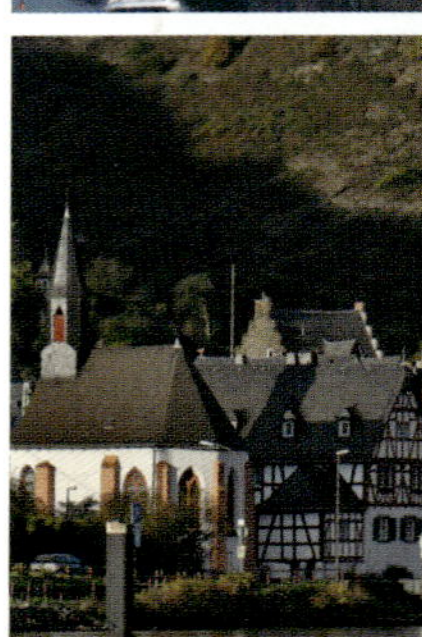

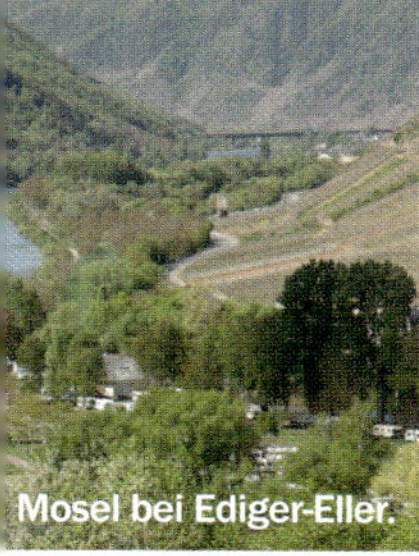
Mosel bei Ediger-Eller.

der Abstecher **(lange Streckenvariante)** zur **Reichsburg Cochem (P6)** (www.reichsburg-cochem.de) sehr empfehlenswert. Nach der Zerstörung des Burgvorgängers wurde die Reichsburg 1877 eingeweiht. Der Berliner Kaufmann Jacob Louis Ravené ließ Cochems Neuschwanstein in neugotischem Stil errichten. Seit 1978 ist die Burg in städtischem Besitz. Auf dem Rückweg zur Uferpromenade beeindruckt der Marktplatz mit seinen gut erhaltenen Fachwerkhäusern. Cochem gilt auch als Metropole des Roten Weinbergpfirsichs. Ob als Eis, Marmelade oder Schnaps, bei einer Moseltour sollte man ein Weinbergpfirsichprodukt probieren.

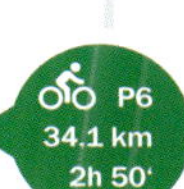

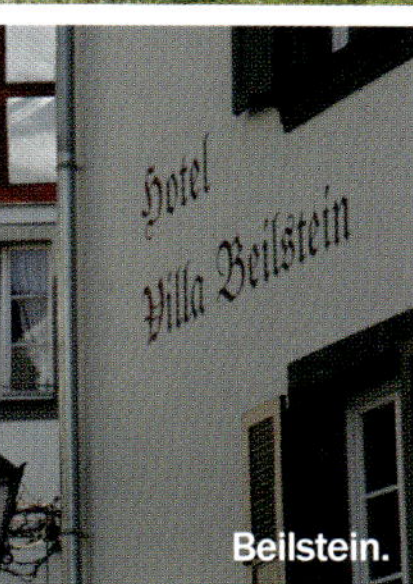

Beilstein.

Die kurze Streckenvariante endet in Cochem. Wie wäre es vor der Rückfahrt mit der Eisenbahn oder dem Ausflugsschiff mit einer Sesselbahnfahrt (www.cochemer-sesselbahn.de) zum Aussichtspunkt Pinner-Kreuz?

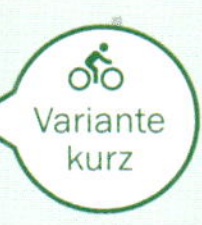

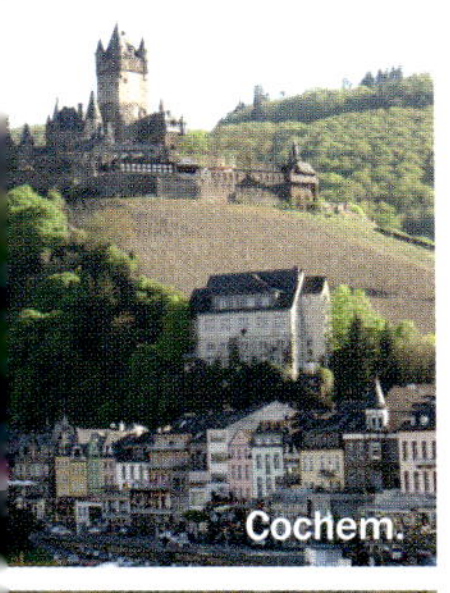
Cochem.

Nach Cochem fahren wir entlang der B 49 in **Klotten**, das von der malerischen Ruine Coraidelstein überragt wird, am **Fähranleger (P7)** vorbei. Weiter geht es im engen Tal nach Pommern. Es folgt die Insel Pommerner Werth mit einem idyllisch gelegenen Campingplatz. Bei Hochwasser gilt hier jedoch „Land unter". Auf der rechten Uferseite rücken die Burgruine Treis, die Wildburg und die Zilleskapelle ins Blickfeld.

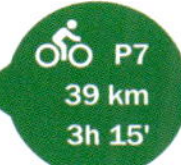

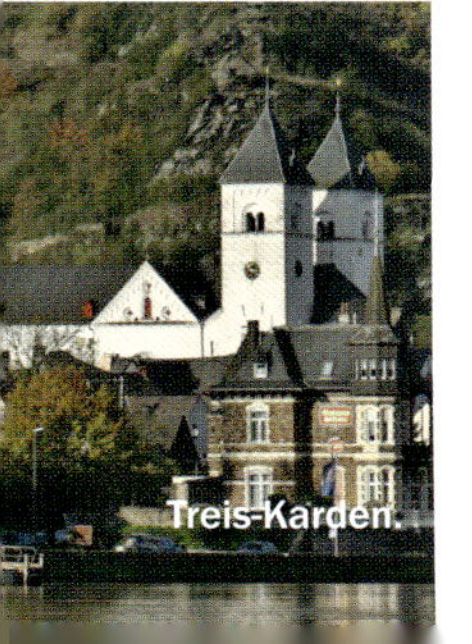
Treis-Karden.

Mit dem Doppelort Treis-Karden (www.treis-karden-mosel.de) erreichen wir das Ziel unserer Tour. Auf „unserer Moselseite" liegt der Ortsteil Karden mit dem **Moseldom (P8)**, dem Wahrzeichen des Ortes. Die drei schneeweißen Türme der Pfarrkirche St. Castor, deren Anfänge ins 12. Jh. zu-

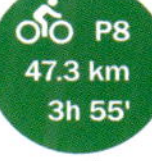

rückreichen, prägen das Ortsbild. Im Inneren der ehemaligen Stiftskirche sollten wir uns auf dem Hochaltar die Tonplastik der Heiligen Drei Könige nicht entgehen lassen.

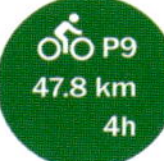

Vom **Bahnhof Treis-Karden (P9)**, in dem sich auch die Tourist-Info (www.treis-karden.de) befindet, geht es mit der Bahn dank des Kaiser-Wilhelm-Tunnels erstaunlich schnell nach Bullay zurück.

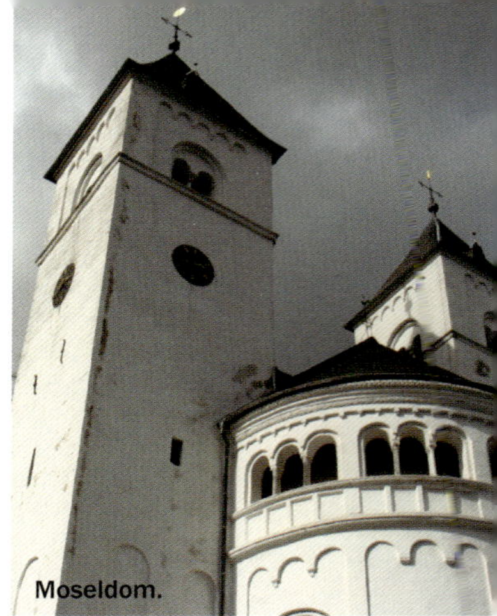

Moseldom.

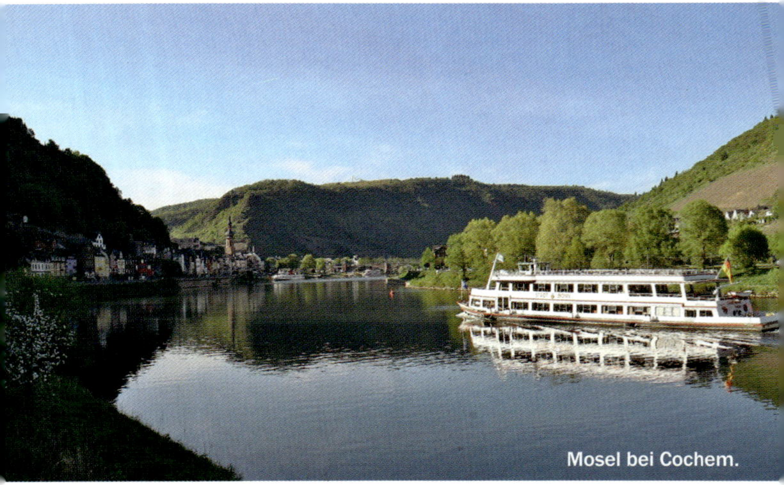

Mosel bei Cochem.

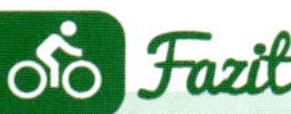

Fazit

Die Moselkrampen bieten ein Feuerwerk herrlicher Panoramablicke und Top-Sehenswürdigkeiten wie den steilsten Weinberg Europas, das „Dornröschen" und die „Perle an der Mosel". Verbunden mit der moselländischen Lebensfreude wird die Tour zum echten Erlebnis.

TourTipps

- Tourist-Info Bullay, im Reisebüro Ulfra Tours, Lindenplatz 2, 56859 Bullay ✆ 06542/21141 ⓘ www.bullay.de
- Tourist-Info Ferienland Cochem, Endertplatz 1, 56812 Cochem ✆ 02671/6004-0 ⓘ www.ferienland-cochem.de
- Tourist-Info Mosel Calmont Region, Pelzerstraße 1, 56814 Ediger-Eller, OT Ediger ✆ 02675/1344 ⓘ www.ediger-eller.de
- Tourist-Info Treis-Karden (im Bahnhof), St.-Castor-Straße 87, 56253 Treis-Karden, OT Karden ✆ 02672/9157700 ⓘ www.visitmosel.de

- Altstadt-Café, Oberbachstraße 22, 56812 Cochem ✆ 02671/7224 ⓘ www.altstadt-hotel-cochem.de
- Ferienweingut Zenz, Moselstraße 44, 56814 Ernst ✆ 02671/7345 ⓘ www.ferienweingut-zenz.de
- Hotel-Café-Bistro Klapperburg, Bachstraße 33, 56814 Beilstein ✆ 02673/1417 ⓘ www.klapperburg.de
- Hotel Halfenstube, Moselweinstraße 30/31, 56820 Senheim-Senhals, OT Senhals ✆ 02673/4579 ⓘ www.hotel-halfenstube.de
- Restaurant & Café Kloster Beilstein, Klosterstraße 55, 56814 Beilstein ✆ 02673/1674 ⓘ www.klostercafe-beilstein.de
- Springiersbacher Hof, Oberbachstraße 30, 56814 Ediger-Eller, OT Ediger ✆ 02675/1560 ⓘ www.ediger-mosel.de
- Weinmanufaktur Schardt, Fährstraße 6, 56859 Bullay ✆ 06542/2387 ⓘ www.weinmanufaktur-schardt.de
- Zum Kaffeeklatsch, Moselweinstraße 12, 56814 Ediger-Eller, OT Ediger ✆ 02675/911421 ⓘ www.kaffeeklatsch.biz

- Bikestore Klotten, Moselstraße 26, 56818 Klotten ✆ 02671/9158418
- Radsport Schrauth, Sehler Anlagen 13, 56812 Cochem ✆ 02671/7974
- Schaltwerk, Ravenéstraße 39, 56812 Cochem ✆ 02671/603500 ⓘ www.schaltwerk-bikes.de

- Freibad Ellenz-Poltersdorf, St. Sebastianusstraße 45, 56821 Ellenz-Poltersdorf ✆ 02673/1642 ⓘ www.ellenz-poltersdorf.de
- Spiel- und Spaßbad Treis-Karden, Bruttiger Straße 1, 56253 Treis-Karden, OT Treis ✆ 02672/7331
- Moselbad, Moritzburger Straße 1, 56812 Cochem-Cond ✆ 02671/9799-0 ⓘ www.moselbad.de

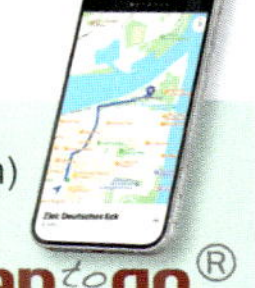

Tour-Code: **BT1X615** (www.wander-touren.com)

Direkt zum Startpunkt mit scan to go®

MOSEL **07**

Mosel-Radweg 2

Auf dem Streckenabschnitt von Bullay nach Bernkastel-Kues folgt der Radweg der idyllischen Fluss- und Weinberglandschaft. Für Mosel-Romantik sorgen zudem herrliche Fachwerkorte. Auf dem Rückweg sind wir auf den RadBus, das Schiff oder die Moselweinbahn angewiesen.

Start/Ziel: Bahnhof Bullay, Bahnhofsplatz, 56859 Bullay
N 50° 03' 14.9" • E 7° 08' 06.5"

Anfahrt: B 49 oder B 53/B 421 entlang der Mosel bis Alf, auf Doppelstockbrücke Richtung Bullay über die Mosel, Ausschilderung P&R/Bahnhof nach links folgen

Parkplatz: P&R Bahnhof Bullay

Zug: SÜWEX RE 1, Moseltalbahn RB 81 und Moselweinbahn RB 85 bis Bahnhof Bullay

Variante kurz
25.7 km | 2h 10' | 190 ↑ ↓ 200

Variante mittel
48,2 km | 4h | 285 ↑ ↓ 290

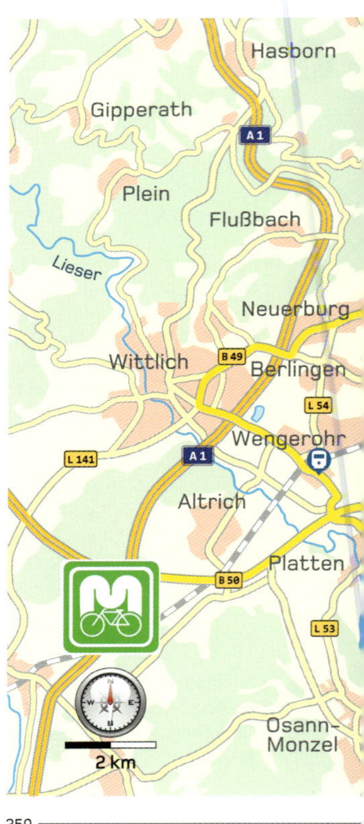

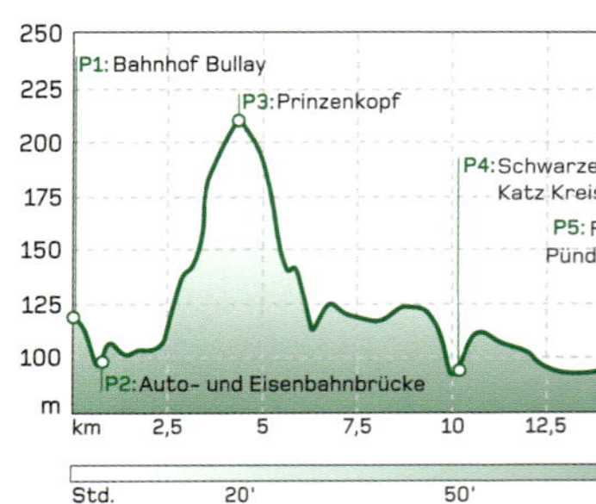

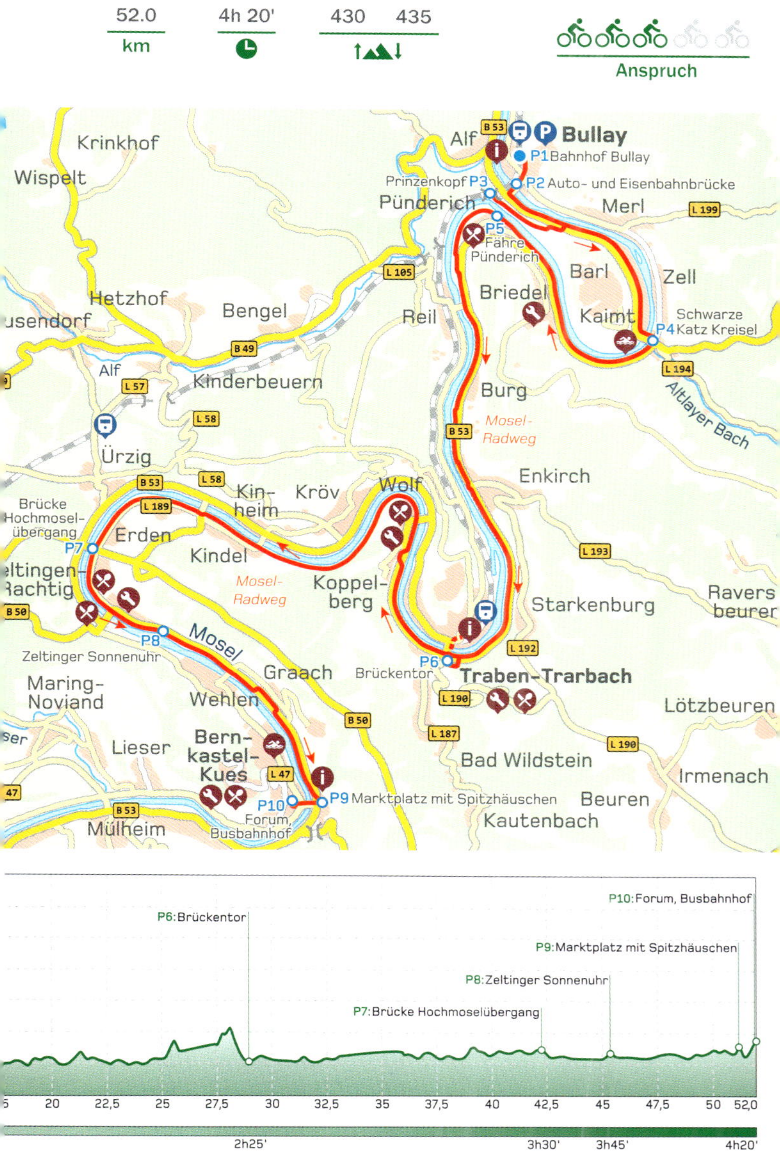
52.0
km
4h 20'
430
435
Anspruch
Bullay
Alf
P1 Bahnhof Bullay
P2 Auto- und Eisenbahnbrücke
Prinzenkopf P3
Pünderich
Merl
P5
Fähre
Pünderich
Barl
Zell
Briedel
Kaimt
Schwarze
P4 Katz Kreisel
Altlayer Bach
Krinkhof
Wispelt
Hetzhof
Bengel
Reil
Alf
Kinderbeuern
Burg
Mosel-
Radweg
Ürzig
Enkirch
Kin-
heim
Kröv
Wolf
Brücke
Hochmosel-
übergang
Erden
P7
Kindel
Mosel-
Radweg
Koppel-
berg
Starkenburg
Ravers
beurer
P8
Zeltinger Sonnenuhr
Mosel
Graach
P6
Brückentor
Traben-Trarbach
Maring-
Noviand
Wehlen
Lötzbeuren
Bern-
kastel-
Kues
Lieser
Bad Wildstein
Irmenach
P10
P9 Marktplatz mit Spitzhäuschen
Beuren
Forum,
Busbahnhof
Kautenbach
Mülheim
B 53
L 199
L 105
B 49
L 57
L 58
L 194
L 189
L 193
B 50
L 192
L 190
L 187
L 47
P6: Brückentor
P7: Brücke Hochmoselübergang
P8: Zeltinger Sonnenuhr
P9: Marktplatz mit Spitzhäuschen
P10: Forum, Busbahnhof
20
22,5
25
27,5
30
32,5
35
37,5
40
42,5
45
47,5
50
52,0
2h25'
3h30'
3h45'
4h20'

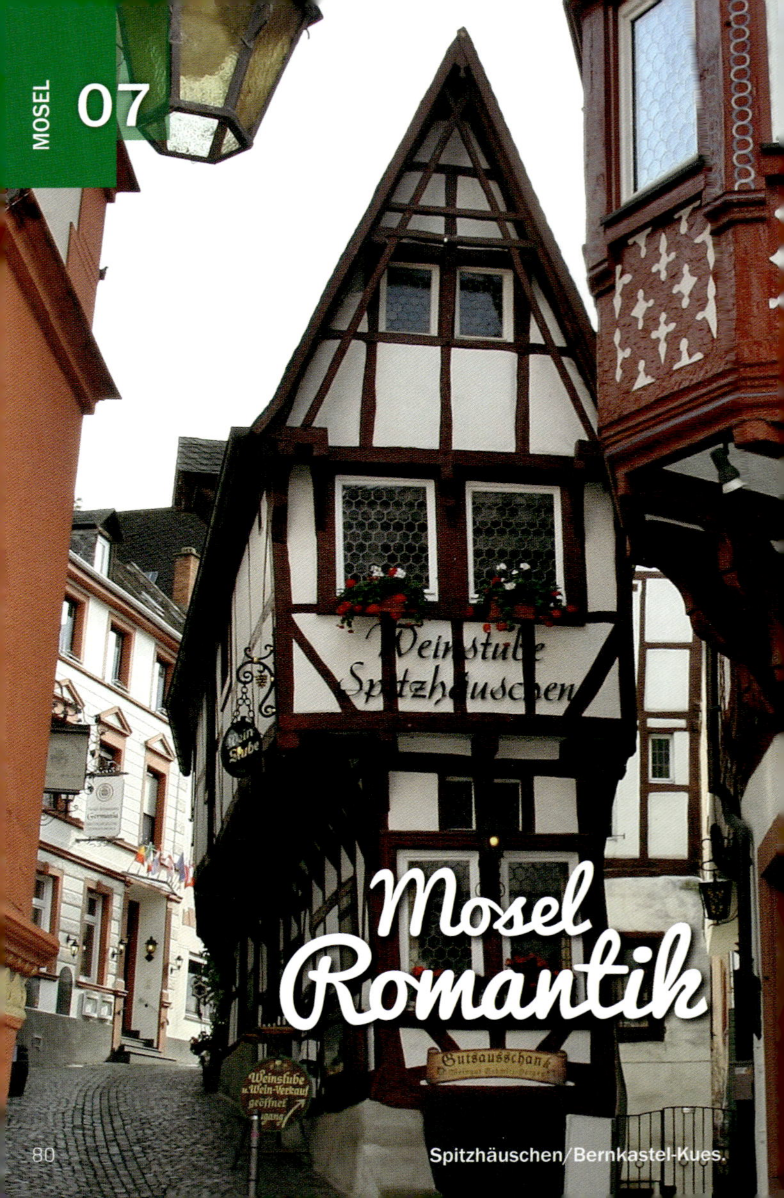

Mosel Romantik

Spitzhäuschen/Bernkastel-Kues.

Wir starten vom **Bahnhof Bullay (P1)** und folgen der Ausschilderung nach Alf über die Doppelstockbrücke auf die andere Moselseite.

P2
0.7 km
5'

Die **Auto- und Eisenbahnbrücke (P2)** ist unten Autos, Radfahrern und Fußgängern vorbehalten, während im oberen Stockwerk die Züge rollen. Auf der rechten Moselseite angekommen, folgen wir dem **Mosel-Radweg** (www.visitmosel.de und www.radwanderland.de) nach links entlang der B 421 und queren den Weinberghang. Auf dem Weg nach Traben-Trarbach und Bernkastel-Kues folgt der **Mosel-Radweg** jeder Moselschleife. Wer den gewundenen Flusslauf von oben sehen will, kann den schmalen Sattel des Zeller Hamms **(lange Streckenvariante)** zur Marienburg hinauffahren.

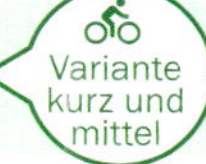

Die kurze und mittlere Streckenführung verzichten auf diesen anstrengenden Abstecher.

Der Abzweig zur Marienburg ist vom **Mosel-Radweg** bzw. von der B 421 aus gut ausgeschildert. Allerdings hat es der Anstieg in sich. Also: Kette links und sehen, wie weit man kommt. Wohl dem, der ein E-Bike fährt. Doch die Mühe lohnt sich. Von dem Bergrücken mit der Marienburg und vom Aussichtsturm auf dem **Prinzenkopf (P3)** können wir das herrliche Panorama der Zeller Moselschleife genießen.

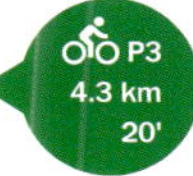

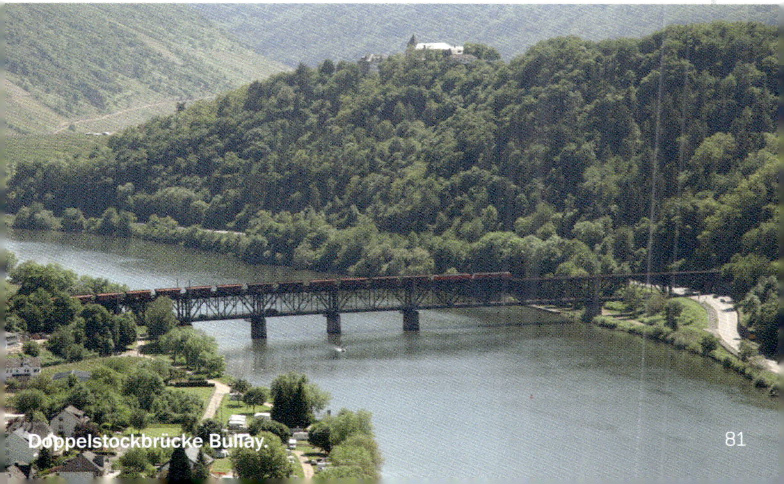

Doppelstockbrücke Bullay.

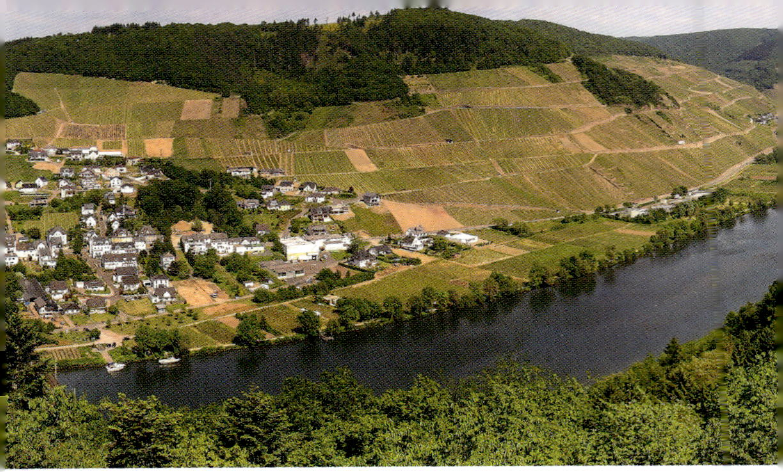

Doch auch vom **Mosel-Radweg** bietet sich ein eindrucksvoller Blick auf Zell (www.stadt-zell-mosel.de) und die berühmte Weinlage Zeller Schwarze Katz. An der Spitze der Zeller Moselschleife rollen wir den Hang hinunter und überqueren die Mosel. Auf den **„Schwarze Katz Verkehrskreisel" (P4)** folgt eine wunderschöne Wegpassage entlang dem Moselufer unterhalb der B 53. Wir passieren Briedel und können die malerische Uferpartie mit Blick auf den Zeller Hamm und die Marienburg auskosten.

In Pünderich (www.puenderich.de) erreichen wir nach einem Schlenker auf dem Gelände eines Campingplatzes den **Fähranleger (P5)**. Pünderich präsentiert sich als Winzerort wie aus dem Bilderbuch. Ein Abstecher in den Ort mit seinen Weingütern, Straußwirtschaften und der herrlichen Fachwerkidylle ist ein Erlebnis.

Zwischen Burg und Enkirch laufen die Weinberghänge flach zur Mosel hin aus. Nach der Staustufe Enkirch fahren wir entlang der B 53 auf die enge Moselschleife bei Traben-Trarbach zu, wo der Moselhang dagegen wie eine Wand wirkt.

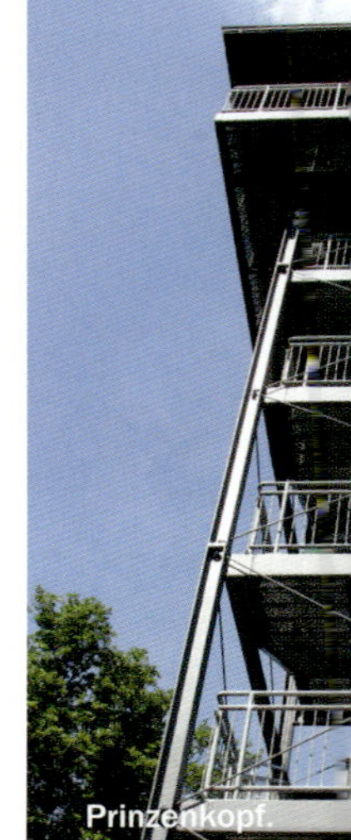
Prinzenkopf.

Traumblick vom Prinzenkopf.

P6
28.8 km
2h 25'

Wir erreichen den Ortsteil Trarbach und steuern direkt auf das **Brückentor (P6)**, eine Perle des Jugendstils, zu. Die Tourist-Info befindet sich beim Bahnhof in Traben auf der anderen Moselseite. Dort endet die **kurze Streckenvariante**. Der Doppelort Traben-Trarbach bietet sich für einen ausführlichen Stadtbummel mit Einkehrschwung an.

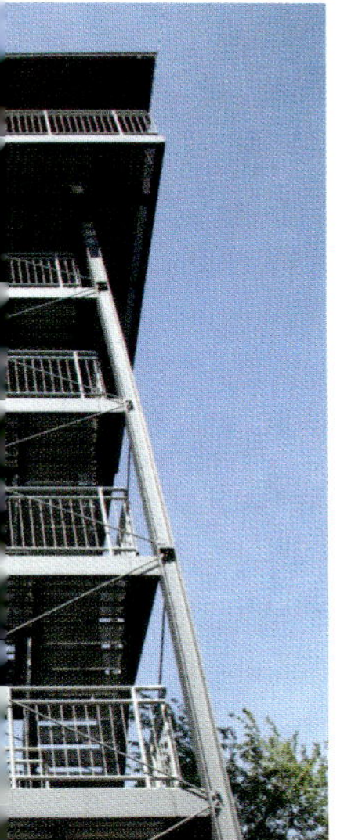

Ende des 19., Anfang des 20. Jh. erlebte Traben-Trarbach (www.traben-trarbach.de) eine Blütezeit des Weinbaus und Weinhandels, als die Stadt nach Bordeaux der bedeutendste Weinhandelsplatz der Welt war. Diese Blütezeit spiegelt sich in vielen Jugendstilbauten des Berliner Architekten Bruno Möring wider, die das Stadtbild noch heute prägen. Aus dieser Zeit stammen auch die mehrere Stockwerke tiefen Weinkeller, die Traben-Trarbacher Unterwelt. Zum Mosel-Wein-Nachts-Markt (www.mosel-wein-nachts-markt.de) sind die Keller für jedermann geöffnet. Weitere Sehenwürdigkeiten sind mehrere Museen, u.a. das Buddha-Mittelmosel- und Zeitreisemuseum und die hoch über Trarbach thronende Ruine Grevenburg. Daneben bieten sich viele Gelegenheiten zur gemütlichen Einkehr, etwa im originellen Gutslokal „Die Graifen" (www.graifen.de).

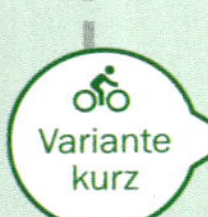

Wer die kurze Streckenvariante wählt, kommt von Traben-Trarbach mit dem Zug (Moselweinbahn), dem RadBus oder per Schiff nach Bullay zurück. Die Schiffe und Fahrradbusse verkehren regelmäßig von April bis Ende Oktober.

Auf die Moselschleife von Traben-Trarbach folgt eine weitere bei Wolf, wo Szenen des preisgekrönten Films „Die andere Heimat“ von Edgar Reitz gedreht wurden. Mehrere nette Lokale direkt am Moselufer laden zur Erfrischungspause ein. Auf dem gegenüberliegenden Moselhang prangt in großen Lettern der Name der bekannten Weinlage: Kröver Nacktarsch. Bis in die Bild-Zeitung brachte es 2003 die Idee, die Kröver Mehrzweckhalle „Nacktarschhalle“ zu nennen. Der Gemeinderat einigte sich schließlich auf den Namen Weinbrunnenhalle „Kröver Nacktarsch“.

Der folgende Streckenabschnitt unterhalb der Klosterruine auf dem Göckelsberg ist verkehrsfrei und ein besonderer Radelgenuss. Wie an einer Perlenkette aufgereiht, folgt mit Kindel, Lösnich und Erden Weinort auf Weinort mit der Gelegenheit zum Umtrunk und gemütlichen Verweilen. Auf der anderen Moselseite

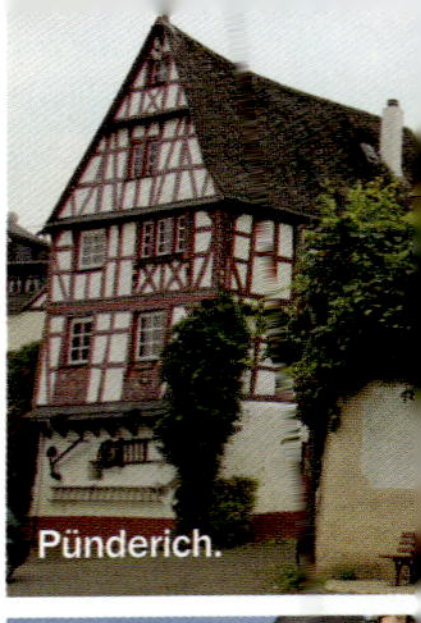
Pünderich.

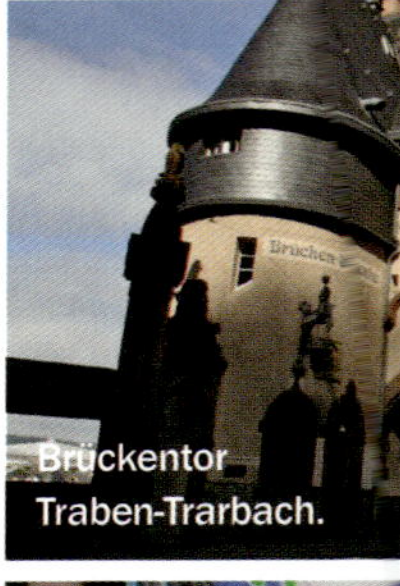
Brückentor Traben-Trarbach.

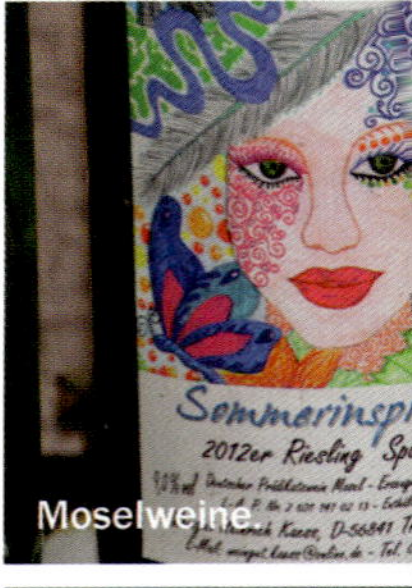

Moselweine.

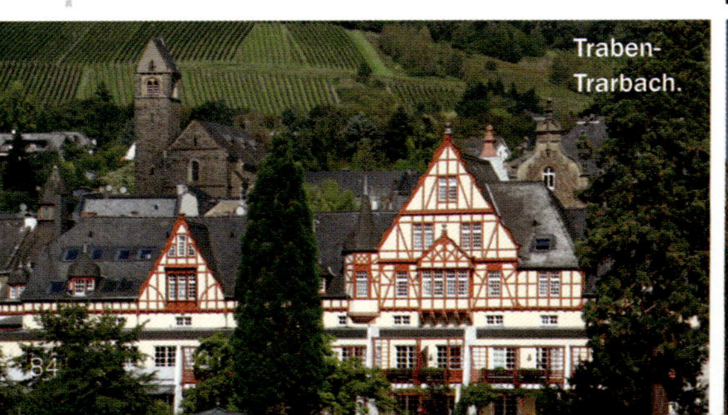
Traben-Trarbach.

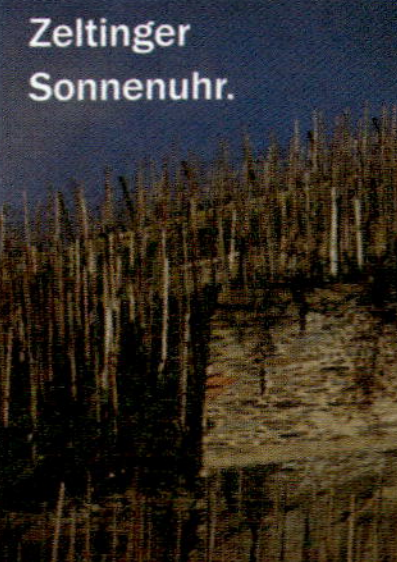
Zeltinger Sonnenuhr.

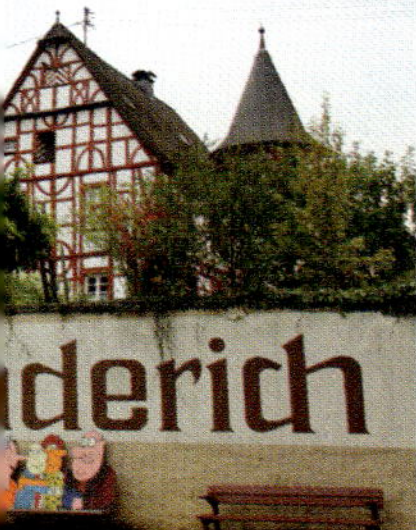

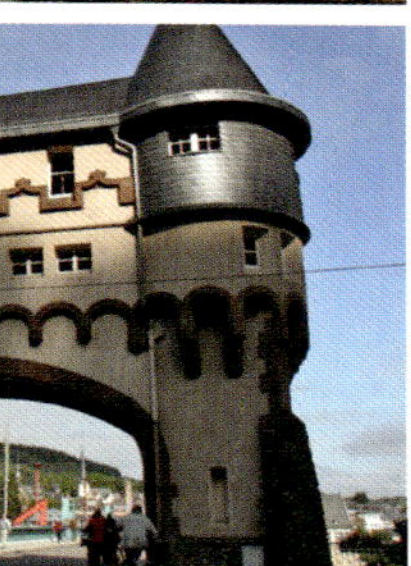

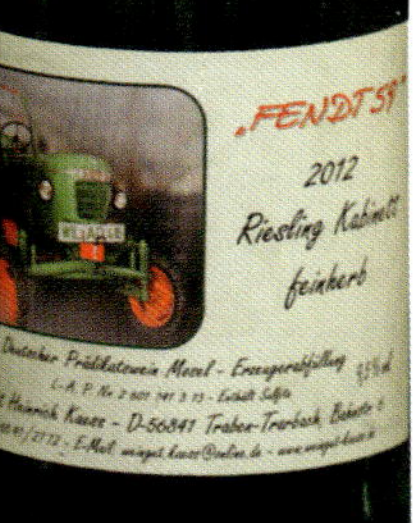

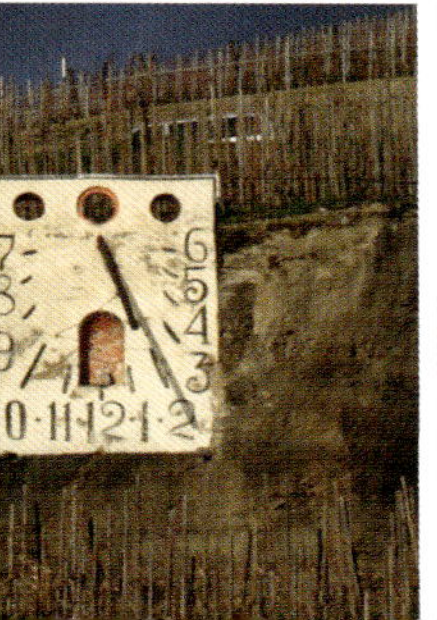

beeindruckt auf Höhe Erden die große Ürziger Sonnenuhr im rötlichen Fels des steilen Moselhangs. Anschließend steuern wir auf die Brückenstelzen des **Hochmoselübergangs (P7)** zu (die Brückendaten: 1,7 km Länge, 160 Meter Höhe, 14 Pfeiler mit 20 bis 150 Meter Höhe).

P7
42.4 km
3h 30'

Es folgt Zeltingen-Rachtig mit mehreren netten Einkehrmöglichkeiten. Wer die „kleine Moselbrücke" in Zeltingen überquert, kann einen Abstecher zur Klosterbrauerei Machern (www.brauhaus-kloster-machern.de) unternehmen. Am Ortsende von Zeltingen reizt die riesige **Zeltinger Sonnenuhr (P8)** in den Weinbergen zum Uhrenvergleich. Wie ist das mit der Sommerzeit? Bei Graach macht der **Mosel-Radweg** einen Schlenker über die B 53, bevor wir das Tagesziel Bernkastel-Kues erreichen. Wir kommen im Ortsteil Bernkastel (www.bernkastel.de) an. Die Tourist-Info befindet sich an der Hauptstraße, die am Moselufer entlangführt.

P8
45.4 km
3h 45'

Beim Bummel durch Bernkastel fühlt man sich ins Mittelalter zurückversetzt. Seine Blütezeit erlebte der Ort in der Renaissance. Um den Marktplatz mit dem Michaelsbrunnen entstand ein einmaliges Ensemble hoher Giebelfachwerkhäuser. Dort lugt auch das berühmte 1416 erbaute

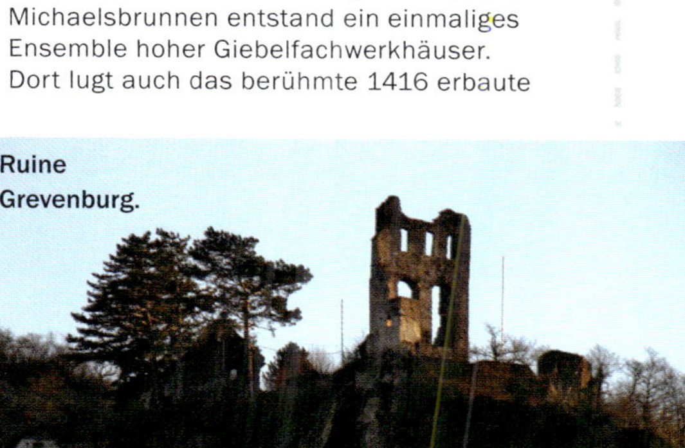
Ruine Grevenburg.

Spitzhäuschen (P9) ums Eck, das auf einem viel zu kleinen Sockel zu balancieren scheint. Ein Fußweg führt über die Karlstraße durch die steilen Weinberge zum Schützenhaus (www.schuetzenhaus-bernkastel.de). Von dort hat man eine herrliche Aussicht auf Bernkastel-Kues und die Mosellandschaft. Ein Stück weiter den Hang hinauf thront die Burgruine Landshut majestätisch über Bernkastel.

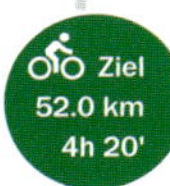

Auf der anderen Moselseite sollten wir uns in Kues das Weinkulturelle Zentrum nicht entgehen lassen, wo über 160 Mosel-Weine in den Gewölbekellern des St. Nikolaus-Hospitals verkostet werden können. Der **Busbahnhof (P10)** befindet sich beim Forum in der Bahnhofstraße. Von dort bringt uns der Rad-Bus Moseltal (www.radbusse.de) nach Bullay zurück. Die Busse verkehren jedoch nur von April bis Ende Oktober. Die Fahrt sollte vorab gebucht werden.

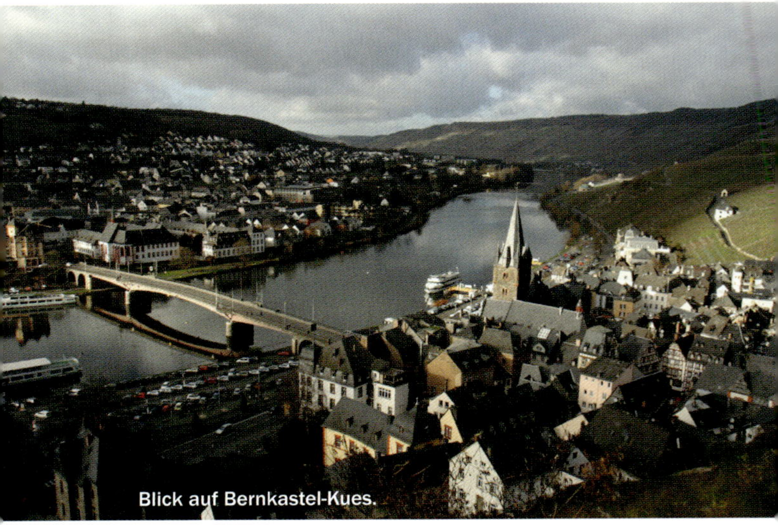

Blick auf Bernkastel-Kues.

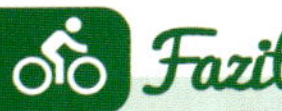

Fazit

Die Moselstrecke entlang der Flussschleifen zwischen Bullay und Bernkastel-Kues ist traumhaft schön. Traben-Trarbach und Bernkastel-Kues sorgen zudem für städtisches Flair. Retour geht es mit dem RadBus Moseltal, per Schiff oder der Moselweinbahn.

TourTipps

- Tourist-Info Bernkastel-Kues, Mosel-Gäste-Zentrum, Gestade 6, 54470 Bernkastel-Kues, OT Bernkastel ✆ 06531/500190 www.bernkastel.de
- Tourist-Info Bullay, im Reisebüro Ulfra Tours, Lindenplatz 2, 56859 Bullay ✆ 06542/21141 www.bullay.de
- Tourist-Info Traben-Trarbach, Am Bahnhof 5, 56841 Traben-Trarbach, OT Traben ✆ 06541/83980 www.traben-trarbach.de

- Brauhaus Kloster Machern, Zeltinger Brücke, 54470 Bernkastel-Kues, OT Machern ✆ 06532/95150 www.brauhaus-kloster-machern.de
- Deutschherrenhof, Deutschherrenstraße 23, 54492 Zeltingen-Rachtig, OT Rachtig ✆ 06532/935-0 www.deutschherrenhof.de
- Die Graifen, Wolfer Weg 11, 56841 Traben-Trarbach, OT Trarbach ✆ 06541/811075 www.graifen.de
- Moselperle, Baldesgraben 2, 56841 Traben-Trarbach, OT Wolf ✆ 06541/9830 www.moselperle.de
- Schützenhaus, Am Burgberg 1, 54470 Bernkastel-Kues, OT Bernkastel ✆ 06531/9735288 www.schuetzenhaus-bernkastel.de
- Straußwirtschaft Alfred Dahm, Bahnhofstraße 4, 56862 Pünderich ✆ 06542/2805 www.alfred-dahm.de
- Zeltinger Hof, Kurfürstenstraße 76, 54492 Zeltingen-Rachtig ✆ 06532/93820, www.zeltinger-hof.de
- Zur alten Moselfähre, Im Luxgraben 1, 56841 Traben-Trarbach, OT Wolf ✆ 06541/818309

- Camphausen Velo & Café, Bahnstraße 36, 56841 Traben-Trarbach, OT Traben ✆ 06541/3276 www.veloundcafe.de
- Fun Bike Team, Schanzstraße 22, 54470 Bernkastel-Kues, OT Bernkastel ✆ 06531/94024 www.funbiketeam.de
- RTV Zweirad-Vertriebs GmbH, Hauptstraße 228, 56867 Briedel ✆ 06542/4276 www.cannondalestore.de
- Wildmann, Uferallee 55, 54492 Zeltingen-Rachtig, OT Zeltingen ✆ 06532/954367 www.fahrraeder-wildmann.de

- Erlebnisbad Zeller Land, Am Sportzentrum 1, 56856 Zell, OT Kaimt ✆ 06542/4830 www.erlebnisbad-zell.de
- Moselbad, Peter-Kremer-Weg, 54470 Bernkastel-Kues, OT Kues ✆ 06531/3003

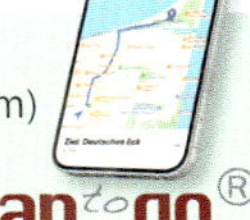

Tour-Code: **BT1X715** (www.wander-touren.com)

Direkt zum Startpunkt mit scan to go®

MOSEL

08 Maare-Mosel-Wittlicher-Senke-Radweg

Von Wittlich geht es auf dem Maare-Mosel-Radweg nach Bernkastel-Kues und auf dem Mosel-Radweg weiter nach Schweich. Der RadBus bzw. die Bahn bringen uns nach Wittlich zurück. Als Langstrecke bzw. 2-Tages-Tour können wir die Runde auf dem Radweg Wittlicher Senke komplettieren.

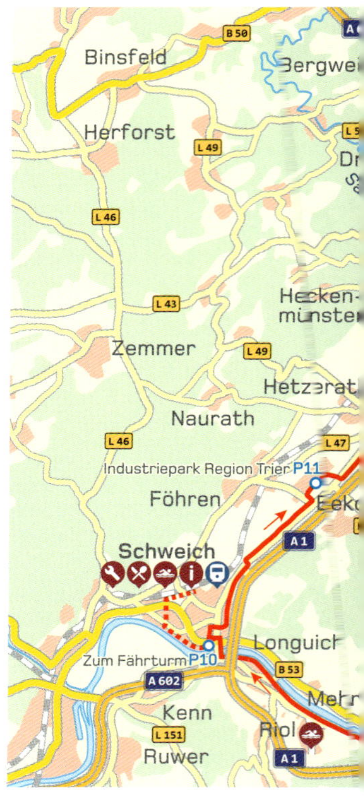

Start/Ziel: Bahnhof Wittlich-Wengerohr (=Hbf.), Bahnhofstraße 8, 54516 Wittlich-Wengerohr
N 49° 58' 23.9" • E 6° 56' 36.4"

Anfahrt: A 1 bis Kreuz Wittlich, A 60/B 50 Richtung Mainz/Flughafen Hahn folgen bis Ausfahrt Platten/Traben-Trarbach/Zeltingen-Rachtig/Wittlich-Wengerohr, im Kreisel Richtung Wengerohr/P&R/Bahnhof ausfahren, P&R-Ausschilderung folgen

Parkplatz: P&R-Platz Bahnhof Wittlich-Wengerohr (=Hbf.)

Zug: SÜWEX RE 1 und Moseltalbahn RB 81 bis Bahnhof Wittlich-Wengerohr

Variante Kinder
17.8 km | 1h 30' | 80 ↑ ↓ 125

Variante mittel
75.2 km | 6h 15' | 685 ↑ ↓ 690

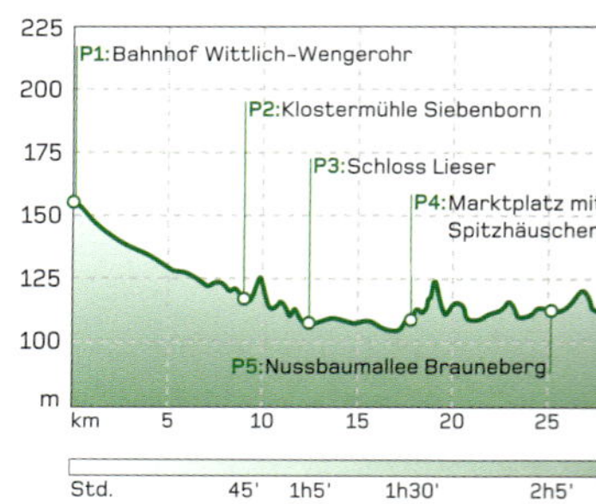

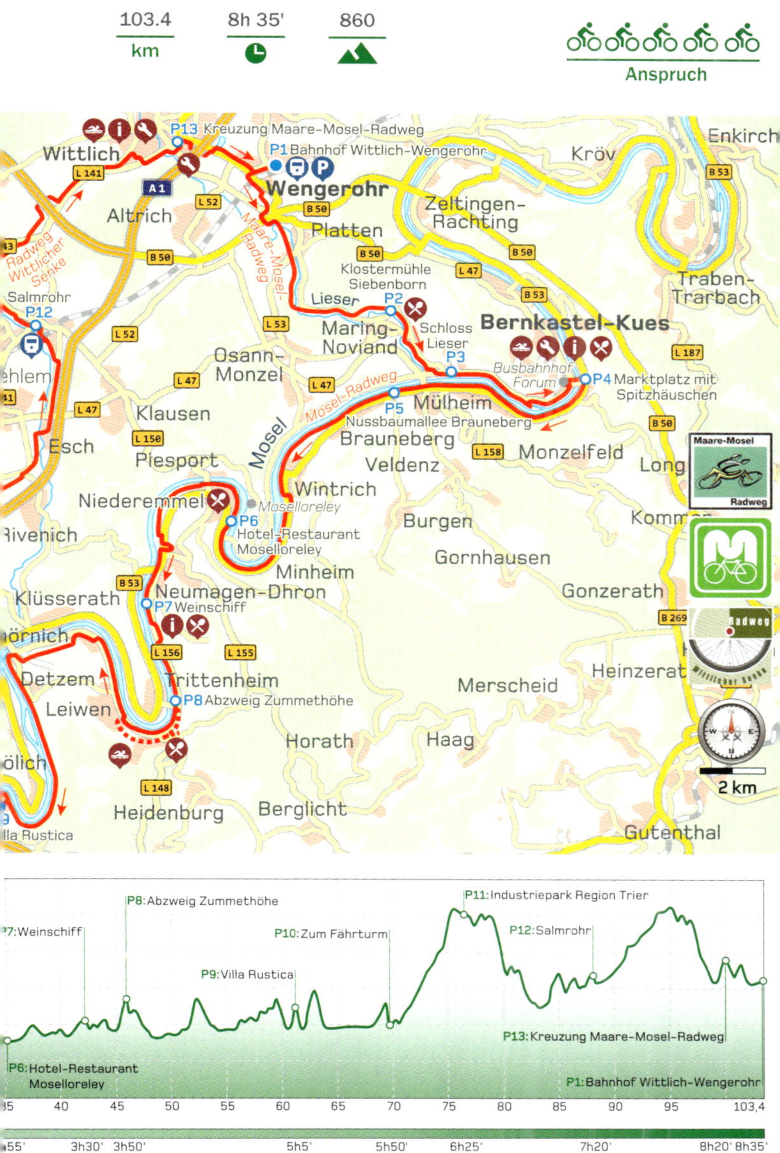

103.4
km
8h 35'
860
Anspruch
Wittlich
P13 Kreuzung Maare-Mosel-Radweg
P1 Bahnhof Wittlich-Wengerohr
Wengerohr
Kröv
Enkirch
Altrich
Platten
Zeltingen-Rachting
Radweg Wittlicher Senke
Maare-Mosel-Radweg
Klostermühle Siebenborn
Salmrohr
P12
Lieser
P2
Maring-Noviand
Schloss Lieser
P3
Bernkastel-Kues
Traben-Trarbach
Osann-Monzel
Busbahnhof Forum
P4 Marktplatz mit Spitzhäuschen
Mosel-Radweg
P5
Mülheim
Nussbaumallee Brauneberg
Klausen
Esch
Brauneberg
Monzelfeld
Piesport
Mosel
Veldenz
Long
Wintrich
Niederemmel
Moselloreley
P6 Hotel-Restaurant Moselloreley
Burgen
Rivenich
Minheim
Gornhausen
Neumagen-Dhron
Klüsserath
P7 Weinschiff
Gonzerath
Detzem
Trittenheim
Heinzerath
Merscheid
Leiwen
P8 Abzweig Zummethöhe
Horath
Haag
Heidenburg
Berglicht
Gutenthal
Villa Rustica
Maare-Mosel Radweg
Radweg Wittlicher Senke
2 km
A1
L 141
L 52
B 50
B 53
L 47
L 53
L 187
L 150
L 158
L 156
L 155
L 148
B 269
P7: Weinschiff
P8: Abzweig Zummethöhe
P9: Villa Rustica
P10: Zum Fährturm
P11: Industriepark Region Trier
P12: Salmrohr
P13: Kreuzung Maare-Mosel-Radweg
P6: Hotel-Restaurant Moselloreley
P1: Bahnhof Wittlich-Wengerohr
35 40 45 50 55 60 65 70 75 80 85 90 95 103,4
55' 3h30' 3h50' 5h5' 5h50' 6h25' 7h20' 8h20' 8h35'

MOSEL 08

Spuren der Römer

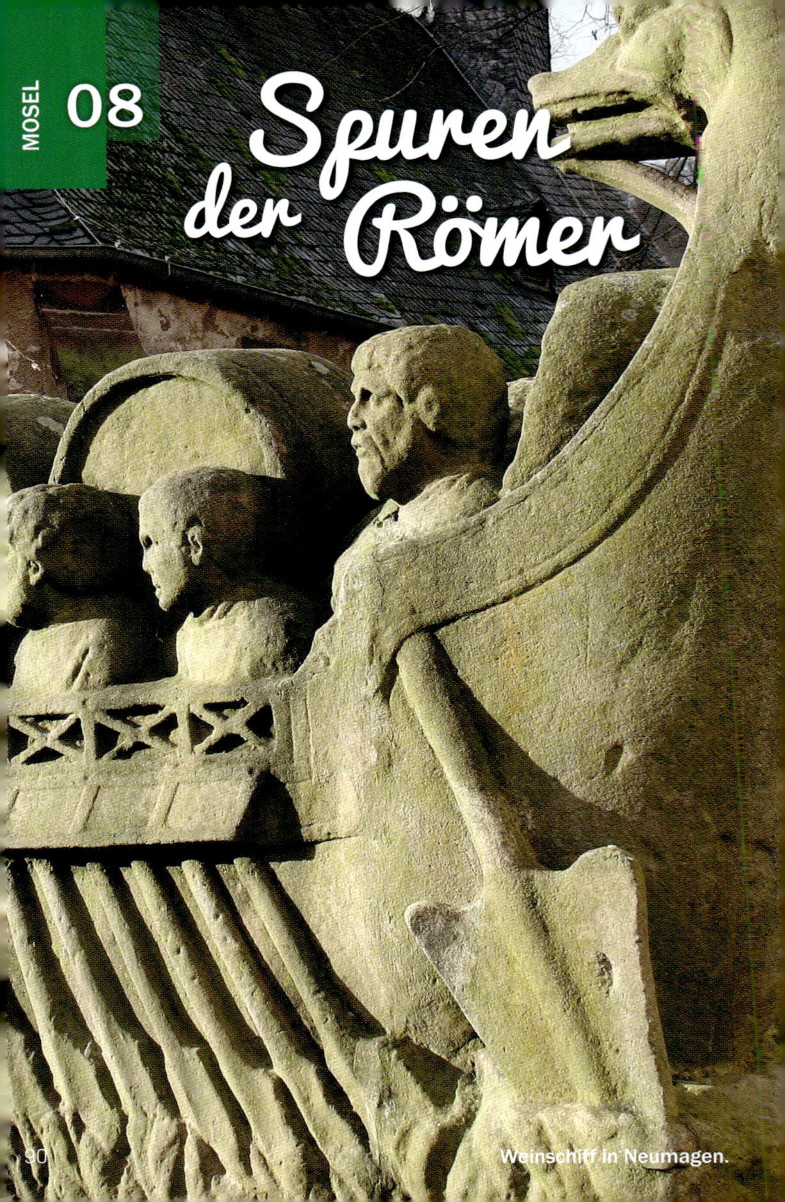

Weinschiff in Neumagen.

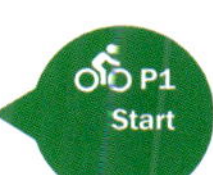

Die Tour beginnt am **Bahnhof Wittlich (P1)**, der rund 4.5 km vom Zentrum entfernt im Ortsteil Wengerohr liegt. Ein ausgeschilderter Zuweg führt uns vom Bahnhof zum **Maare-Mosel-Radweg** (www.visitmosel.de), der über 58 km von Daun nach Bernkastel-Kues führt. In Tour 15 wird der Streckenabschnitt Daun-Wittlich beschrieben. Diese Tour beginnt mit der „Fortsetzung" Wittlich-Kues. Dieser Streckenabschnitt ist bestens für einen Familienausflug **(Variante Kinder)** geeignet.

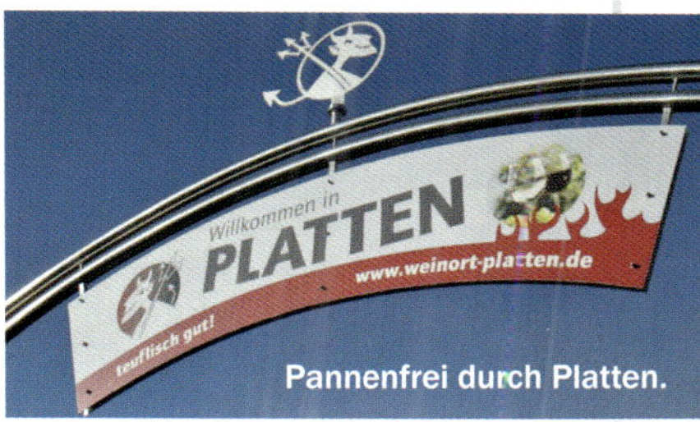

Pannenfrei durch Platten.

Nach Wengerohr queren wir auf dem **Maare-Mosel-Radweg** die A 60/B 50 und erreichen Platten. Bei dem Ortsnamen muss man als Radler unwillkürlich an eine Fahrradpanne denken. Haben wir Luftpumpe und Flickzeug dabei? Es folgt eine herrliche Passage entlang der Lieser, die in Schleifen durch die Wiesen-, Wald- und Weinberglandschaft plätschert. Das sanft zur Mosel abfallende Liesertal führt an der **Klostermühle Siebenborn (P2)** (www.klostermuehle-siebenborn.de), einer urigen Einkehrstation mit nettem Biergarten, und am Ortsrand von Maring-Noviand vorbei. Der Fund einer römischen Kelteranlage belegt, dass Noviand schon zu Römerzeiten als Weinort bekannt war.

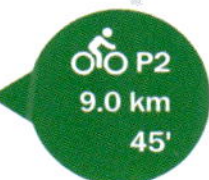

Bei Mülheim erreichen wir die Lieser-Mündung und setzen unsere Fahrt moselabwärts in Richtung Lieser fort. Auf Höhe des Weinortes lohnt sich ein kurzer Abstecher auf den Moseldamm. Von „oben" haben wir einen besseren Blick auf das eindrucksvolle **Märchenschloss Lieser (P3)** (www.schlosslieser.de). In Kues endet schließlich der **Maare-Mosel-Radweg** mit dem Postkartenmotiv der Häuserfront von Bernkastel und der auf einem Felssporn über dem Ort thronenden Burgruine Landshut.

Wer sich für die Variante Kinder entscheidet, hat mit Bernkastel-Kues das Tagesziel erreicht, und es bleibt genug Zeit für einen ausführlichen Stadtbummel. Den Busbahnhof für die Rückfahrt nach Wittlich finden wir in Kues beim Forum in der Bahnhofstraße. Man sollte für den RadBus Maare-Mosel (www.radbusse.de) vorreservieren und beachten, dass die Busse nur von April bis Ende Oktober verkehren.

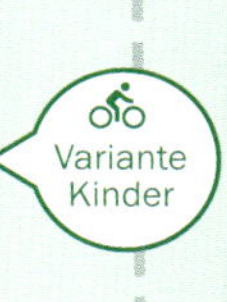

In Kues bietet sich der Besuch des Weinkulturellen Zentrums an, wo über 160 Mosel-Weine verkostet werden können (www.moselweinmuseum.de). Das Cusanusstift erinnert an den universal gebildeten Philosophen, Theologen und Mathematiker Nikolaus von Kues, der 1401 in Kues geboren wurde.

Auf der anderen Moselseite bezaubert Bernkastel durch sein intaktes mittelalterliches Stadtbild. Die Tourist-Info befindet sich unmittelbar an der Hauptstraße, die am Moselufer entlangführt. Um den Marktplatz entstand ein einmaliges Ensemble hoher Giebelfachwerkhäuser. Vom berühmten, 1416 gebauten **Spitzhäuschen (P4)** führt ein Fußweg über die Karlstraße durch die steilen Weinberge zum Schützenhaus (www.schuetzenhaus-bernkastel.de) und weiter zur Burgruine Landshut. Von oben hat man einen herrlichen Blick auf Bernkastel-Kues und die Mosellandschaft. Das römische Erbe Bernkastels zeigt sich unter der Burg Landshut. Bei der Sanierung der Burgruine kamen Reste des römischen Kastells Princastellum zum Vorschein.

P4
18.0 km
1h 30'

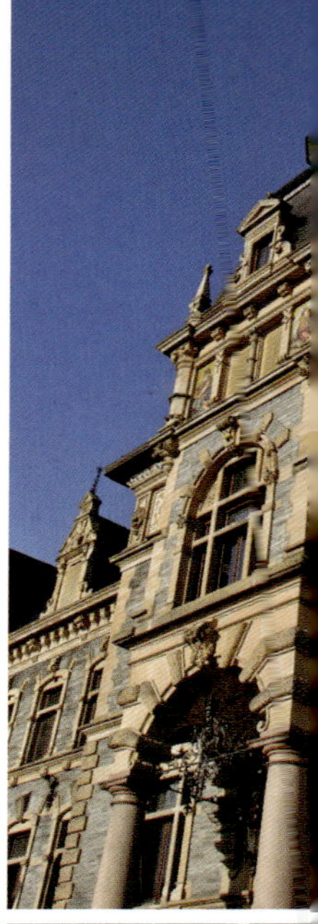

Nach dem Bummel durch Bernkastel-Kues geht es flussaufwärts auf dem **Mosel-Radweg** (www.visitmosel.de) weiter. Den Moselverlauf bis Mülheim kennen wir bereits von der anderen Moselseite. In Brauneberg (www.brauneberg.de) fahren wir an der längsten **Nussbaumallee (P5)** der Mosel entlang. Die Allee ist im September Schauplatz eines großen Wein-Straßenfestes. Im Passionsspielort Wintrich (www.passionsspiele-wintrich.de) führt der **Mosel-Radweg** im Schlenker durch den Ort.

P5
25.1 km
2h 5'

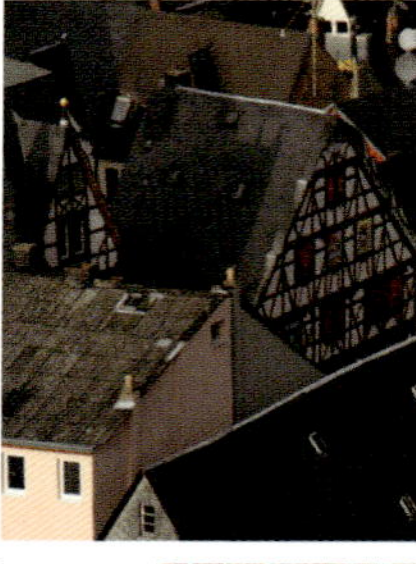

Es folgt ein herrlicher, verkehrsfreier Streckenabschnitt entlang der engen Mosel-

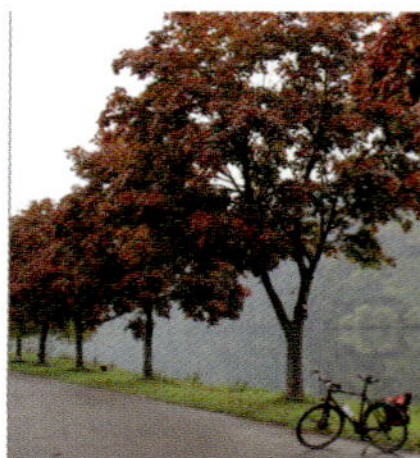

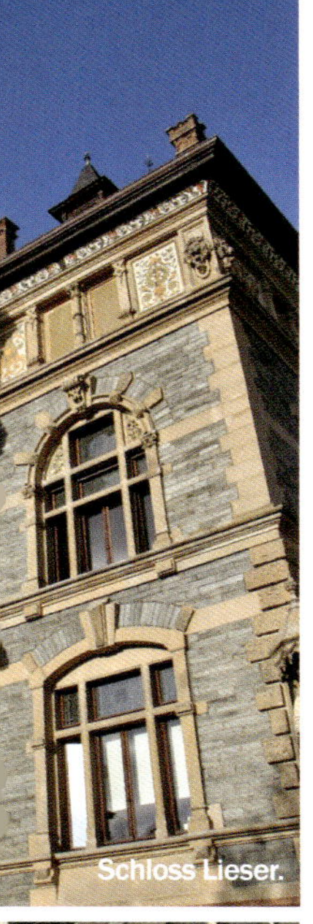
Schloss Lieser.

schleife nach Piesport-Niederemmel. Dort können wir vom **Hotel-Restaurant Mosellore-ley (P6)** (www.moselloreley.de) den Blick auf die schroffe Felsenlandschaft der Mosellore-ley am gegenüberliegenden Ufer bewundern. Nicht minder hübsch und gemütlich ist es im Garten der Straußwirtschaft Moselgarten des Weinguts Lehnert-Veit (www.lehnert-veit.de) oder nebenan im Weingut Karthäuserhof (www.karthaeuserhof.net).

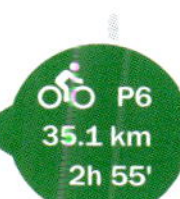

Auf der anderen Moselseite erblicken wir Piesport, Heimat des berühmten Piesporter Goldtröpfchens. Die Weinberglage hat die Form eines Amphitheaters. Einige der besten Rieslinge Deutschlands kommen bekanntlich von der Mosel.

Die Mündung des Flüsschens Dhron zwingt uns zu einem Schlenker, bevor wir den angeblich ältesten Weinort Deutschlands erreichen. Noviomagnus, wie Neumagen zur Römerzeit hieß, ist für sein **Weinschiff (P7)** bekannt.

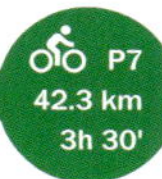

In Neumagen wurde 1878 das Relief eines römischen Weinschiffs gefunden. Es gehörte zu dem monumentalen Grabmal eines römischen Weinhändlers aus der Zeit um 220 n. Chr. und bestand ursprünglich aus zwei Weinschiffen, die mit einer Steinpyramide aus Amphoren verbunden waren. Vor der kleinen Peterskapelle können wir einen Abguss des Weinschiffs bewundern. Das Original befindet sich im Rheinischen Landesmuseum in Trier. Ein Nachbau des Römerweinschiffs ankert im Hafen von Neumagen. Auf Kulturfahrten mit dem Weinschiff wird römische Geschichte lebendig und „erfahrbar".

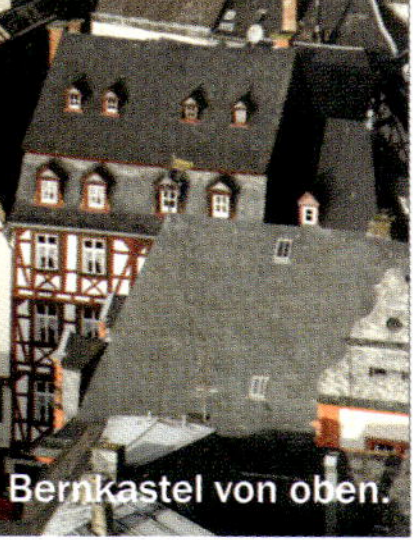
Bernkastel von oben.

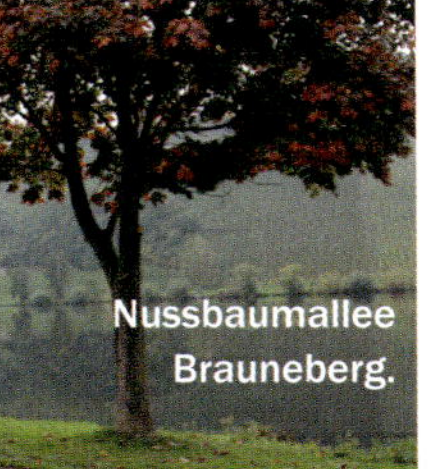
Nussbaumallee Brauneberg.

Wer die **Langstrecke** fährt und sich Zeit für die Sehenswürdigkeiten an der Strecke nimmt, sollte die Tour als **Zwei-Tages-Tour** planen und in Neumagen übernachten. Bezüglich einer Unterkunft hilft die Internet-Seite des Weinortes weiter (www.neumagen-dhron.de). Neumagen leidet zwar unter der engen Durchgangsstraße, und von manchen Gebäuden bröckelt der Putz. Doch vielleicht verleiht gerade das dem Ort einen besonderen Charme und das südländische Flair. Mit dem Hotel Lekker (www.hotel-lekker.com) sowie vielen Straußwirtschaften und Restaurants gibt es eine reiche und vorzügliche gastronomische Auswahl. Das Hotel Lekker eignet sich auch prima zum übernachten.

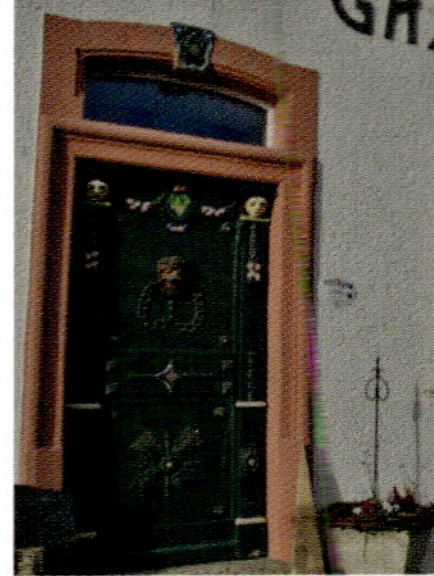

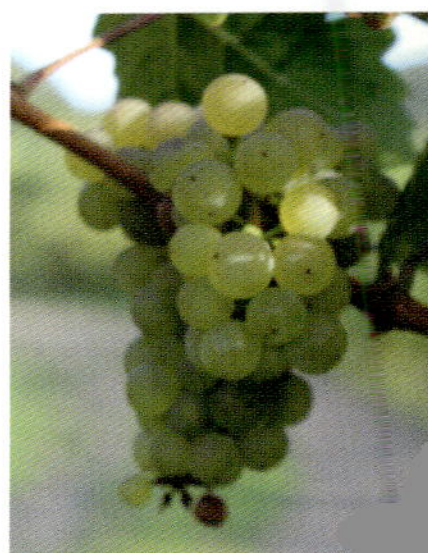

Mit Blick auf die Neumagener Sonnenuhr verlassen wir den Weinort und können uns auf die Moselschleife bei Trittenheim freuen. Wir haben das Gebiet der römischen Weinstraße (www.roemische-weinstrasse.de) erreicht. An der **Moselbrücke** nach Trittenheim zweigt links die L 148 zur **Zummethöhe (P8)** ab.

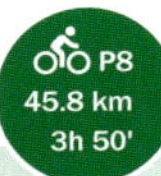

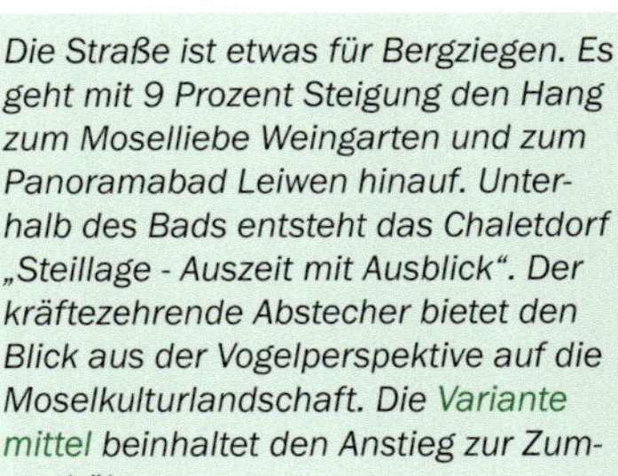

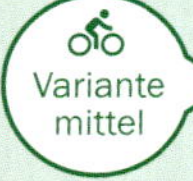

Die Straße ist etwas für Bergziegen. Es geht mit 9 Prozent Steigung den Hang zum Moselliebe Weingarten und zum Panoramabad Leiwen hinauf. Unterhalb des Bads entsteht das Chaletdorf „Steillage - Auszeit mit Ausblick". Der kräftezehrende Abstecher bietet den Blick aus der Vogelperspektive auf die Moselkulturlandschaft. Die Variante mittel beinhaltet den Anstieg zur Zummethöhe.

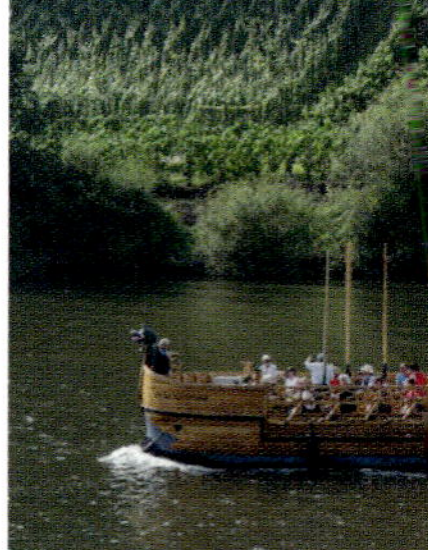

Der **Mosel-Radweg** führt „unten" am Moselufer entlang **(Variante lang)**. Wie an einer Perlenkette folgen die Weinorte Leiwen, Köwerich, Thörnich und Detzem, in denen nette Weingüter und Straußwirtschaften zur Einkehr locken. Der **Mosel-Radweg** hält nun mit der Fahrt am Hang der Mehringer Schweiz einen besonders schönen Streckenabschnitt für uns bereit.

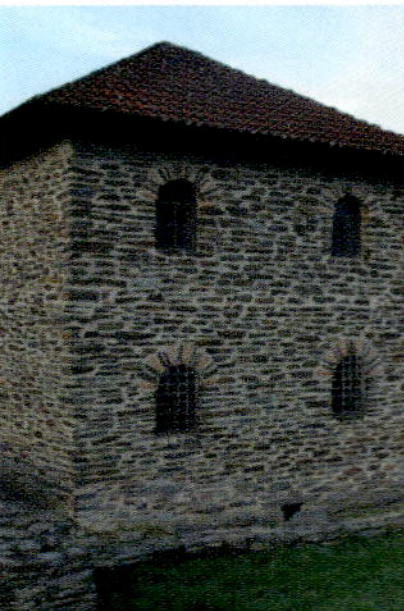

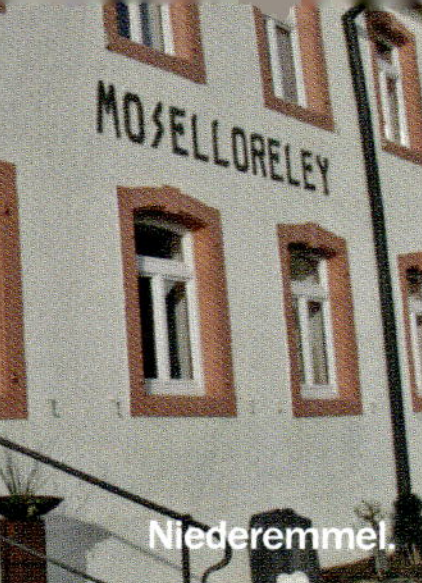

Niederemmel.

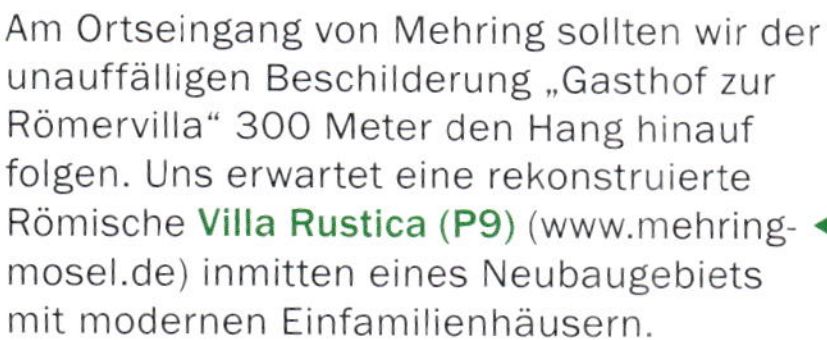

Am Ortseingang von Mehring sollten wir der unauffälligen Beschilderung „Gasthof zur Römervilla“ 300 Meter den Hang hinauf folgen. Uns erwartet eine rekonstruierte Römische **Villa Rustica (P9)** (www.mehring-mosel.de) inmitten eines Neubaugebiets mit modernen Einfamilienhäusern.

P9
61.4 km
5h 5'

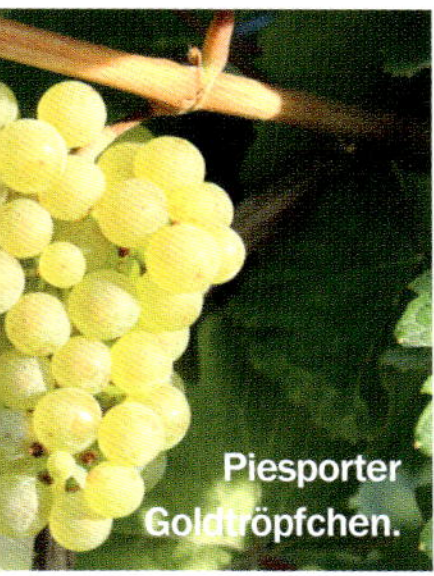
Piesporter Goldtröpfchen.

Zurück auf dem **Mosel-Radweg** folgt der ehemalige Bahnhof von Mehring. Wir fahren auf der Saufbähnchen-Trasse, einer 1962 stillgelegten Kleinbahnstrecke, am Moselufer entlang. Vor Riol kommen wir am Freizeitsee und -park Triolago vorbei. Der Moselverlauf ist in diesem Streckenabschnitt gerade und der Fluss wirkt wie der Seitenarm eines Sees. Wir passieren Longuich, rollen unter der Autobahnbrücke hindurch und überqueren bei Schweich die Mosel. Auf der anderen Uferseite erwartet uns das Wahrzeichen von Schweich, ein Fährturm mit der herrlich gelegenen Gaststätte **Zum Fährturm (P10)** (www.kreusch-wassersport.de).

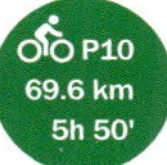

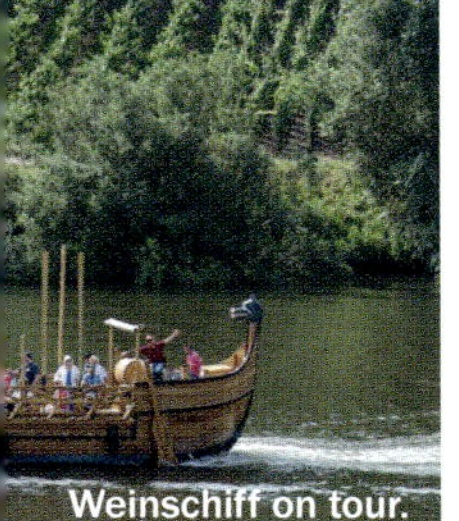
Weinschiff on tour.

Wer die mittlere Streckenvariante wählt, bleibt bis zum Ortsteil Issel auf dem Mosel-Radweg. Beim Wegweiser „Isseler Hof“ (www.isselerhof.de) verlassen wir den Radweg und biegen rechts zu dem Gasthof ab. Anschließend fahren wir geradeaus durch ein Wohngebiet und entlang dem Bahndamm zum Bahnhof Schweich. Mit dem Zug kehren wir nach Wittlich-Wengerohr (P1) zurück.

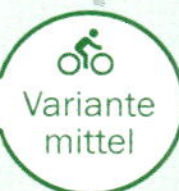

„2-Tages- und Langstreckenradler“ fahren vom Fährturm 200 Meter bis zur T-Kreuzung zurück, wo wir vom **Mosel-Radweg** auf den **Radweg Wittlicher Senke** (www.radwanderland.de) wechseln. Der **Radweg Wittlicher Senke** führt am Freibad Schweich vorbei und lotst uns mit einigen Richtungswechseln aus Schweich heraus.

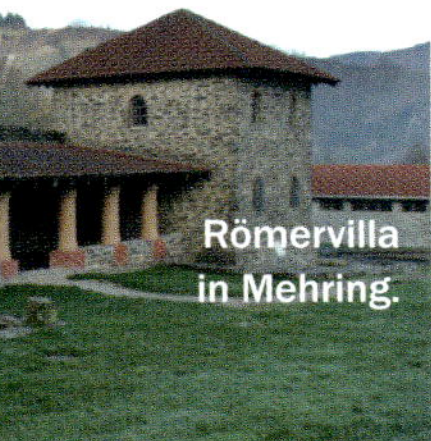
Römervilla in Mehring.

Wir müssen uns für den Rest der Tour auf hügeliges Gelände einstellen und folgen zunächst der L 141 nach Nordwesten. Die stetig ansteigende Strecke bietet uns einen schönen Blick auf die bewaldete Moseleifel. Auf der Hochfläche bei Bekond führt ein Schlenker an dem mit künstlichen Wasserflächen interessant angelegten **Industriepark Region Trier (P11)** vorbei.

P11
76.6 km
6h 25'

Wir fahren anschließend durch die Ortschaft Hetzerath ins Salmtal hinunter. Zum Teil deckt sich der Streckenverlauf des **Radwegs Wittlicher Senke** mit dem Salm-Radweg. Im weiten Flusstal erreichen wir Esch und **Salmrohr (P12)**. Vor Dreis verlassen wir das Salmtal und folgen dem Schorbach durch die Wiesen- und Ackerlandschaft auf eine Anhöhe mit der Autobahnanschlussstelle Wittlich-West. Durch einen Tunnel geht es unter der A 60 hindurch in die weite Feldflur vor Wittlich.

P12
88.3 km
7h 20"

Der Radweg führt entlang der L 141 am Gasthaus Zur Breit vorbei und zweigt vor Wittlich links in die Trierer Landstraße ab. In der folgenden Abfahrt müssen wir rechts abbiegen und werden mit einigen Richtungswechseln zur L 141 geführt. Wir kommen am Globus-Baumarkt vorbei und queren den Verkehrskreisel der L 52. Anschließend erreichen wir an einer T-Kreuzung den **Maare-Mosel-Radweg (P13)**. Wer einen Abstecher in die Innenstadt Wittlichs unternehmen will, biegt links ab (siehe Tour 15). Zum Bahnhof folgen wir dem **Maare-Mosel-Radweg** nach rechts.

P13
99.8 km
8h 20'

Wir fahren durch ein Gewerbegebiet, bei der Anschlussstelle Wittlich-Mitte unter der A1 hindurch und am Sterenbachsee vorbei nach Wengerohr. Dort biegen wir links ab und folgen der Ausschilderung zurück zum Ausgangspunkt, dem **Bahnhof Wittlich-Wengerohr (P1)**.

Ziel
103 km
8h 35'

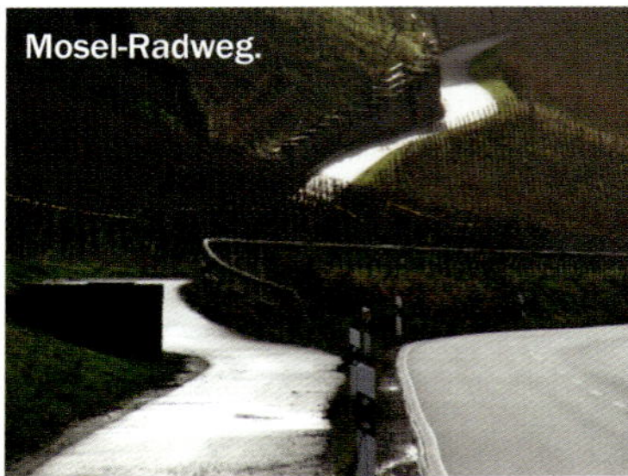
Mosel-Radweg.

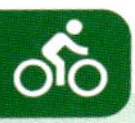

Fazit

Die Tour bietet neben der Entdeckungsreise in die römische Vergangenheit viele landschaftliche Höhepunkte, interessante Weindörfer, Städte und kulinarische Genüsse. Für jeden ist etwas dabei. Das gilt auch für die Streckenvarianten, die von der Genuss- und Familienradelstrecke bis zur 2-Tages-Tour reichen.

TourTipps

- Tourist-Info Bernkastel-Kues, Gestade 6, 54470 Bernkastel-Kues, OT Bernkastel ✆ 06531/500190 ⓘ www.bernkastel.de
- Tourist-Info Römische Weinstraße, Brückenstraße 46, 54338 Schweich ✆ 06502/9338-0 ⓘ www.roemische-weinstrasse.de
- Tourist-Info Wittlich, Marktplatz/Neustraße 2, 54516 Wittlich ✆ 06571/146624 ⓘ www.wittlicherland.de

- Hotel-Restaurant Lekker, Grafenweg 1, 54347 Neumagen-Dhron ✆ 06507/939771 ⓘ www.hotel-lekker.com
- Hotel-Restaurant Moselloreley, Moselstraße 16, 54498 Piesport-Niederemmel ✆ 06507/2473 ⓘ www.moselloreley.de
- Isseler Hof, Isseler Hof 19, 54338 Schweich-Issel ✆ 06502/9975829 ⓘ www.isselerhof.de
- Karthäuserhof, Karthäuserplatz 8, 54498 Piesport-Niederemmel ✆ 06507/5449 ⓘ www.karthaeuserhof.net
- Klostermühle Siebenborn, Siebenborn 2, 54484 Maring-Noviand ✆ 06535/7037 ⓘ www.klostermuehle-siebenborn.de
- Schützenhaus, Am Burgberg 1, 54470 Bernkastel-Kues, OT Bernkastel ✆ 06531/9735288 ⓘ www.schuetzenhaus-bernkastel.de
- Straußwirtschaft Moselgarten, Weingut Lehnert-Veit, In der dur 6-10, 54498 Piesport-Niederemmel ✆ 06507/2123 ⓘ www.lehnert-veit.de
- Zum Fährturm, Am Yachthafen, 54338 Schweich ✆ 06502/9130-0 ⓘ www.kreusch-wassersport.de

- E-Bikes Wittlich, Burgstraße 50, 54516 Wittlich ✆ 06571/9548530 ⓘ www.e-bikes-wittlich.de
- Mummert Bike, Gottlieb-Daimler-Straße 12, 54516 Wittlich ✆ 06571/2699845 ⓘ www.mummert-bike-wittlich.de
- Schweicher Fahrradladen, Brückenstraße 16, 54338 Schweich ✆ 06502/9977965 ⓘ www.schweicher-fahrradladen.de

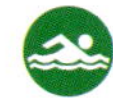

- Erlebnisbad Schweich, Zum Schwimmbad 1, 54338 Schweich ✆ 06502/2497 ⓘ www.wasser-schweich.de
- Freizeitsee Triolago, Zum Campingplatz, 54340 Riol ⓘ www.triolago.eu
- Moselbad, Peter-Kremer-Weg, 54470 Bernkastel-Kues, OT Kues ✆ 06531/3003
- Panoramabad Leiwen, Tannenweg 18, 54340 Leiwen-Zummet ✆ 06507/3009 ⓘ www.wasser-schweich.de
- Neueröffnung 1Q 2025: Vitelliusbad, Am Sportzentrum, 54516 Wittlich ✆ 06571/6088 ⓘ www.wittlich.de

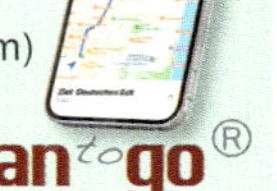

Tour-Code: **BT1X815** (www.wander-touren.com)

Direkt zum Startpunkt mit scan to go®

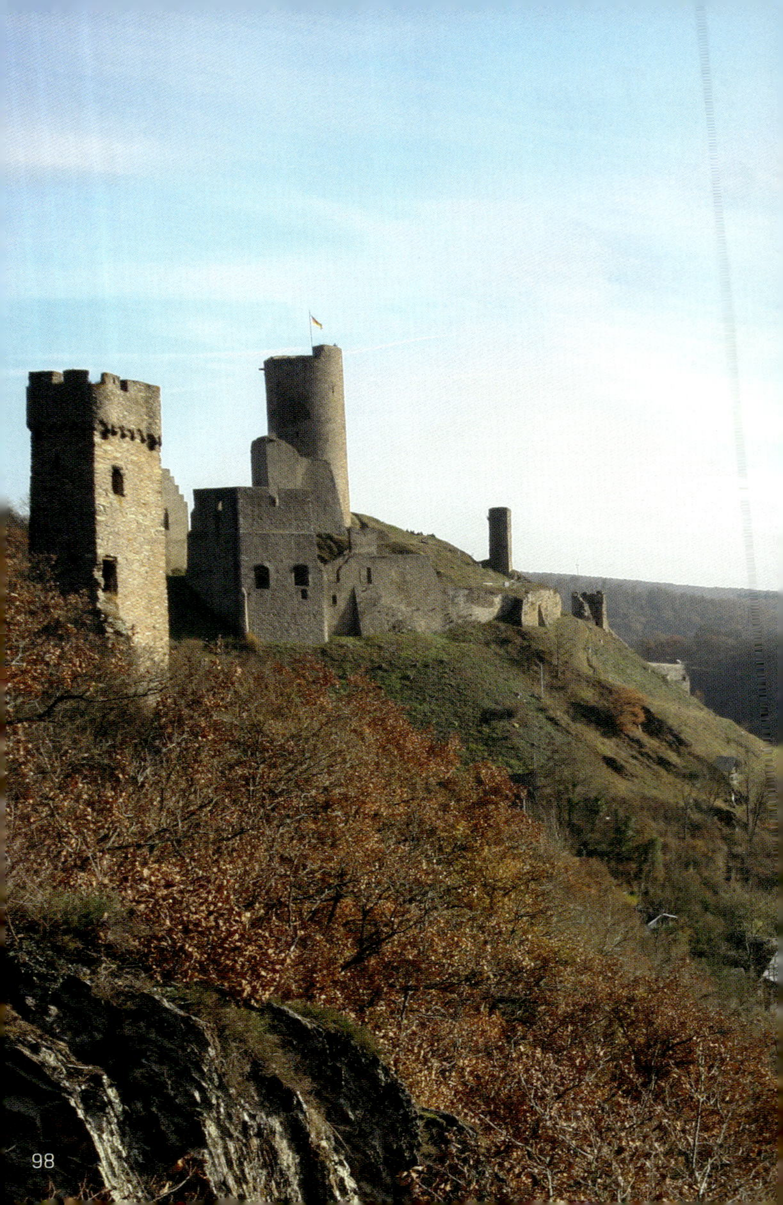

Eifel

Die Eifel ist ein Mittelgebirge zwischen Aachen, Trier und Koblenz, das vom Rhein- und Moseltal begrenzt wird. Dichte Wälder, tief eingeschnittene Flusstäler, weitgezogene Berghöhen, erloschene Vulkankegel und die blauen Kraterseen der Maare prägen die Landschaft. Für Radfahrer sind die Routen auf ehemaligen Bahntrassen und entlang uriger Flusstäler besonders attraktiv.

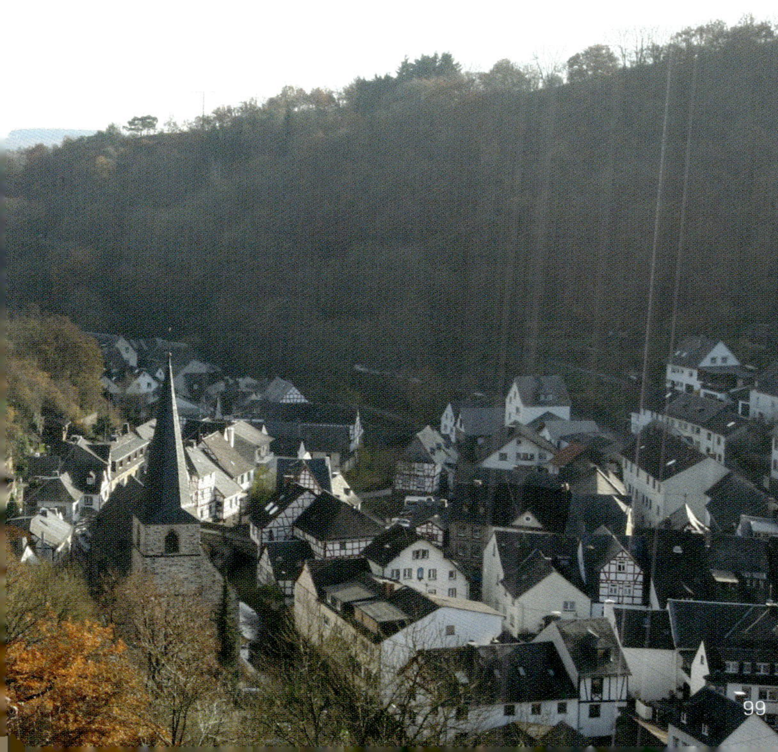

EIFEL **09**

Ahr-Rhein-Route

Die Strecke führt ab Walporzheim teils auf dem Rotwanderweg durch das untere Ahrtal und endet nach 5 km entspanntem Ausradeln auf dem Rheinradweg in Remagen. Die Ahrtalbahn bringt uns von Remagen zurück nach Walporzheim.

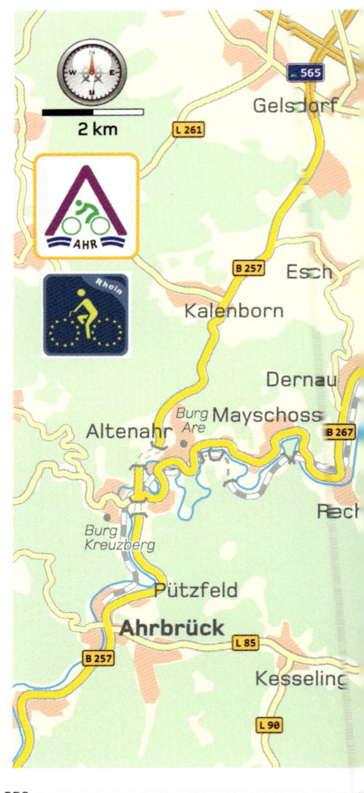

Start/Ziel: Bahnhof Walporzheim, Prümer Straße 20, 53474 Bad Neuenahr-Ahrweiler,
N 50° 31' 57.2" • E 7° 04' 42.6"

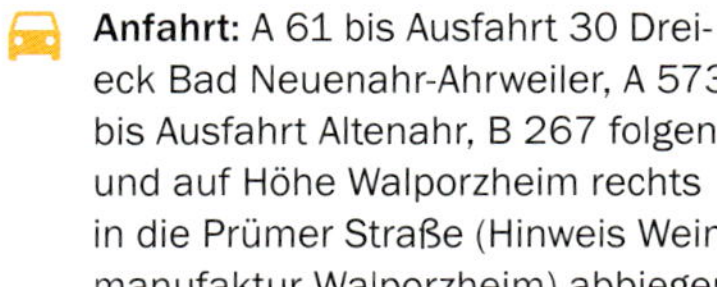

Anfahrt: A 61 bis Ausfahrt 30 Dreieck Bad Neuenahr-Ahrweiler, A 573 bis Ausfahrt Altenahr, B 267 folgen und auf Höhe Walporzheim rechts in die Prümer Straße (Hinweis Weinmanufaktur Walporzheim) abbiegen

Parkplatz: Prümer Straße am Fuß des Weinberghangs in Nähe der Weinmanufaktur Walporzheim

Zug: Ahrtalbahn RB 30 bis Bahnhof Walporzheim

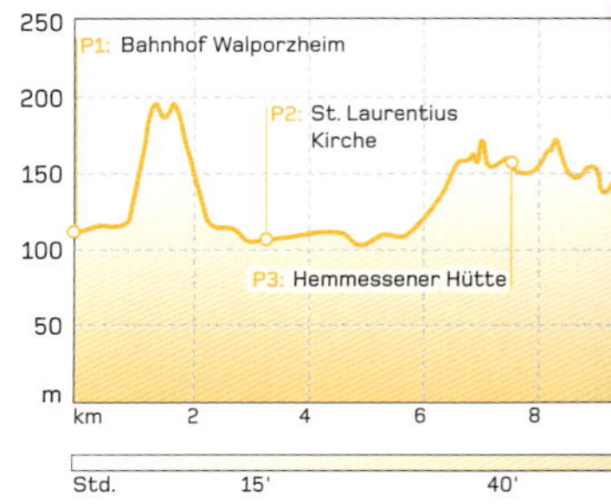

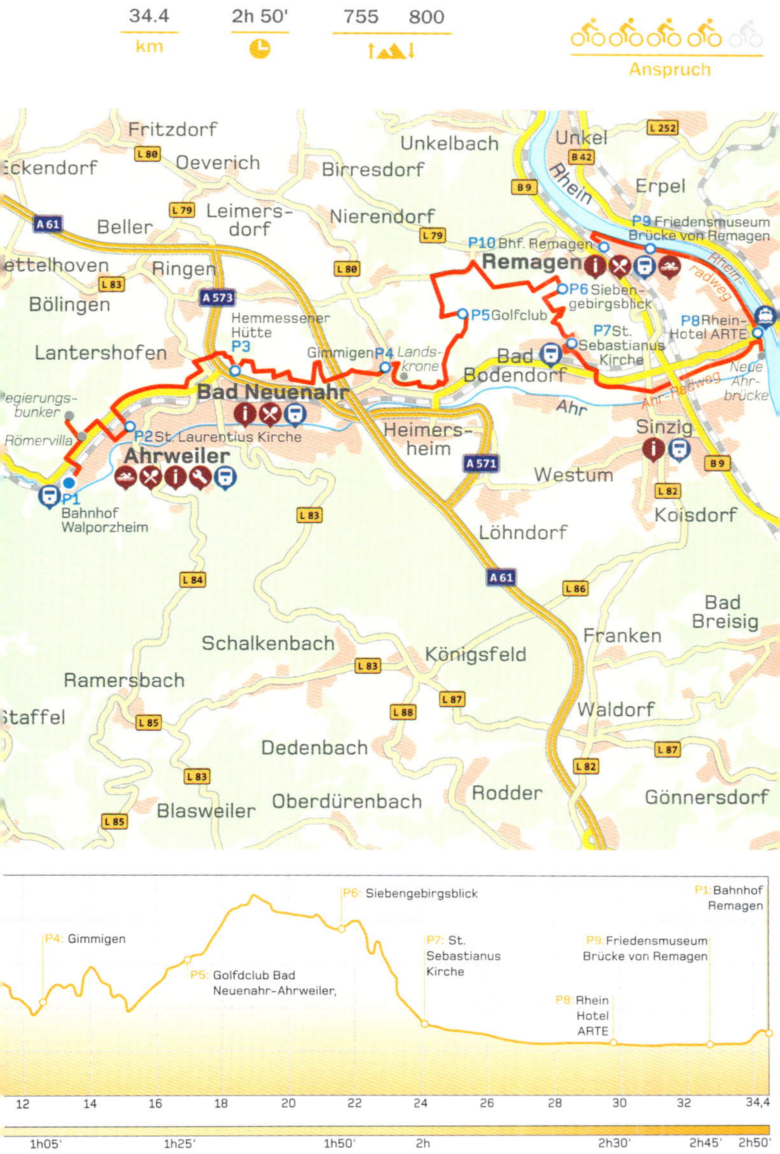
34.4
km
2h 50'
755
800
Anspruch
Fritzdorf
Unkelbach
Unkel
Erpel
Oeverich
Birresdorf
Leimersdorf
Nierendorf
Beller
Ringen
Bölingen
Lantershofen
Rhein
P9 Friedensmuseum Brücke von Remagen
P10 Bhf. Remagen
Remagen
P6 Siebengebirgsblick
P5 Golfclub
P8 Rhein-Hotel ARTE
P7 St. Sebastianus Kirche
Rhein-radweg
Hemmessener Hütte
P3
Gimmigen P4
Landskrone
Bad Bodendorf
Neue Ahrbrücke
Ahr-Radweg
Ahr
Bad Neuenahr
P2 St. Laurentius Kirche
Römervilla
Ahrweiler
Heimersheim
Sinzig
Westum
P1 Bahnhof Walporzheim
Koisdorf
Löhndorf
Bad Breisig
Franken
Schalkenbach
Königsfeld
Ramersbach
Waldorf
Dedenbach
Rodder
Gönnersdorf
Blasweiler
Oberdürenbach
A 61
A 573
A 571
L 80
L 79
L 83
L 84
L 85
L 86
L 87
L 88
L 82
L 252
B 42
B 9
P4: Gimmigen
P5: Golfdclub Bad Neuenahr-Ahrweiler,
P6: Siebengebirgsblick
P7: St. Sebastianus Kirche
P8: Rhein Hotel ARTE
P9: Friedensmuseum Brücke von Remagen
P1: Bahnhof Remagen
12
14
16
18
20
22
24
26
28
30
32
34,4
1h05'
1h25'
1h50'
2h
2h30'
2h45'
2h50'

EIFEL 09

Rotwein-Route

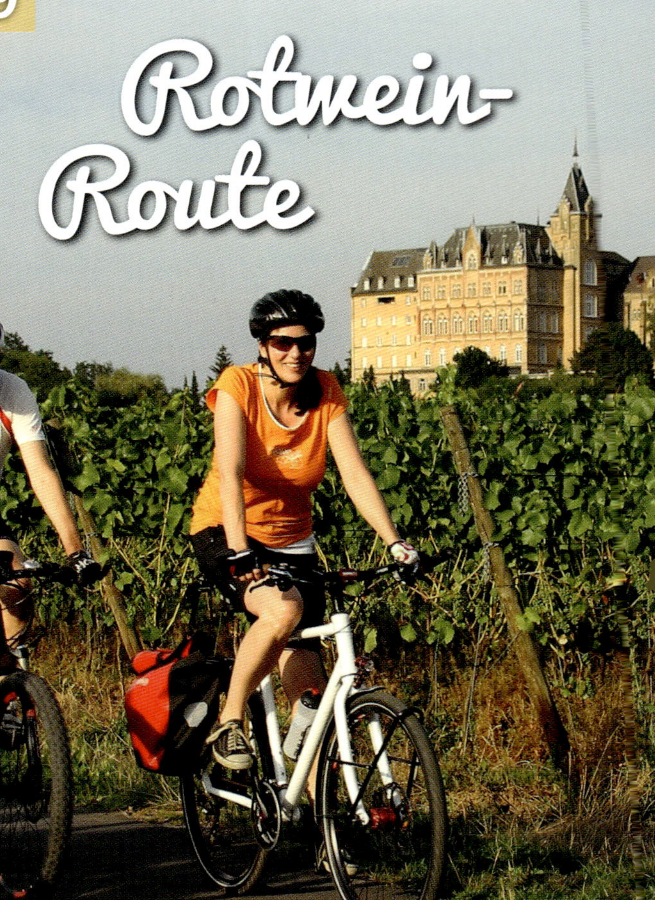

Kloster Kalvarienberg.

Die Folgen der Flutkatastrophe vom 14./15.07.2021 sind bei einem Besuch des Ahrtals noch immer allgegenwärtig. Der Ahr-Radweg begleitete die Ahr auf 90 km von der Quelle bis zur Mündung. Die Wiederherstellung des landschaftlich reizvollsten Streckenabschnitts zwischen Altenahr und Walporzheim wird noch Jahre dauern. Dennoch lohnt sich die Fahrt ins Ahrtal und ist zudem für die gebeutelte Tourismusregion wichtig.

P1 Start

Wir beginnen die Tour am Bahnhof Walporzheim (P 1). Der alte Fachwerkbahnhof wurde im Jahr 2024 Stück für Stück abgebaut und ist ins Freilichtmuseum Kommern „umgezogen". Bis Ende 2025 soll der Bahnhaltepunkt Walporzheim einen barrierefreien Zugang erhalten. Bis dahin muss man sein Fahrrad treppauf bzw. treppab tragen. Wer mit dem Auto anreist, findet gegenüber dem Bahnhof am Hang der Weinberge in Nähe der Weinmanufaktur Walporzheim Parkmöglichkeiten.

Da unsere Route nicht nur Radwege nutzt, ist der Gebrauch eines Bike- oder Smartphone-Navi in Verbindung mit dem GPX-Track zur sicheren Orientierung sehr zu empfehlen. Die Tour verläuft teils auf dem Rotweinwanderweg, wo gegenseitige Rücksichtnahme besonders wichtig ist. Der Rotweinwanderweg ist an den Wochenenden im Herbst besonders stark frequentiert. Wenn möglich sollte man auf andere Tage ausweichen.

Nach dem Bahnhof Walporzheim geht es unter den Bahngleisen und der Bundesstraße hindurch, ehe wir parallel zur B 267 am Weinberghang entlangfahren. Von dem „Winzerweg" können wir den Blick auf die ehemalige Weinbauschule und das einstige Ursulinenkloster Kalvarienberg, dessen äußere Gestalt an Hogwarts aus den Harry Potter Romanen erinnert, genießen. Doch dem Kloster ist keine Schule für Hexerei und Zauberei, sondern ein Gymnasium und eine Realschule angeschlossen.

Am Ortsrand von Ahrweiler erreichen wir das Museum Römervilla (www.roemer-spuren.de) mit der Ausgrabungsfläche des

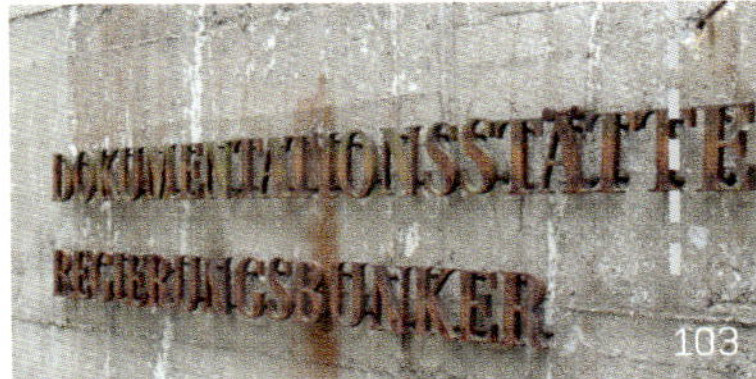

Herrenhauses eines römischen Gutshofs. Die Römervilla wurde bei einem Hangrutsch im 5. Jh. verschüttet und beim Bau der Umgehungsstraße zufällig entdeckt. Der Besucher kann im Museum den alltäglichen Luxus der Römer wie Fußbodenheizung und Badehaus bewundern. Ein Abstecher führt von der Römervilla den Steilhang hinauf zur Dokumentationsstätte Regierungsbunker (www.regbu.de), dem einst geheimsten Bauwerk der Bundesrepublik. Die Besichtigung im Rahmen einer ca. 90-minütigen Führung lohnt sich!

Der Bunker wirkt von außen keineswegs spektakulär, sein Bau in den Jahren 1960 bis 1972 hat jedoch 4 bis 5 Milliarden DM verschlungen und ist ein besonderes Zeitzeugnis des kalten Krieges. Die unterirdische Tunnelanlage sollte im Kriegsfall als Ausweichsitz der Bundesregierung dienen. In dem knapp 18 Kilometer langen Stollen waren 897 Büro- und 936 Schlafräume eingerichtet, es gab insgesamt 25.000 Türen und 5 Großkantinen. Auch an Friseur, Zahnarzt und WDR-Fernsehstudio wurde gedacht. Der Bunker konnte einen Monat lang ca. 3.000 Personen schützen. 1997 wurde die Anlage aufgegeben.

Anschließend geht es durch die Altstadt von Ahrweiler, die von einer eindrucksvollen Stadtmauer umgeben ist. Ahrweiler wurde 893 erstmals erwähnt. 1250 begann der Bau der Stadtmauer und um 1350 wurden die vier „Stadtviertel“ Adenbachhut, Ahrhut, Niederhut und Oberhut erwähnt. Wir fahren durch das Obertor zum Marktplatz mit der ältesten Hallenkirche des Rheinlands, der St. Laurentius Kirche (P 2).

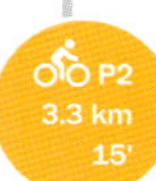

Neben einer Einkehrpause lohnt sich ein Bummel durch die Fußgängerzone in der Ahrhut- und Niederhutstraße. Die auf 1,65 Meter Höhe angebrachte Flutmarke am Haus der Gaststätte Marktbrunnen (www.marktbrunnen-ahrweiler.de) lässt das Ausmaß der Flutkatastrophe des Jahres 2021 erahnen. Der (Wieder)Aufbau von Häusern, Geschäften, Kirchen, Brücken, Straßen, etc. ist in vollem Gang, wird aber noch Jahre dauern. Wir verlassen Ahrweiler durch das Adenbachtor und setzen unsere Fahrt entlang des Weinberghangs fort.

Das Ahrtal gilt als Rotweinparadies (www.ahrwein.de)! Mit bescheidenen 560 Hektar Rebfläche gehört die Ahr zwar zu den kleinsten Weinanbaugebieten Deutschlands, ist aber für seine hervorragende Rotweine, insbesondere Spätburgunder,

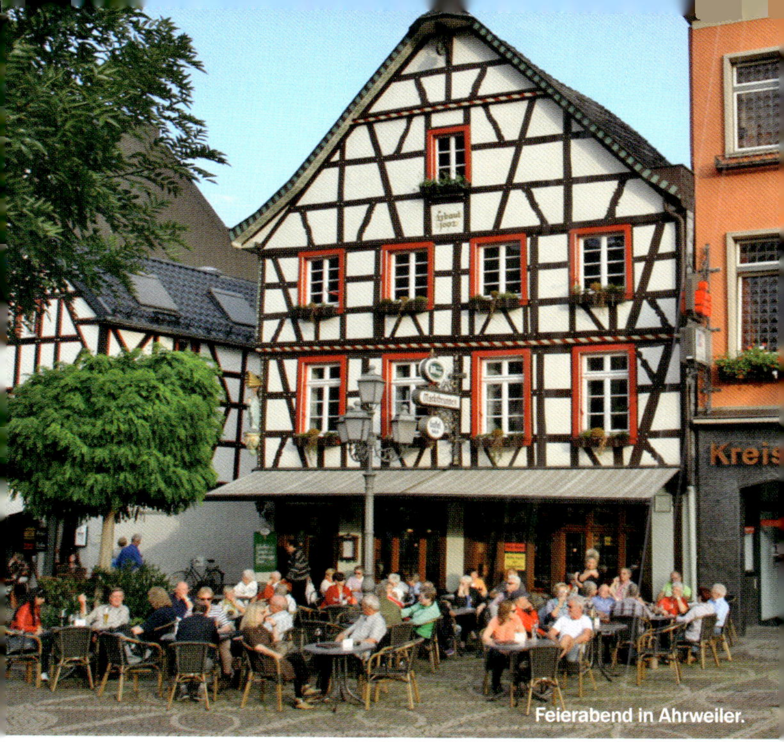

Feierabend in Ahrweiler.

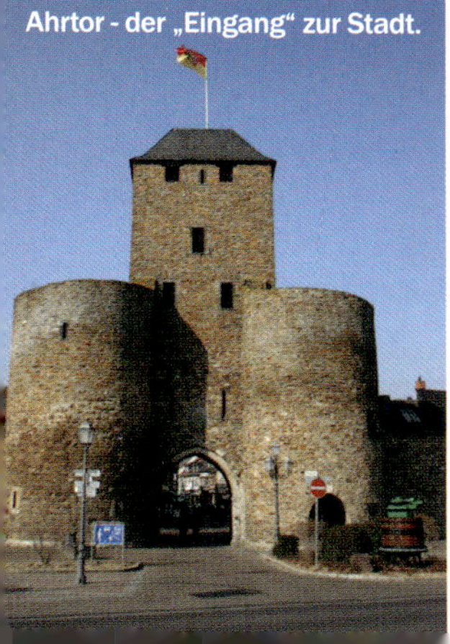

Ahrtor - der „Eingang“ zur Stadt.

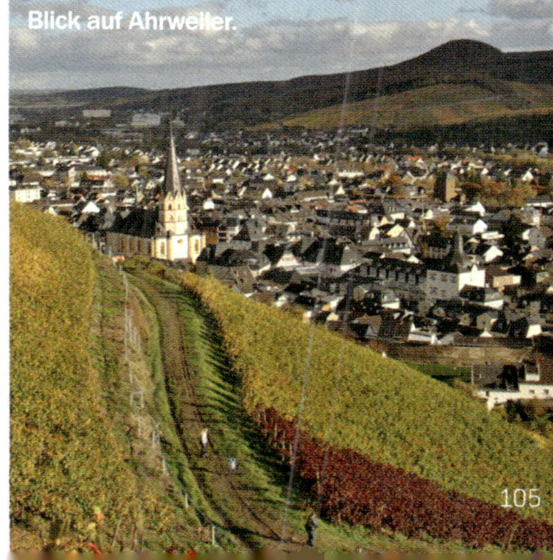

Blick auf Ahrweiler.

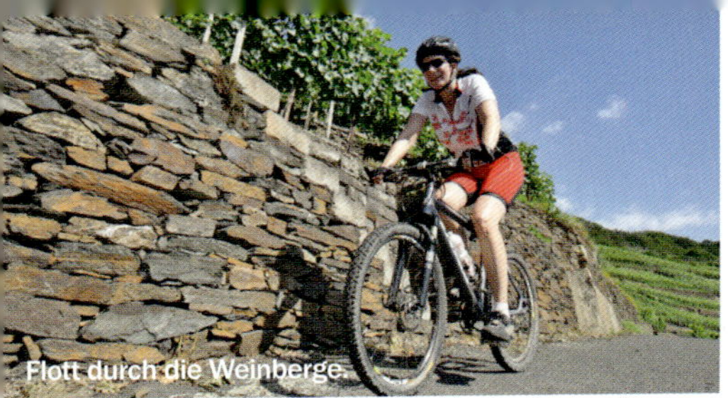
Flott durch die Weinberge.

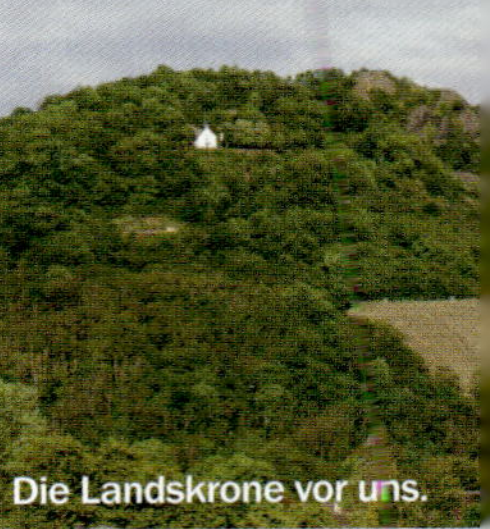
Die Landskrone vor uns.

bekannt. Bei Steillagen mit aberwitzigen Hangneigungen und winzigen Weinbergterrassen verdient die Arbeit der Winzer allerhöchsten Respekt.

P3
7.6 km
40'

Vor Lantershofen überqueren wir die L 83 und es geht auf einer Brücke über die A 573. Nach einem Anstieg treffen wir auf die herrlich in den Weinbergen gelegene Hemmessener Hütte (P 3) und blicken auf Bad Neuenahr hinab. Die beiden Stadtteile der Doppelstadt Bad Neuenahr-Ahrweiler gehen ineinander über, könnten aber kaum gegensätzlicher sein: Ahrweiler mit Stadtmauer, touristisch, verwinkelt und mit viel Tradition und daneben Neuenahr, die vornehme Kurstadt mit Spielbank, Kurviertel und Wellness-Resorts. Leider hat die Flutkatastrophe gerade das Kurviertel mit der Ahrtherme besonders hart getroffen.

Die rasante Entwicklung Bad Neuenahrs begann mit der Bohrung des Apollinarisbrunnens im Jahr 1852. Sechs Jahre später erfolgte die feierliche Quellenweihe im Beisein der preußischen Prinzessin und späteren Kaiserin Augusta. In den Folgejahren entwickelte sich Bad Neuenahr zu einem Heilbad von internationaler Bedeutung mit Badehaus, zahlreichen prächtigen Hotels,

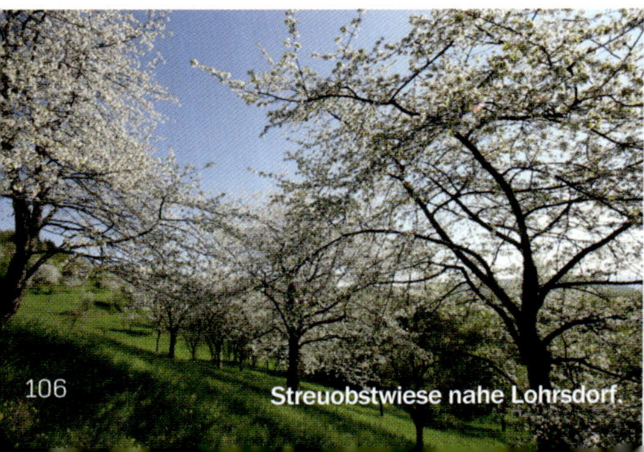
Streuobstwiese nahe Lohrsdorf.

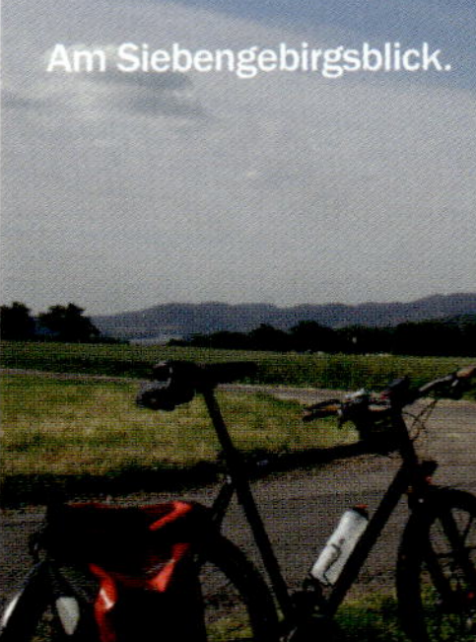
Am Siebengebirgsblick.

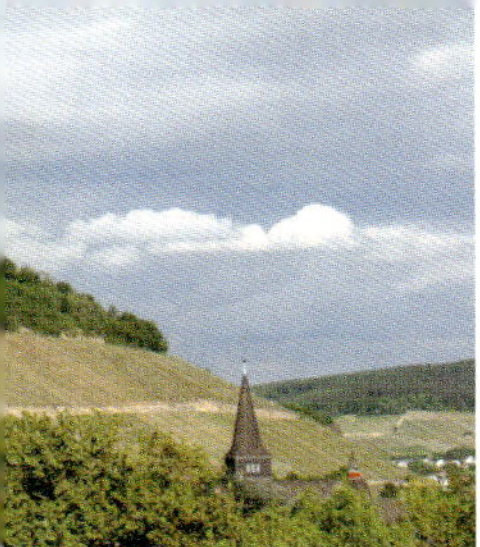

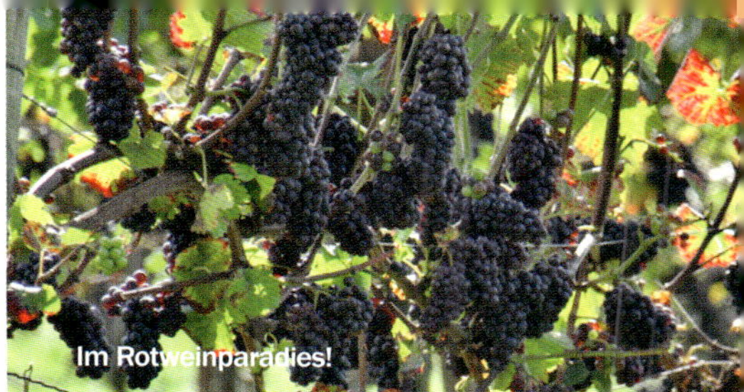

Im Rotweinparadies!

Kliniken und einer Spielbank. Seine Blütezeit erlebte die Stadt Ende des 19. und Anfang des 20. Jh.

Wir setzen die Fahrt auf dem Rotweinwanderweg fort, der sich oberhalb von Bad Neuenahr durch die Weinberge in Richtung des landschaftsbestimmenden Bergs Landskrone schlängelt. Wir kommen unter den mächtigen Stelzen der Autobahnbrücke der A 61 hindurch und streifen Heppingen und Gimmigen (P 4). Wer im Ahrtal hervorragend essen gehen will, kommt an den Sternelokalen Steinheuer (www.steinheuers.de) in Heppingen und dem Brogsitter Gasthaus Sanct Peter in Walporzheim (www.sanct-peter.de) nicht vorbei. Nichts für den Radausflug, doch die Restaurantempfehlung darf nicht fehlen.

P4
12.6 km
1h 05'

In Gimmigen müssen wir am Fuß der Landskrone einen kurzen Steilanstieg bewältigen, ehe wir am Hang der Felskuppe entlangrollen. Die besondere strategische Lage am Eingang des Ahrtals und die Nähe zur Kaiserstraße Frankfurt-Aachen verliehen dem Berg im Mittelalter eine besondere Bedeutung und führten zum Bau einer riesigen Burganlage. Nach einem Brand im Jahre 1677 wurde die Festung 1682 fast vollständig

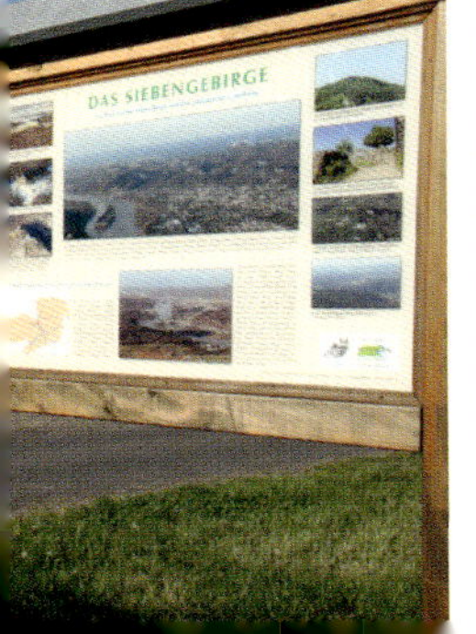

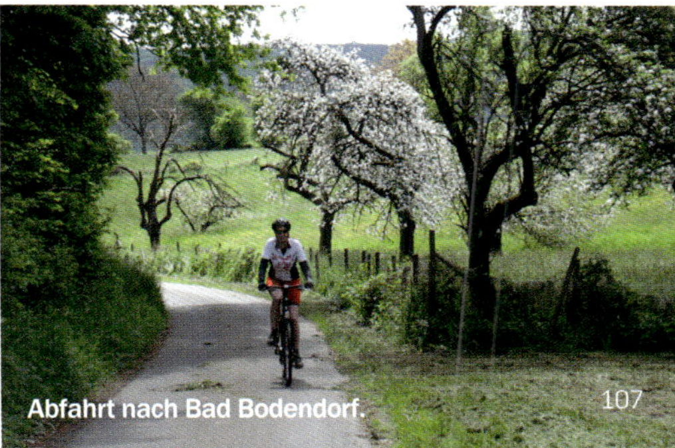

Abfahrt nach Bad Bodendorf.

gesprengt. Das unterhalb des Gipfels aus dem Wald herausstechende weiße Dreieck ist die Maria-Hilf-Kapelle. Wir umrunden die Landskrone im Halbkreis und können vom Weinberghang das Panorama mit Blick Richtung Neuenahr und der Autobahnbrücke, nach Heimersheim und zur Ehlinger Ley genießen. Nach einer Abfahrt erreichen wir Lohrsdorf und folgen dem Lohrsdorfer Bach zum Golf- und Landclub Bad Neuenahr-Ahrweiler (P 5) mit dem Restaurant Schönherr's am Köhlerhof.

Sodann strampeln wir über Feldflächen an einem markanten Wegkreuz vorbei den Hang hinauf und können an der Einmündung in die Straße „Am Paradies“ den Blick auf das Ahrgebirge und die Eifel auskosten. Wir passieren sodann die Straußenfarm Gemarkenhof und das Forsthaus Erlenbusch, ehe wir auf dem freien Hochplateau beim Frohnhof den Siebengebirgsblick (P 6) erreichen und mit der herrlichen Aussicht auf den Rhein und das Siebengebirge belohnt werden.

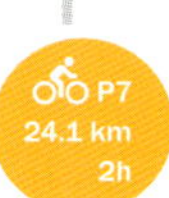

Es folgt eine kurvenreiche Waldabfahrt (auf Gegenverkehr achten!) nach Bad Bodendorf, wo wir an der St. Sebastianus Kirche (P 7) vorbeikommen und durch das Ortszentrum mit seinen adretten Fachwerkhäusern rollen. Am Ortsrand queren wir die B 266 (Achtung Gefahrenstelle!) und gelangen in die fruchtbare Ebene, die sog. goldene Meile, die sich im Mündungsbereich der Ahr zum Rhein hin ausdehnt. Am Stadtrand von Sinzig treffen wir auf den Ahr-Radweg und überqueren die Kölner Straße. Wer will kann einen Abstecher (nicht im Track aufgenommen) in die Barbarossastadt Sinzig unternehmen.

Wir fahren unter der B 9 hindurch und folgen dem Ahr-Radweg entlang des „Ahrdeltas“ vorbei an Wiesen und Kleingärten. Am Ortsrand von Kripp geht es am Kripper Wasserturm vorbei, ehe wir beim RheinHotel ARTE (P 8) (www.rheinhotel-arte.de) das Rheinufer erreichen und der Ahr-Radweg endet. Ein lohnender Abstecher führt zur nach der Flutkatastrophe neu erbauten Ahrbrücke. Zu Fuß kann man zur Mündung der Ahr in den Rhein gehen und am Flussbett auf den Kieselsteinen picknicken.

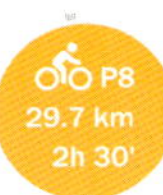

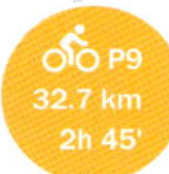

Zurück an der Fähre Kripp-Linz beginnt das gemütliche Ausradeln auf dem Rheinradweg. In Remagen kommen wir am Friedensmuseum Brücke von Remagen (P 9) (www.bruecke-remagen.de) vorbei, das im Brückenkopf eingerichtet ist.

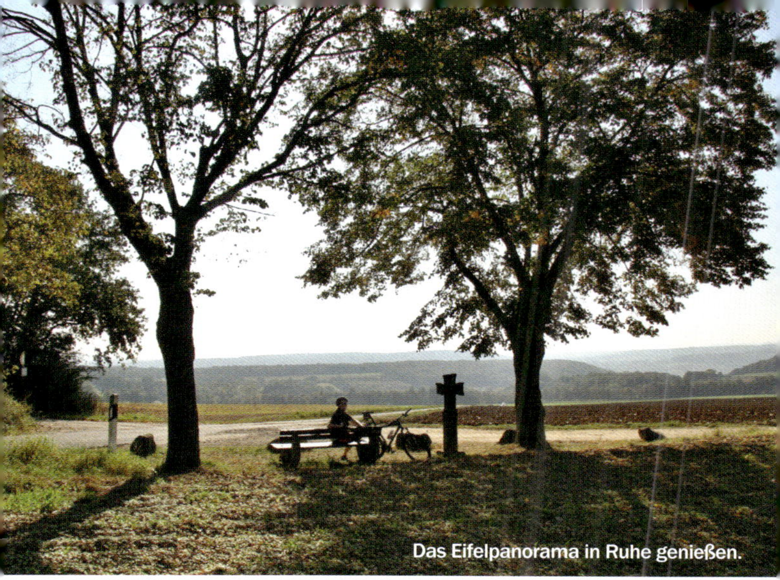

Das Eifelpanorama in Ruhe genießen.

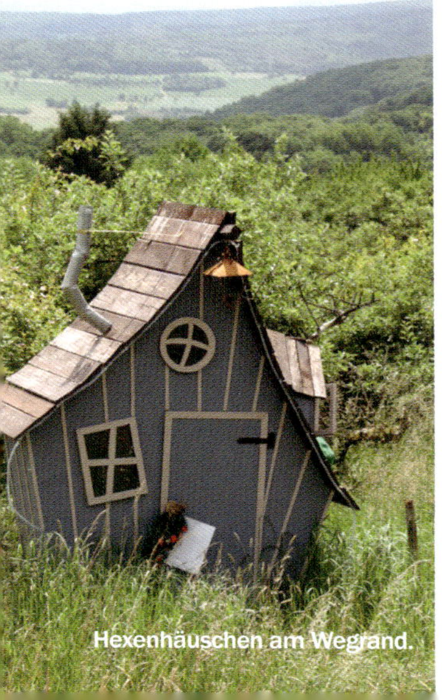

Hexenhäuschen am Wegrand.

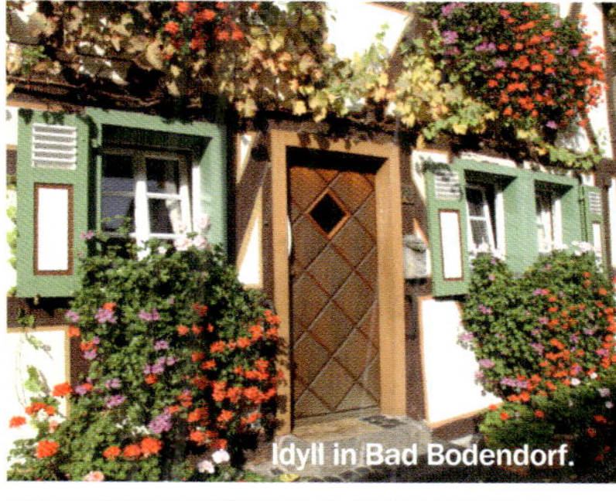

Idyll in Bad Bodendorf.

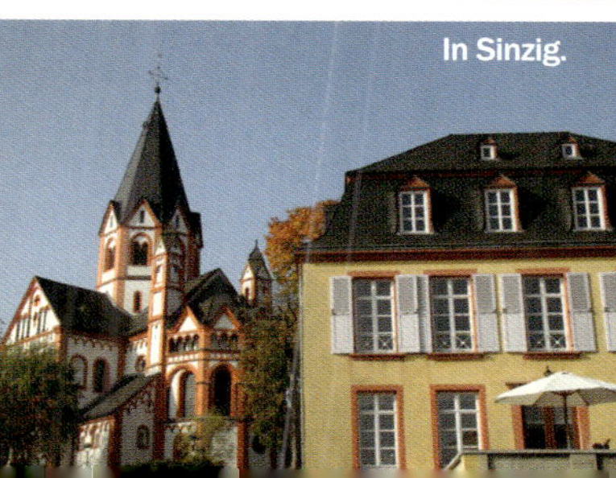

In Sinzig.

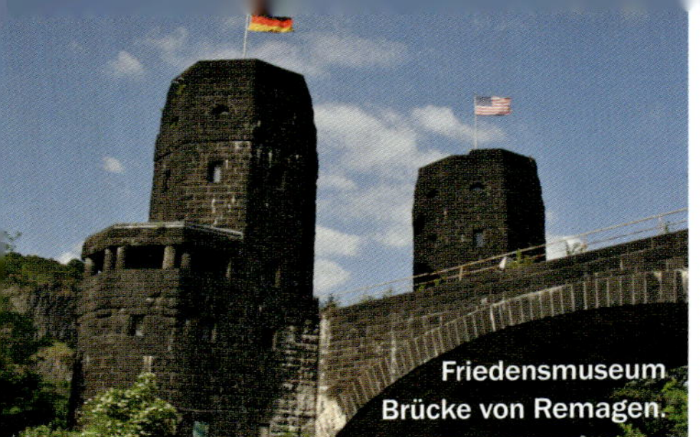

Friedensmuseum Brücke von Remagen.

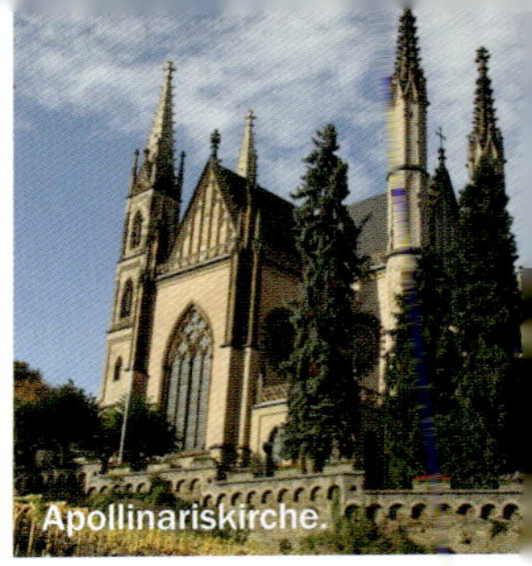

Apollinariskirche.

Die ehemalige Ludendorffbrücke, eine Eisenbahn- und Fußgängerbrücke, wurde im 1. Weltkrieg erbaut, um deutsche Truppen schneller an die Westfront zu bringen. Weltberühmt wurde die Brücke in dem Film „The Bridge at Remagen". Am 7. März 1945 konnten US-Soldaten die Ludendorffbrücke völlig unerwartet einnehmen, nachdem der deutschen Wehrmacht die Sprengung misslang. Durch die Überquerung des Rheins wurde der 2. Weltkrieg erheblich verkürzt. Am 17. März stürzte die Brücke jedoch unerwartet ein und tötete 28 amerikanische Soldaten.

Weiter geht es auf dem Rheinradweg, wobei zunächst die Gastronomie entlang der Rheinpromenade lockt. Wir verabschieden uns vom Rhein und fahren in einer Schleife zum Bahnhof. Der Weg führt am Denkmal des Rennfahrers Rudolf Caracciola vorbei, der in den 1930er Jahren die Legende der Mercedes Silberpfeile prägte. Empfehlenswert ist ein Abstecher (nicht im Track aufgenommen) zum Apollinarisberg mit dem Wahrzeichen der Stadt, der Apollinariskirche. Viele weitere Informationen über Remagen und seine Sehenswürdigkeiten erhält man in der Tourist-Info am Marktplatz (www.remagen.de).

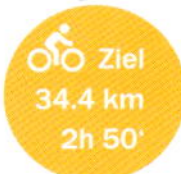

Unsere Tour endet am Bahnhof Remagen (P 10), von wo wir mit der Ahrtalbahn nach Walporzheim zurückkehren. Alternativ kann man als Rundtour nach Walporzheim mit dem Fahrrad zurückfahren und ab Sinzig die beschilderte Ersatzroute des Ahr-Radwegs (aktueller Verlauf siehe www.ahrtal.de) nutzen.

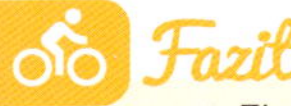

Fazit

Eine Genusstour, die die Fahrt durch das untere Ahrtal mit einem kurzen Abschnitt des Rheinradwegs verbindet. Die herrliche Landschaf und das kulturelle und kulinarische Angebot laden immer wieder zum Verweilen, Schauen, Genießen und Probieren ein.

TourTipps

- Tourist-Info Ahrweiler, Blankartshof 1, 53474 Bad Neuenahr-Ahrweiler, OT Ahrweiler 02641/9171-0 www.ahrtal.de
- Tourist-Info Bad Neuenahr, Oberstraße 8, 53474 Bad Neuenahr-Ahrweiler, 02641/91710 www.ahrtal.de
- Tourist-Info Remagen, Bachstraße 5 (schräg gegenüber Rathaus), 53424 Remagen, 02642/20187 www.remagen.de

- Brogsitter Gasthaus Sanct Peter (Gourmetrestaurant), Walporzheimer Straße 134, 53474 Bad Neuenahr-Ahrweiler 02641/97750 www.sanct-peter.de
- Dornröschen Heppingen, Jahnstraße 6, 53474 Bad Neuenahr-Ahrweiler, 02641/202548 www.dornroeschen-heppingen.de
- Marktbrunnen, Marktplatz 4, 53474 Bad Neuenahr-Ahrweiler, 02641/9188453 www.marktbrunnen-ahrweiler.de
- RheinHotel ARTE, Rheinallee 3, 53424 Remagen-Kripp, 02642/3083330 www.rheinhotel-arte.de
- Ristorante da Franco, Rheinpromenade 43, 53424 Remagen, 02642/22422 www.dafrancoremagen.de
- Schönherr's am Köhlerhof, Großer Weg 100, 53474 Bad Neuenahr-Ahrweiler, 02641/6693 www.schoenherrs-koehlerhof.de
- Steinheuer Heppingen (Gourmetrestaurant), Landskroner Straße 110, 53474 Bad Neuenahr-Ahrweiler 02641/94860 www.steinheuers.de
- Straußenfarm Gemarkenhof, Auf Plattborn 7, 53424 Remagen, 02642/21960 www.straussenfarm-gemarkenhof.de
- Winzerhof Körtgen, Oberhutstraße 16, 53474 Bad Neuenahr-Ahrweiler, 02641/37113 www.koertgens.de

- AhrBIKE Willerscheid, Walporzheimer Straße 123, 53474 Bad Neuenahr-Ahrweiler, 02641/9076050 www.ahrbike.de
- Basislager, Wilhelmstraße 47, 53474 Bad Neuenahr-Ahrweiler, 02641/2227 www.basislager.com
- Veloworld Schauff, In der Wässerscheid 58, 53424 Remagen, 02642/22910 www.schauff.de

- Freibad Ahrweiler, Am Schwimmbad 1, 53474 Bad Neuenahr-Ahrweiler, 02641/3780984 www.bad-neuenahr-ahrweiler.de
- Freizeitbad Remagen, Goethestraße, 53424 Remagen, 02642/21601 www.remagen.de

Tour-Code: **BT1N915** (www.wander-touren.com)

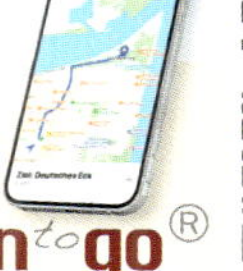

Direkt zum Startpunkt mit scan to go®

EIFEL 10

Ahr-Kalkeifel-Kyll-Radweg

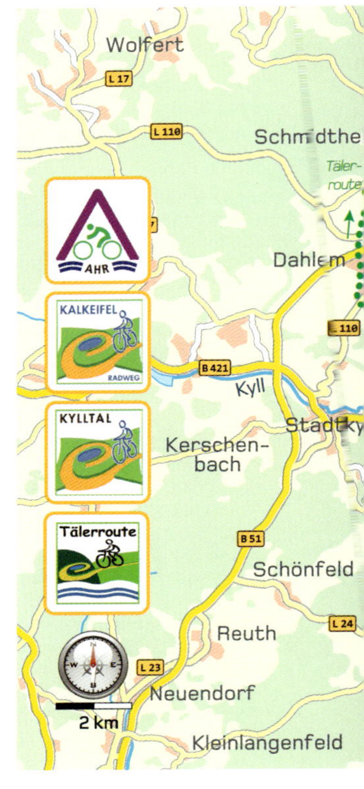

Die Tour nutzt drei Radwege. Wir folgen zunächst dem Ahr-Radweg bis Ahrdorf. Der Kalkeifel-Radweg führt uns anschließend durch Deutschlands Krimilandschaft Nr. 1 ins Kylltal. Auf dem Kyll-Radweg geht es schließlich flussaufwärts nach Jünkerath und von dort mit der Eisenbahn zurück zum Ausgangspunkt Blankenheim-Wald.

Start/Ziel: Bahnhof Blankenheim (Wald), Am Bahnhof 1, 53945 Blankenheim
N 50° 26' 32.3" • E 6° 35' 35.4"

Das Teilstück Jünkerath – Blankenheim-Wald kann mit der Bahn oder auf der Tälerroute (18 km) zurückgelegt werden.

Anfahrt: A 1 bis Blankenheim, B 51 rechts folgen, weiter auf B 258 Richtung Aachen/ Schleiden/Blankenheimerdorf, zum Bahnhof Blankenheim (Wald) links abbiegen

Parkplatz: Am Bahnhof Blankenheim (Wald)

Zug: Eifel-Express RE 22 und Eifel-Bahn RB 24 bis Bahnhof Blankenheim (Wald)

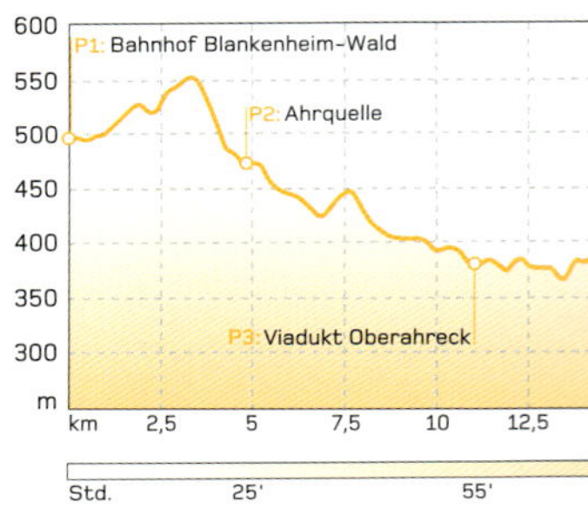

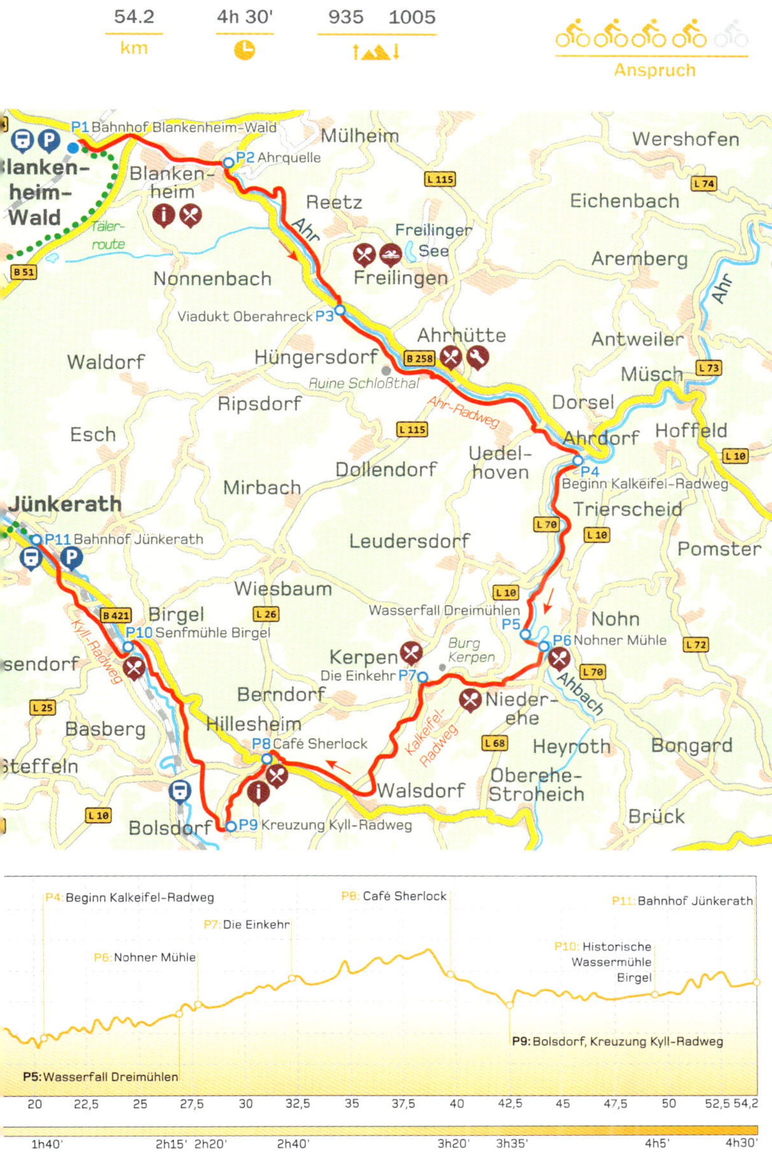
54.2
km
4h 30'
935 1005
Anspruch
P1 Bahnhof Blankenheim-Wald
Blanken-heim-Wald
Blanken-heim
Täler-route
B 51
P2 Ahrquelle
Mülheim
L 115
Reetz
Ahr
Freilinger See
Freilingen
Nonnenbach
Viadukt Oberahreck P3
Wershofen
L 74
Eichenbach
Aremberg
Ahr
Antweiler
Müsch
L 73
Ahrhütte
Waldorf
Hüngersdorf
B 258
Ruine Schloßthal
Ripsdorf
Ahr-Radweg
L 115
Dorsel
Ahrdorf
Hoffeld
L 10
Esch
Dollendorf
Uedel-hoven
P4 Beginn Kalkeifel-Radweg
Mirbach
Trierscheid
Jünkerath
P11 Bahnhof Jünkerath
L 70
L 10
Leudersdorf
Pomster
Wiesbaum
L 10
Wasserfall Dreimühlen
P5
Nohn
P6 Nohner Mühle
L 72
Birgel
B 421
L 26
P10 Senfmühle Birgel
Kyll-Radweg
Kerpen
Burg Kerpen
Die Einkehr P7
L 70
Ahbach
sendorf
Berndorf
Nieder-ehe
L 25
Basberg
Hillesheim
Kalkeifel-Radweg
L 68
P8 Café Sherlock
Heyroth
Bongard
Steffeln
Walsdorf
Oberehe-Stroheich
L 10
Bolsdorf
P9 Kreuzung Kyll-Radweg
Brück
P4: Beginn Kalkeifel-Radweg
P8: Café Sherlock
P11: Bahnhof Jünkerath
P7: Die Einkehr
P6: Nohner Mühle
P10: Historische Wassermühle Birgel
P9: Bolsdorf, Kreuzung Kyll-Radweg
P5: Wasserfall Dreimühlen
20 22,5 25 27,5 30 32,5 35 37,5 40 42,5 45 47,5 50 52,5 54,2
1h40' 2h15' 2h20' 2h40' 3h20' 3h35' 4h5' 4h30'

Tatort Eifel

In der Eifelkrimi-Landschaft.

Ahrquelle.

P1 Start

Unser Ausgangspunkt, der Bahnhof Blankenheim-Wald (P1), liegt „etwas abseits“ auf der windigen Eifelhochfläche. Das Zentrum der Stadt Blankenheim ist 5 km entfernt. Vom Bahnhof folgen wir dem Ahr-Radweg (www.ahrtal.de) entlang der B 258 zum Abzweig nach Blankenheim. Nach Blankenheimerdorf geht es, mit Blick auf Burg Blankenheim, die steile Abfahrt auf der Nürburgstraße in den Ort hinunter.

P2 4.9 km 25'

Nach einem Kreisverkehr passieren wir mit dem Georgstor das Entree zur Altstadt. Beim Eifelmuseum mit Museumscafé und Tourist-Info (www.blankenheim.de) biegen wir links zur Ahrquelle (P2) ab. Die Ahr entspringt im Kellergewölbe eines Fachwerkhauses aus dem Jahr 1726 und plätschert in einem Kanal durch den Ort. Der Ahr-Radweg begleitet den Fluss auf 90 Kilometern bis zur Mündung in den Rhein bei Remagen-Kripp (siehe Tour 9). Ein Bummel durch die Gassen des beschaulichen Fachwerkstädtchens lohnt sich. Wer zur Burg Blankenheim und zum Tiergartentunnel hinauflaufen will, lässt sein Fahrrad am besten im Ort stehen. Das Bistro Landlust (www.landlust-blankenheim.de) können wir uns für den Tourabschluss vormerken.

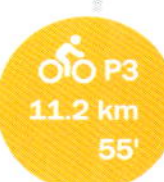

Der Ahr-Radweg führt entlang der B 258 aus Blankenheim heraus. Bei der Kläranlage biegen wir links ab und fahren nach einer Schleife am Mühlheimer Bach ahrabwärts. Dieser Teil des Ahr-Radwegs folgt der ehemaligen Bahntrasse Blankenheim-Ahrdorf. Beim Viadukt Oberahreck (P3) wechseln wir die Talseite und rollen auf dem Bahntrassenradweg dahin. Die Ahr ist inzwischen ein munteres Flüsschen und windet sich in Schleifen neben uns durchs Tal. Die Uferhänge des oberen Ahrtals sind teilweise mit Wacholder bewachsen.

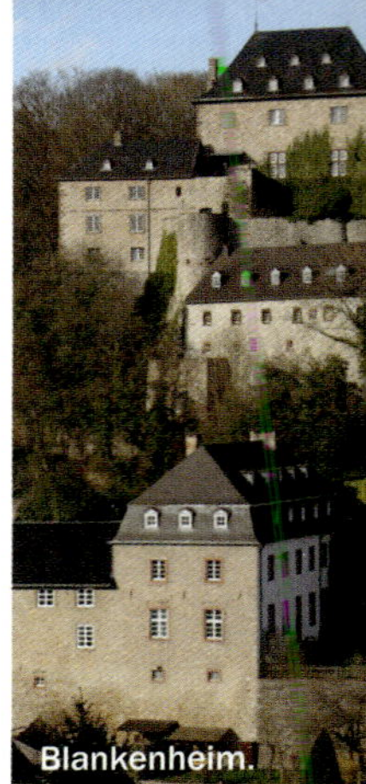
Blankenheim.

P4
20.4 km
1h 40'

Wir kommen an Ahrhütte vorbei und erreichen nach Ahrdorf an der Kreuzung des Ahr-Radwegs und der L 167 die Abzweigung zum Kalkeifel-Radweg (P4) (www.eifel.info). Neben dem Kalkeifel-Radweg sind der Mineralquellen-Radweg und die Rheinland-Pfalz-Radroute entlang unseren Weges ausgeschildert. Der Kalkeifel-Radweg folgt wie der Ahr-Radweg einer ehemaligen Bahntrasse. Ging es jedoch von Blankenheim bis Ahrdorf sanft abwärts, steigt der Weg nun moderat an.

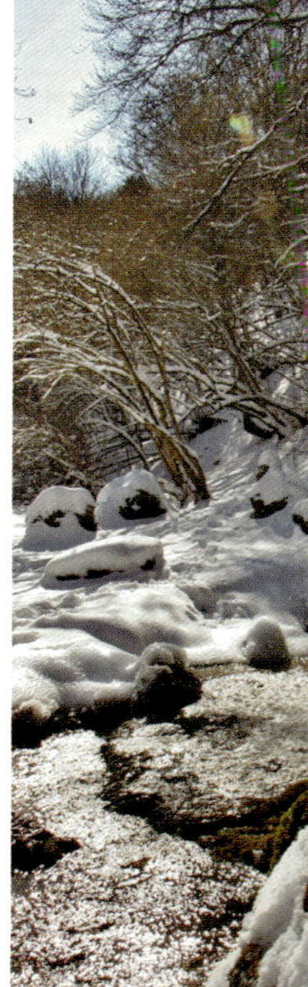

Es folgt ein landschaftlich besonders schöner Streckenabschnitt im Ahbach-Tal. Auf der gegenüberliegenden Bachseite sehen wir die Burgruine Neublankenheim. Eine Hinweistafel heißt uns im Radwanderland Rheinland-Pfalz (www.radwanderland.de) willkommen.

Mit dem Wechsel des Bundeslandes ändert sich die Farbgebung der Radwegbeschilderung (Grünweiß statt Rotweiß). Wir kommen an der Hammermühle vorbei und umfahren bei Ahrhütte das riesige Zementwerk der Wotan KG. Auf dem Verbindungsweg vom Steinbruch zum Zementwerk sind riesige Muldenkipper unterwegs. Der Kontrast zum Naturidyll des Ahbachtals könnte kaum größer sein.

Doch die herrliche Natur hat uns schnell wieder. Wir fahren an den Bruchsteinmauerresten der Ruine Dreimühlen vorbei und erreichen ein naturkundliches Kuriosum der Eifel: den wachsenden Wasserfall Dreimühlen (P5) (www.nohn-eifel.de). Der Wasserfall liegt ein paar Meter unterhalb

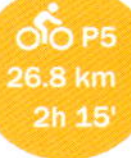

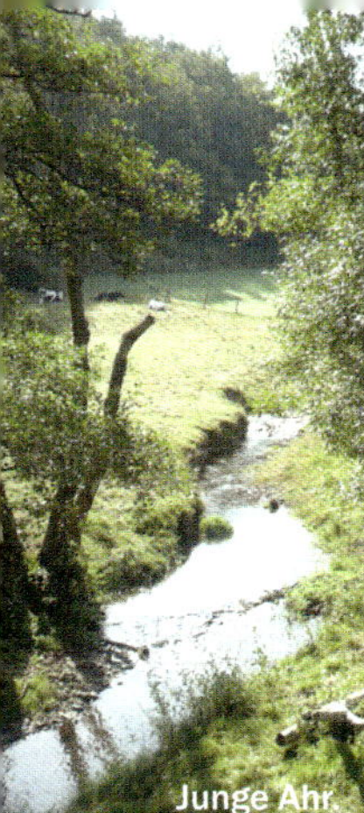

Junge Ahr.

des Kalkeifel-Radwegs. Auf einem Fussweg kann man bequem hinuntersteigen.

Der Wasserfall ist trotz seiner bescheidenen Höhe von 5 Metern etwas Besonderes. Er ist nicht natürlich entstanden, sondern ein Nebenprodukt des Eisenbahnbaus. Man fasste 1912 drei Bäche zusammen und leitete sie in einer Röhre unter dem Gleisbett, dem heutigen Radweg, hindurch. Der moosbehangene Vorsprung, an dem der künstliche Bach ins Ahbachtal fällt, wächst seither jährlich um 10 cm, das macht in den über 100 Jahren seines Bestehens mehr als 10 Meter! In den Moospolstern bildet sich durch Ablagerung Kalksinter und sorgt für das ständige Wachstum. Damit der Boden dem Gewicht standhält, wurde die Sintermauer 1986 mit Betonfundamenten gesichert und der obere Teil gesprengt. So entstand der markante Absatz in der Mitte des Wasserfalls.

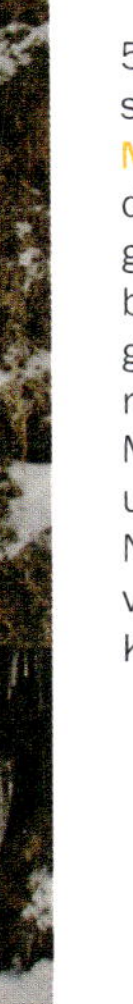

Wasserfall Dreimühlen.

500 Meter nach dem wachsenden Wasserfall lohnt sich der Abstecher zur Nohner Mühle (P6) (www.nohnermuehle.de). Mit dem schönen Innenhof und dem liebevoll gestalteten Café im ehemaligen Stallgebäude haben wir einen idealen Rastplatz gefunden. Gut gestärkt setzen wir unsere Fahrt fort. Vor Niederehe zweigt der Mineralquellen-Radweg links ab. Wir halten uns rechts, queren die K 59 und erreichen Niederehe mit dem reizvollen Bauensemble von Kloster Niederehe und der romanischen Kirche St. Leodegar.

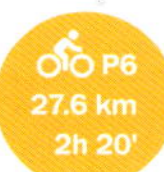

Betritt man die Kirche, fällt die ehemalige Nonnenempore auf. Sie erinnert an die adeligen Klosterjungfrauen, für die das Kloster 1175 gegründet wurde. Berühmt ist die Kirche für ihre Balthasar-König-Orgel von 1714, die älteste bespielbare Orgel in Rheinland-Pfalz.

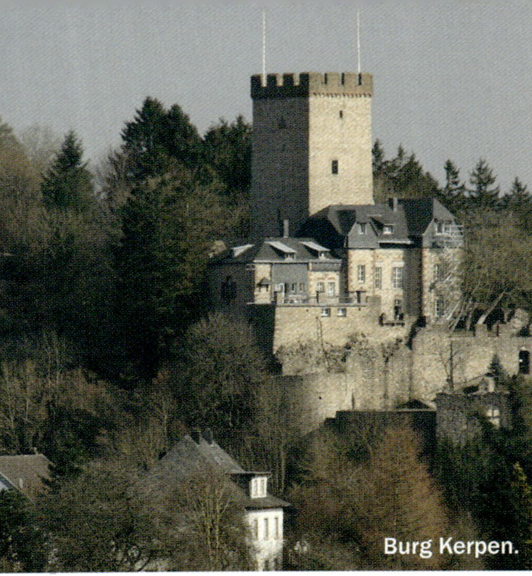

Burg Kerpen.

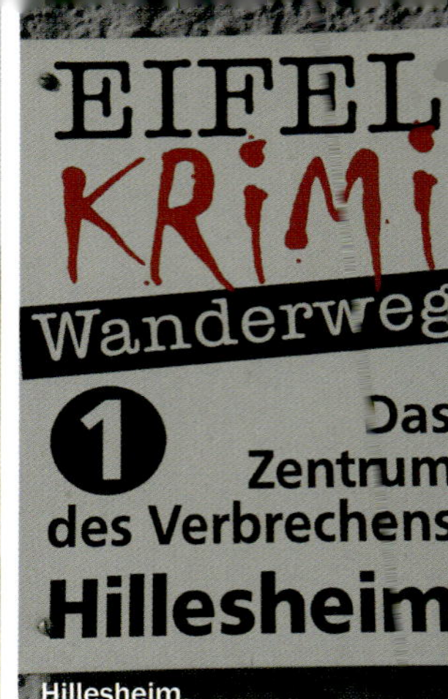

Hillesheim.

Gegenüber ist der Landgasthof Schröder (www.landgasthof-schroeder.de) einen Einkehrschwung wert. Vor Kerpen wechselt der Untergrund des Radwegs. Auf Feinkies geht es durch das landschaftlich schöne Felschbachtal nach Kerpen. Der Ort gehört mit seinen sorgfältig restaurierten Fachwerk- und Bruchsteinhäusern sowie der Burg Kerpen zu den schönsten Dörfern der Eifel. Die Vollkornbäckerei Emondts wartet mit Proviant für Selbstversorger auf. Darüber hinaus verfügt Kerpen über zwei besondere Einkehrtipps: Das 2014 eröffnete Hoflokal Die Einkehr (P7) (www.die-einkehr.de) und das jedem Eifel-Krimi-Kenner bekannte Das kleine Landcafe (www.daskleinelandcafe.de).

P7
32.2 km
2h 40'

Der Nachbarort Berndorf wurde durch den verstorbenen Eifel-Krimi-Autor Jacques Berndorf bekannt. Die Namensgleichheit ist kein Zufall. 1984 zog der Journalist Michael Preute nach Berndorf. Sein Wohnort inspirierte ihn bei der Wahl seines Pseudonyms Jacques Berndorf, unter dem er seit 1989 seine Eifelkrimis veröffentlicht. Inzwischen gibt es in der Eifel über 50 Krimiautorinnen und -autoren. Der Eifel-Krimi ist zur Marke geworden und hat es zu einem gewissen Kultstatus gebracht. Auf unserer Tour begegnen wir mehrfach dem Eifel-Krimi-Wanderweg (www.eifelkrimi-wanderweg.de). Er führt zu besonderen Schauplätzen der Eifel-Krimis. Der Wasserfall Dreimühlen ist beispielsweise nur tagsüber ein Idyll, bei Nacht kann der Wasserfall zum Schauplatz grausamer Verbrechen werden …

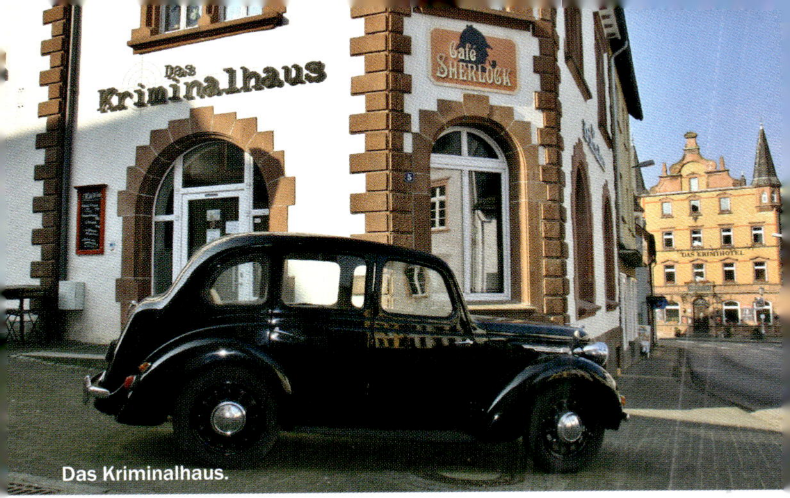

Das Kriminalhaus.

Am Ortsrand von Kerpen treffen wir wieder auf die ehemalige Bahntrasse. Der Kalkeifel-Radweg führt nun größtenteils durch die freie Feldflur. Vom Rastplatz bei Walsdorf haben wir einen Blick auf den Goßberg Vulkankegel. Es folgt die Krimihauptstadt Hillesheim (www.hillesheim.de). Dort erwartet uns mit dem Café Sherlock (P8) (www.kriminalhaus.de), dem Deutschen Krimi-Archiv mit über 30.000 Bänden und dem Krimihotel (www.krimihotel.de) das Zentrum des Eifelkrimis.

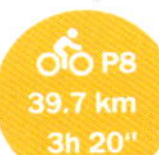

Ein „Schwarzer Tod“ im Café Sherlock gehört quasi zum Pflichtprogramm. Im mit Devotionalien der Krimiwelt ausgeschmückten Café steht uns der lebensgroße Sherlock Holmes gegenüber. Unter Glasscheiben liegen in den Tischen das Strickzeug von Miss Marple oder die Pfeife und Kokainspritze von Sherlock Holmes. Überall hängen Fotos von Fernsehkommissaren und Kinoplakate.

Von der Augustinerstraße biegen wir links Richtung Bolsdorfer Tälchen ab. Wir kommen an der mittelalterlichen Stadtmauer, am Kunstrasenplatz des VfL Hillesheim und am Hillesheimer See vorbei. Es folgt das malerische Bolsdorfer Tälchen, das Naherholungsgebiet der Hillesheimer, wo wir vielen Spaziergängern begegnen. In Bolsdorf haben wir das Kylltal erreicht und biegen rechts auf den Kyll-Radweg (P9) (www.eifel.info) ab. Der Radweg führt steil ansteigend auf der K 55, die am Ortsausgang nicht umsonst „Am Berg“ heißt, aus Bolsdorf heraus.

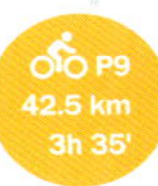

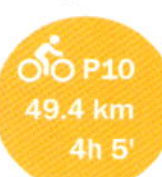

Über die hügelige Eifelfläche geht es weiter nach Birgel, wo wir die **Historische Wassermühle Birgel (P10)** (www.muehlebirgel.de) erreichen. Hier hat der Mühlenliebhaber Erwin Spohr eine Mühlen-Erlebniswelt mit Wasser-, Säge-, Senf- und Oelmühle sowie eigener Hausbrennerei, Backhaus, Fachwerkhotel und Restaurants geschaffen. Alle Mühlen sind funktionsfähig und können im Rahmen einer Führung besichtigt werden. Sogar ein Standesamt gibt es auf dem Gelände. Das Mühlengelände ist ein netter Fleck für eine Rast.

Ziel
54.2 km
4h 30'

Von Birgel geht es nach Lissendorf. Auf einem Waldweg bewältigen wir an einem felsigen Hang die letzten Anstiegs- und Abfahrtspassagen, bevor wir nach Jünkerath rollen und das Ziel unserer Tour, den **Bahnhof Jünkerath (P11)**, erreichen. Die Eifelbahn bringt uns von Jünkerath nach Blankenheim-Wald zurück.

Wer sich jedoch weitere 18 Kilometer zutraut, kann mit dem Fahrrad auf der Tälerroute via Dahlem und Schmidtheim die Runde komplettieren (in der Karte mit grünen Punkten markiert).

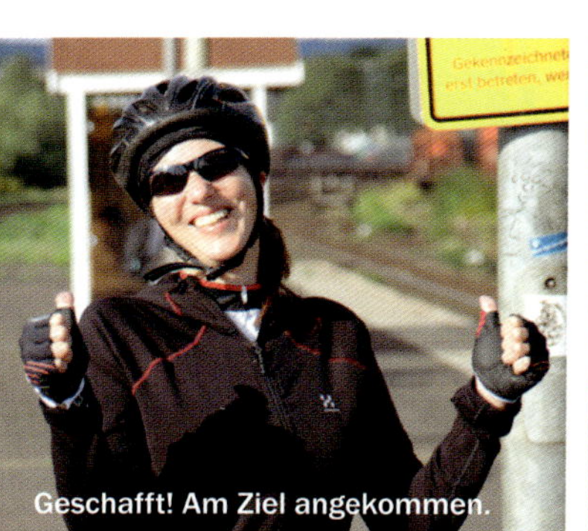
Geschafft! Am Ziel angekommen.

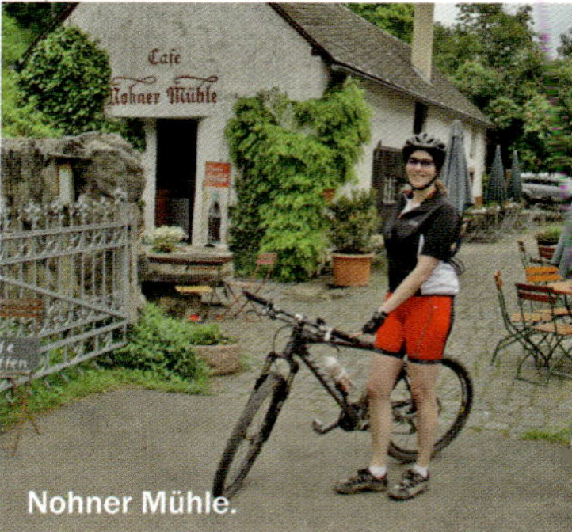

Nohner Mühle.

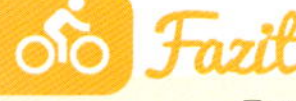

Fazit

Entspannend: das Fluss- und Bahntrassenradeln. Skurril: der „Schwarze Tod“. Kurios: ein wachsender Wasserfall. Pittoresk: das mittelalterliche Blankenheim und Kerpen. Lecker: die Rast in den Eifelgaststätten. Eine Tour mit besonderem Erlebnis- und Genussfaktor.

TourTipps

10 EIFEL

- Tourist-Info Blankenheim im Eifelmuseum, Ahrstraße 55-57, 53945 Blankenheim, 02449/87223 www.blankenheim.de
- Tourist-Info Hillesheim, Am Markt 1, 54576 Hillesheim 06591/133300 www.gerolsteiner-land.de

- Café Sherlock, Am Markt 5-7, 54576 Hillesheim 06593/809435 www.kriminalhaus.de
- Das kleine Landcafe, Fritz-von-Wille-Straße 8, 54578 Kerpen 06593/996969 www.daskleinelandcafe.de
- Die Einkehr, Bachstraße 2, 54578 Kerpen 06593/3099600
- Eifalia Schmetterlingsgarten, Am Hammerwerk 2, 53945 Blankenheim-Ahrhütte 01511/8730355 www.eifalia-schmetterlingsgarten.de
- Freilinger See Bar, Am Freilinger See 2, 53945 Blankenheim-Freilingen 02697/390 www.freilinger-see-bar.de
- Historische Wassermühle Birgel, Mühlenstraße 1, 54587 Birgel 06597/92820 www.muehlebirgel.de
- Krimihotel, Am Markt 14, 54576 Hillesheim 06593/98089-600 www.krimihotel.de
- Landgasthof Schröder, Kerpener Straße 7, 54579 Üxheim-Niederehe 02696/1048 www.landgasthof-schroeder.de
- Landlust, Klosterstraße 3, 53945 Blankenheim 02449/9179190 www.landlust-blankenheim.de
- Nohner Mühle, Nohner Mühle 2, 54578 Nohn 02696/1314 www.nohnermuehle.de

- Zweirad Hansen, Steingasse 4, 53945 Blankenheim-Ahrhütte 0163/8443336 www.zweirad-hansen.de

- Freilinger See, Freilinger See 1, 53945 Blankenheim-Freilingen

Tour-Code: **BT11X15** (www.wander-touren.com)

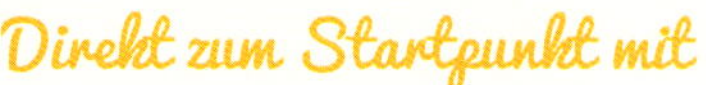

EIFEL 11

Brohltal-Radweg

Wir nutzen den Vulkan-Express als „Aufstiegshilfe". Vom Bahnhof Engeln geht es durch die herrliche Vulkanlandschaft der Osteifel via Kempenich und Engeln auf dem Brohltal-Radweg zur Burg Olbrück, dem Wahrzeichen des Brohltals, und über Burgbrohl zurück zum Rheinufer.

Start/Ziel: Bahnhof Brohl, Brohltal-Eisenbahn, Bahnhofstraße 1, 56656 Brohl
N 50° 28' 52.7" • E 7° 19' 56.2"

Anfahrt: B 9 am Rhein entlang bis Ausfahrt A 61/B 412 Nürburgring/Niederzissen/Burgbrohl/Brohl-Lützing, am Brückenende rechts der Ausschilderung „VULKAN-EXPRESS" folgen

Parkplatz: Auf dem Seitenstreifen der Bahnhofstraße in Richtung Bahnhof Brohl

Zug: Mittelrheinbahn RB 26 und Rhein-Express RE 5 bis Bahnhof Brohl

Variante kurz
23.3 km | 2h | 410 ↑ ↓ 810

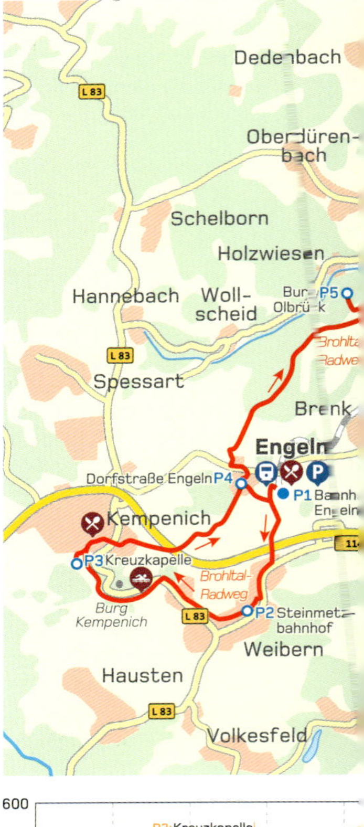

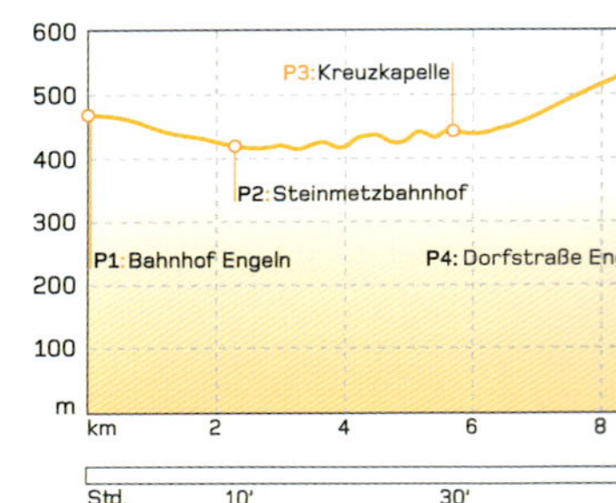

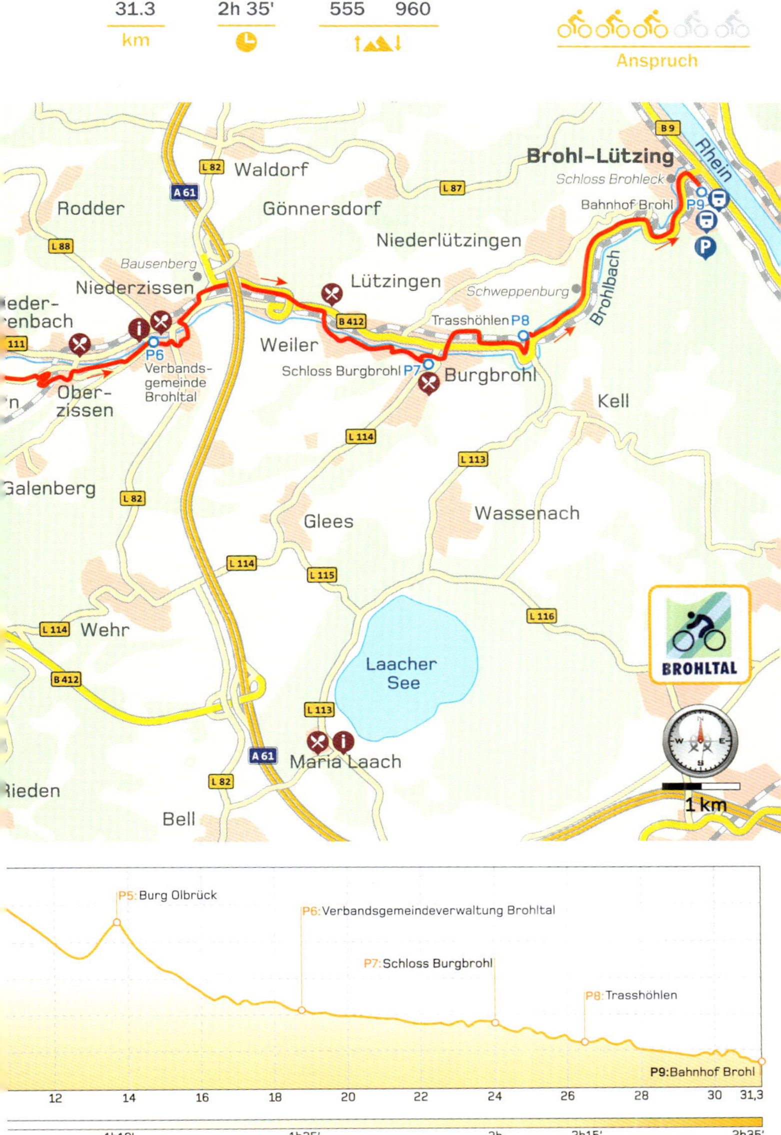

31.3
km
2h 35'
555
960
Anspruch
Brohl-Lützing
Rhein
B 9
Schloss Brohleck
Bahnhof Brohl
P9
Waldorf
L 82
A 61
L 87
Rodder
Gönnersdorf
Niederlützingen
L 88
Bausenberg
Brohlbach
Niederzissen
Lützingen
Schweppenburg
B 412
Trasshöhlen P8
P6
Verbands-
gemeinde
Brohltal
Weiler
Schloss Burgbrohl P7
Burgbrohl
Ober-
zissen
Kell
L 114
L 113
Galenberg
L 82
Glees
Wassenach
L 114
L 115
L 116
L 114
Wehr
Laacher
See
BROHLTAL
B 412
L 113
A 61
Maria Laach
L 82
Bell
1 km
P5: Burg Olbrück
P6: Verbandsgemeindeverwaltung Brohltal
P7: Schloss Burgbrohl
P8: Trasshöhlen
P9: Bahnhof Brohl
12
14
16
18
20
22
24
26
28
30
31,3
1h10'
1h35'
2h
2h15'
2h35'

Vulkan-Express

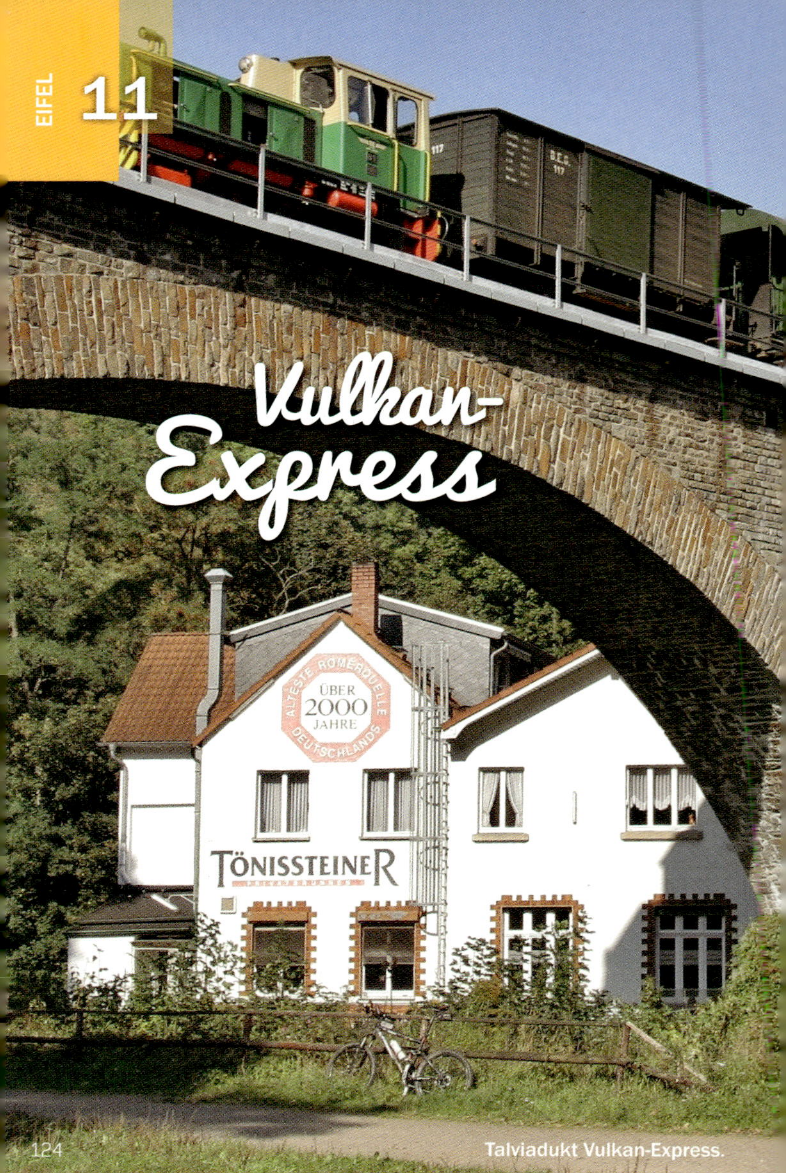

Talviadukt Vulkan-Express.

Die Tour beginnt mit einer Bahnfahrt. Der Vulkan-Express (www.vulkan-express.de, vorab unbedingt die Betriebstage und den Fahrplan checken!) sorgt für Entschleunigung und bringt uns in 1,5 Stunden vom Rheinufer zum 400 Meter höher gelegenen Bahnhof Engeln (P1). Dort lockt die Vulkan-Stube (www.engeln-gastro.de) zur Espressopause. Und auch der nett angelegte Geogarten (u.a. mit Aussichtskanzel und kleinem Gnomen- und Irrgarten) ist einen Besuch wert. Beim Bahnhofsparkplatz biegen wir links ab und erreichen nach 250 Metern eine T-Kreuzung. Hier treffen wir auf den Brohltal-Radweg (www.vulkanregion-laacher-see.de) und können zwischen kurzer und langer Tour wählen.

P1
Start

Die kurze Variante führt rechts den Hang hinauf nach Engeln (P4). Man spart acht Kilometer und einen anstrengenden Anstieg.

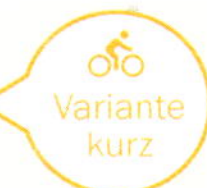

Die Langstrecke folgt dem Brohltal-Radweg nach links, den Hügel hinab, unter der B 412 hindurch zum Ortsrand von Weibern (www.weibern.de). Nach der Traumabfahrt rollen wir entlang der L 114 vorbei an Discounter, Landhaus-Bäckerei und Getränkemarkt zum sogenannten „Weiberner Schaufenster", einer Art Werkschau des Steinmetzhandwerks.

Weibern ist für Tuffstein und seine Steinmetztradition bekannt. Schon die Römer und Kelten nutzten Tuff für Futtertröge und Türeinfassungen. Bis nach dem 1. Weltkrieg haben rund 1.200 Steinmetze in Weibern gearbeitet. Der Tuff aus den Steinbrüchen um Weibern wurde zum Bau vom Kölner und Aachener Dom sowie für das Kloster Maria Laach genutzt.

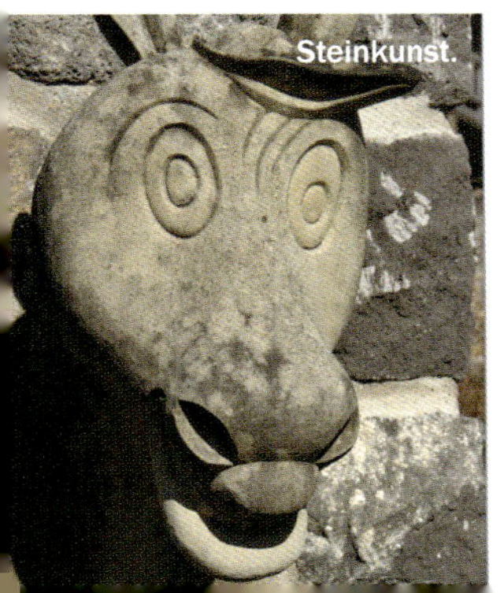
Steinkunst.

Wir biegen rechts in die Tuffsteinstraße ab und erreichen den ehemaligen Steinmetzbahnhof (P2). Das Gebäude dient heute als Tuffsteinmuseum (Öffnungszeiten bei der Tourist-Info Maria Laach erfragen). Wir verlassen den Ort auf der ehemaligen Bahntrasse der Schmalspurbahn Brohl-Engeln-Kempenich mit Blick auf das Ortszentrum von Weibern. Bei

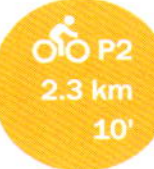

dem Freizeitbad Brohltal überquert der Brohltal-Radweg die L 83 und führt durch das liebliche Tal des Weiberner Bachs.

P3
5.7 km
30'

Vor Kempenich zweigt links ein Weg (Ausschilderung Kreuzwäldchen) zur Kreuzkapelle (P3) ab. Der Abstecher hinauf zur neoromanischen Kapelle lohnt sich. Das doppeltürmige Gotteshaus wurde 1881 auf den Überresten einer Burg errichtet und bildet mit dem Pfarrhaus ein hübsches Ensemble. Auf dem Stationenweg geht es hinunter nach Kempenich (www.kempenich.de), wo sich ein Abstecher zur Bäckerei Mannebach (von der Bahnhofstraße rechts in die Großstraße, dann rechts in die Marktstraße) anbietet. Die Mannebachs stehen mit ihrem dunklen Sauerteigbrot (Eifler Schwarzbrot), gebacken im Steinofen, und köstlichen Teilchen für bestes Eifler Bäckereihandwerk.

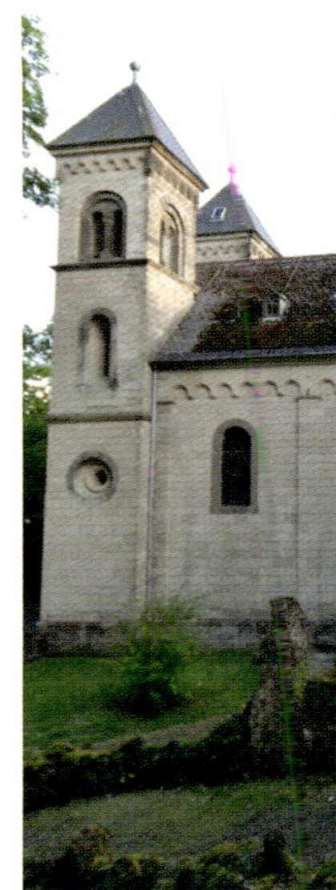

Achtung!
Kein ausgeschilderter Radweg.

Zurück an der Ecke Bahnhofstraße/Burgstraße verlassen wir den Brohltal-Radweg und folgen der Burgstraße. Da der Streckenabschnitt nach Engeln nicht als Radweg ausgeschildert ist, müssen wir bei der Navigation aufpassen. Wir kommen am Alten Bahnhof vorbei, überqueren beim Edeka-Markt die L 83 und biegen nach 100 Metern links in die Straße „Im Gürtel" ab, die sich den Hang hinaufzieht.

P4
8.9 km
45'

Der Ortsverbindungsweg führt nach einer Linkskurve unter der B 412 hindurch. Vor den Rottlandhöfen halten wir uns rechts und folgen dem geschlängelten Weg nach Engeln, wo wir bei der Einmündung der Dorfstraße (P4) auf die Markierung des Brohltal-Radwegs treffen. Es folgt ein Steilanstieg durch Engeln an der Kapelle der heiligen Nothelfer und der Friedenslinde vorbei den Hang hinauf. Auf der

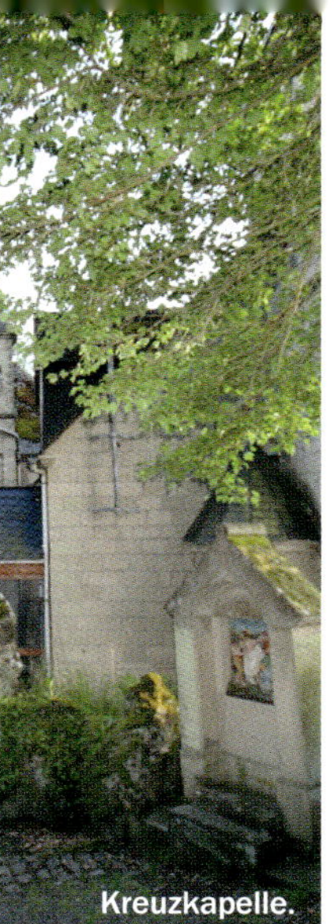
Kreuzkapelle.

Hügelkuppe angekommen, haben wir mit 528 Metern den höchsten Punkt unserer Tour erreicht und können den herrlichen Blick Richtung Kempenich und auf den Fernmeldeturm Heckenbach-Schöneberg genießen.

Wir verlassen die Engelner Straße Richtung Buchhöfe und fahren an einer Lavasandgrube vorbei über die weite Eifelhochfläche zum Waldrand. Es folgt eine Holperstrecke durch den Wald, die uns zu langsamer Fahrt zwingt. Aus dem Wald heraus, taucht vor uns der mächtige Bergfried der Burg Olbrück (P5) (www.vulkanregion-laacher-see de), das Wahrzeichen des Brohltals, auf. Der folgende Teerweg macht die Abfahrt endlich zum Vergnügen. Am Ortsrand von Hain müssen wir entscheiden, ob wir den Abstecher zur Olbrück auf uns nehmen. Die steile, kraftraubende Stichstraße ist eine echte Herausforderung. Doch der Weg lohnt sich!

P5
13.7 km
1h 10'

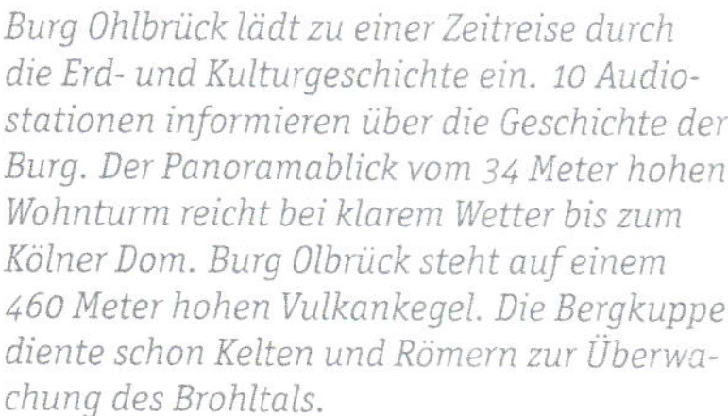
Burg Ohlbrück lädt zu einer Zeitreise durch die Erd- und Kulturgeschichte ein. 10 Audiostationen informieren über die Geschichte der Burg. Der Panoramablick vom 34 Meter hohen Wohnturm reicht bei klarem Wetter bis zum Kölner Dom. Burg Olbrück steht auf einem 460 Meter hohen Vulkankegel. Die Bergkuppe diente schon Kelten und Römern zur Überwachung des Brohltals.

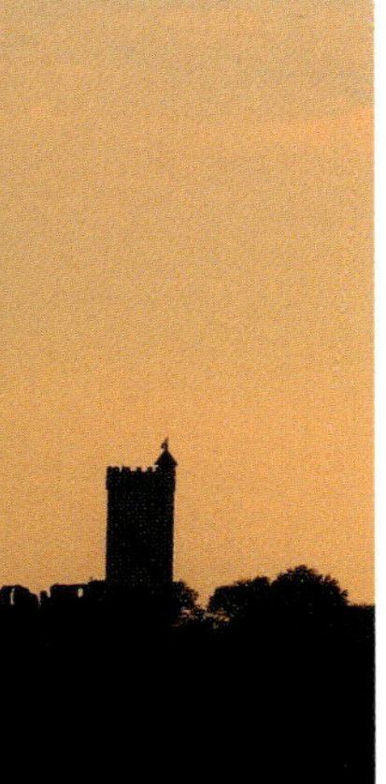
Burg Olbrück.

Zurück in Hain, müssen wir bei der Abfahrt auf der K 51 aufpassen, dass wir nach dem Ortsschild Oberzissen den Abzweig nach rechts nicht verpassen. In zwei Kehren geht es durch ein Wohngebiet und unter dem Viadukt der Brohltalbahn hindurch in den Ort hinunter. Wir sind im Brohltal angekommen und fahren rechts des Brohlbachs an der Brohltalhalle vorbei nach Niederzissen. Dort passieren wir die Verbandsgemein-

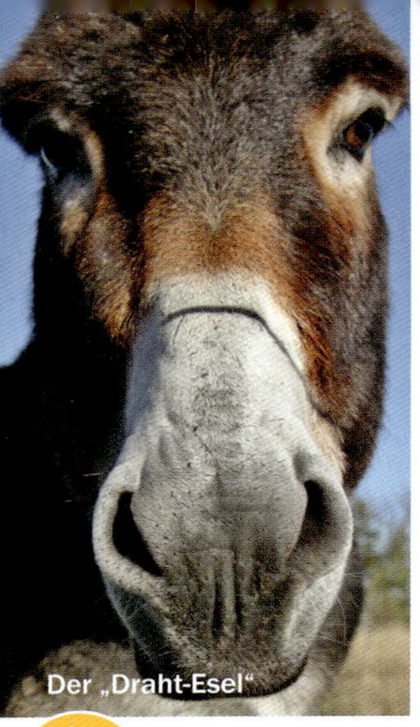
Der „Draht-Esel“

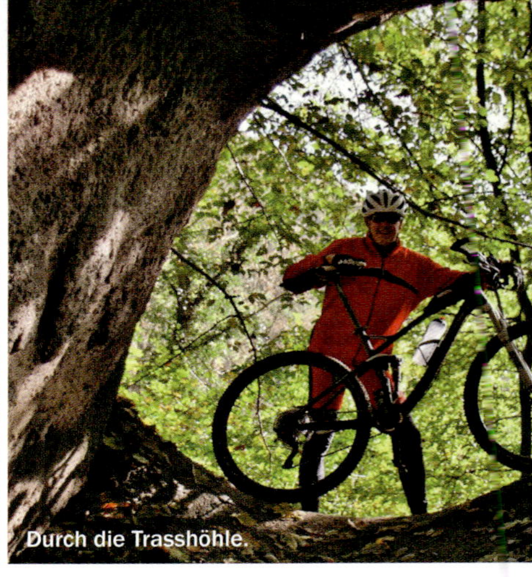
Durch die Trasshöhle.

P6
18.8 km
1h 35'

deverwaltung Brohltal (P6) und werden auf dem Radweg mit mehreren Richtungswechseln durch Niederzissen geleitet. Wenn der Magen knurrt, in Ober- oder Niederzissen kann man sich stärken. Vor dem Ortsausgang überqueren wir am Fuß des Bausenbergs die Brohltalbahn.

Der Bausenberg, ein Schlackenvulkan mit einem hufeisenförmigen Krater, war vor rund 150.000 Jahren aktiv. Bis vor 10.000 Jahren gab es in diesem Teil der Eifel über 30 aktive Vulkane. Am „berühmtesten“ ist der Ausbruch des Laacher See Vulkans vor 13.000 Jahren. Bims regnete damals auf die Umgebung, und Lavaströme ergossen sich in die Täler. In den vielen Steinbrüchen und Grubenfeldern der Region wird seit Römerzeiten Stein abgebaut und bearbeitet.

Es folgt ein Schotterweg entlang der Brohltalstraße unter der mächtigen Brücke der A 61 hindurch. Am Ortsrand von Weiler biegen wir nach dem Landgasthaus Rothbrust (www.landgasthaus-rothbrust.de) rechts ab, queren die Bahnschienen und folgen dem Brohltal-Radweg mit mehreren Richtungswechseln nach Burgbrohl. Nun erwartet uns der Anstieg zu Schloss Burgbrohl (P7) (www.schloss-burgbrohl.de), dass 1093 erstmals urkundlich erwähnt wurde. Auf der Schlossterrasse haben wir uns eine Pause verdient!

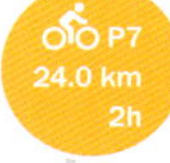

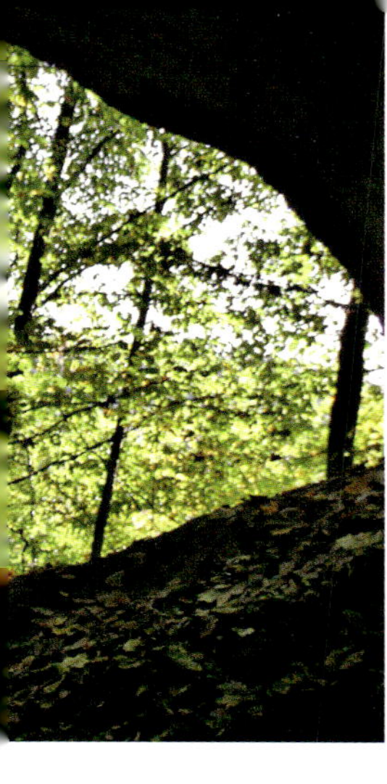

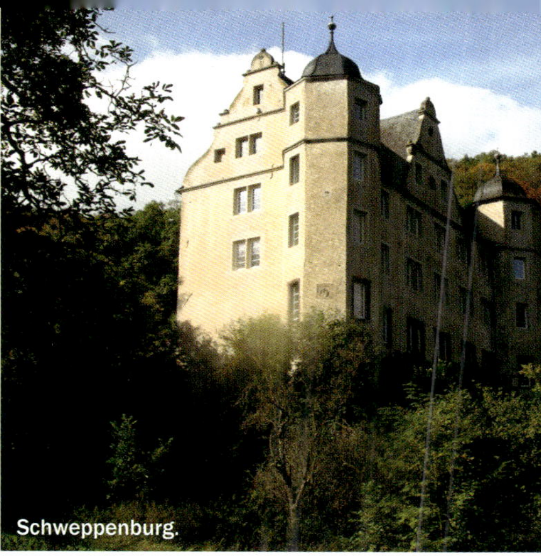

Schweppenburg.

Der Brohltal-Radweg führt an der Kirche St. Johannes vorbei über die B 412 den Gegenhang zur Kaiserhalle hinauf. Die 1896 eingeweihte Halle mit einer freitragenden 20 Meter Kuppel steht auf einem Bruchsteinfundament und wurde als Ball- und Theatersaal genutzt. Auf der Lindenstraße geht es nun zu den Fabrikgebäuden der Rhodius Mineralquellen. Bei der Unterführung endet der Brohltal-Radweg, und wir müssen die verbleibenden 6 Kilometer größtenteils auf der B 412 „abradeln".

Am Ortsausgang biegen wir unmittelbar nach einer S-Kurve scharf links auf den „Höhlen- und Schluchtensteig" ab. Der Wanderweg (Vorsicht bei Nässe!) führt durch beeindruckende

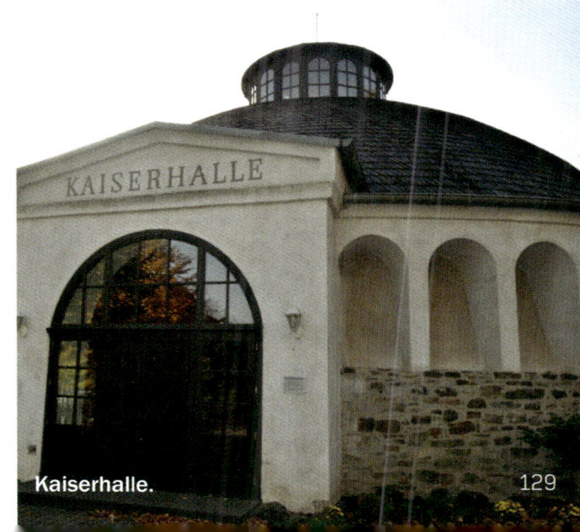

Kaiserhalle.

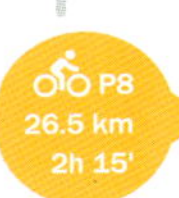

Trasshöhlen (P8), bevor wir beim mächtigen Eisenbahnviadukt und der Schmökermühle auf die B 412 zurückkehren.

Anschließend müssen wir auf der viel befahrenen B 412 gut acht geben. Auf der linken Seite folgen die Mosenmühle und die Schweppenburg, rechts führt eine Stichstraße zum Tönnissteiner Sprudel. In Brohl-Lützing blicken wir auf das eindrucksvoll am Hang liegende Schloss Brohleck. Wir folgen der Ausschilderung zum Vulkan-Express und sind zurück am Ausgangspunkt, dem Bahnhof Brohl (P9).

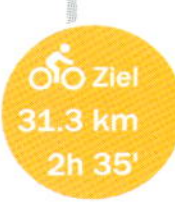

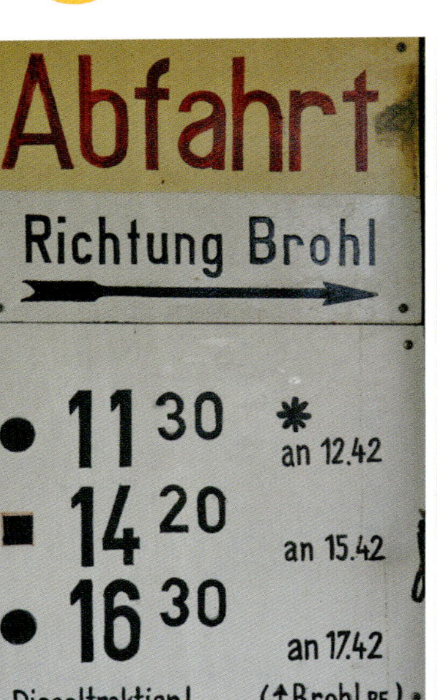

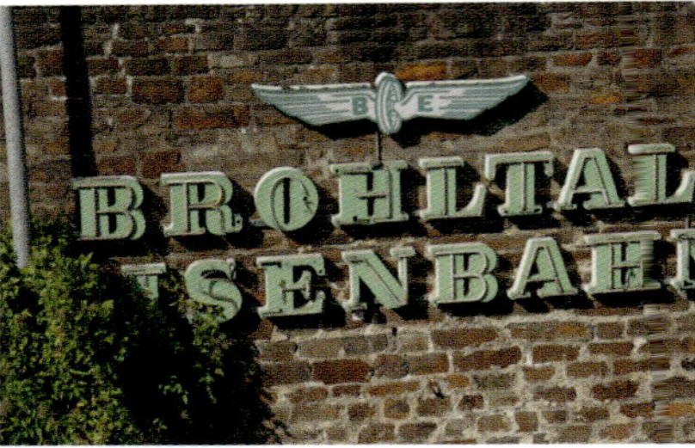

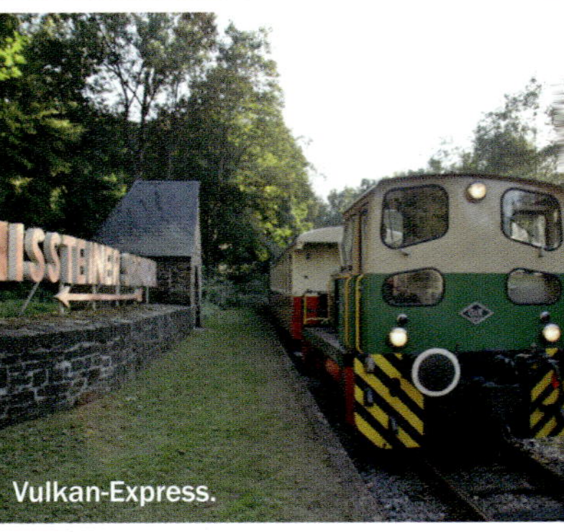

Vulkan-Express.

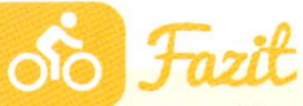

Eine prima Tour durch die Vulkanlandschaft der Osteifel mit tollen Panoramablicken. Der Vulkan-Express spart uns 400 Höhenmeter. Die Strecke ist nicht komplett asphaltiert und die letzten 6 km sind großteils auf der B 412 zurückzulegen. Zur Sicherheit ein Bike- oder Smartphone Navi nutzen.

TourTipps

- Tourist-Info Maria Laach, Maria Laach 8, 56653 Glees, 02636/19433 www.vulkanregion-Laacher-see.de

- Biergarten am Hafen, Rheinallee 1, 56656 Brohl-Lützing 0179/9185600
- Bäckerei Mannebach, Hinterdorfstraße 1, 56746 Kempenich 02655/1556
- Bäckerei Mattern, Brohltalstraße 109, 56651 Niederzissen, 02636/6138 www.baeckerei-mattern.de
- Eiscafe-Bistro Express, Lindenstraße 1, 56651 Oberzissen, 02636/8533 www.eiscafe-express.de
- Grill-Restaurant Gasper, Brohltalstraße 21, 56651 Oberzissen, 02636/809814 www.grillrestaurant-gasper.de
- Landgasthaus Rothbrust, Brohltalstraße 245, 56651 Burgbrohl-Weiler, 02636/2594 www.landgasthaus-rothbrust.de
- Schloss Burgbrohl, Auf der Burg 1, 56659 Burgbrohl, 02636/800140 www.schloss-burgbrohl.de
- Toni's Steinofen Pizza Burgbrohl, Brohltalstraße 92, 56659 Burgbrohl, 02636/941120
- Vulkan-Stube, Bahnhof Engeln, 56746 Kempenich-Engeln, 02655/6749530 www.engeln-gastro.de

- Freizeitbad Brohltal, Hommersbergstraße 95, 56745 Weibern, 02655/3223 www.brohltal-verwaltung.de

Tour-Code: **BT11115** (www.wander-touren.com)

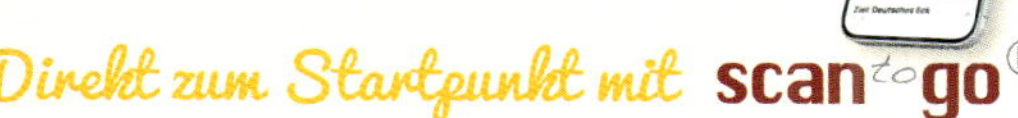

EIFEL **12**

Rhein-Mosel-Eifel- & Vulkanpark-Radweg

Die Tour nutzt mehrere Radwege und verbindet Rhein, Hunsrück, Mosel, Maifeld und Eifel. Der Start und das Ziel liegen jeweils am Rheinufer. Die Bahn bringt uns von Andernach nach Rhens zurück. Die Kurzstrecke beschränkt sich als Genusstour auf den Vulkanpark-Radweg von Mayen nach Andernach.

Start/Ziel: Bahnhof Rhens, Am Rhein, 56321 Rhens
N 50° 16' 54.0" • E 7° 37' 11.8"
Start/Ziel Variante kurz: Bahnhof Mayen Ost (siehe Tour 13)

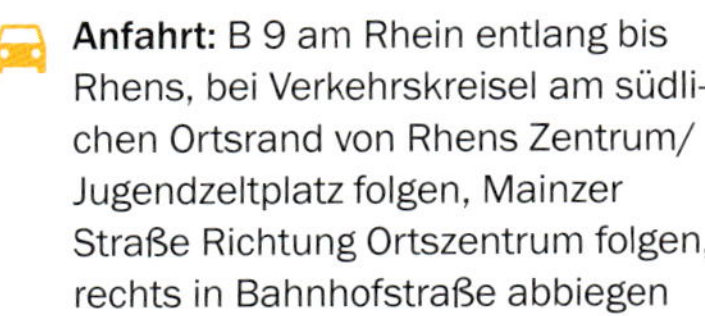

Anfahrt: B 9 am Rhein entlang bis Rhens, bei Verkehrskreisel am südlichen Ortsrand von Rhens Zentrum/Jugendzeltplatz folgen, Mainzer Straße Richtung Ortszentrum folgen, rechts in Bahnhofstraße abbiegen

Parkplatz: Südlich des Bahnhofs Rhens in der Straße „Am Rhein"

Zug: Mittelrheinbahn RB 26 bis Bahnhof Rhens

Variante kurz
35.6 km | 3h | 180 ↑ ↓ 380

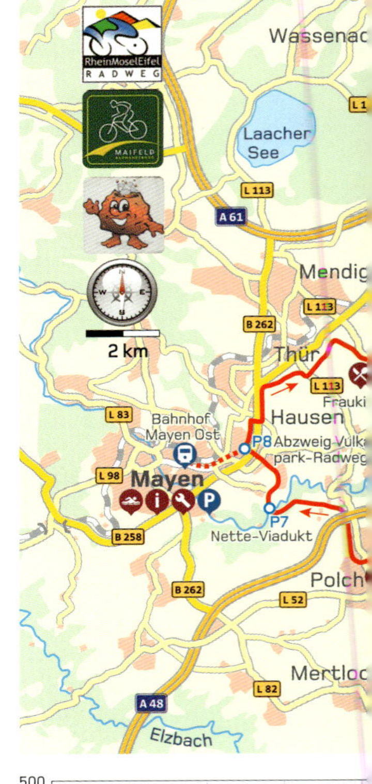

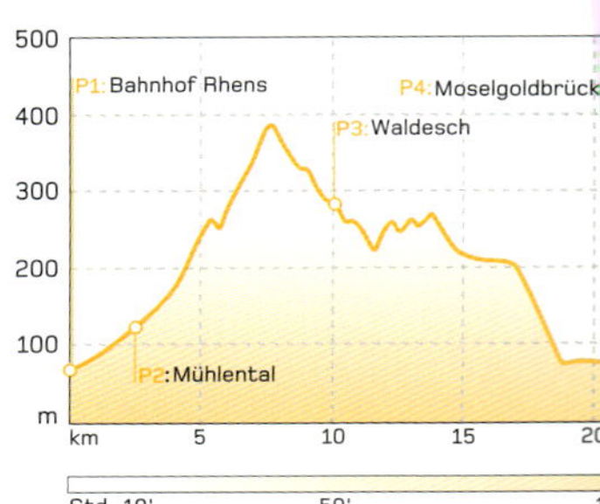

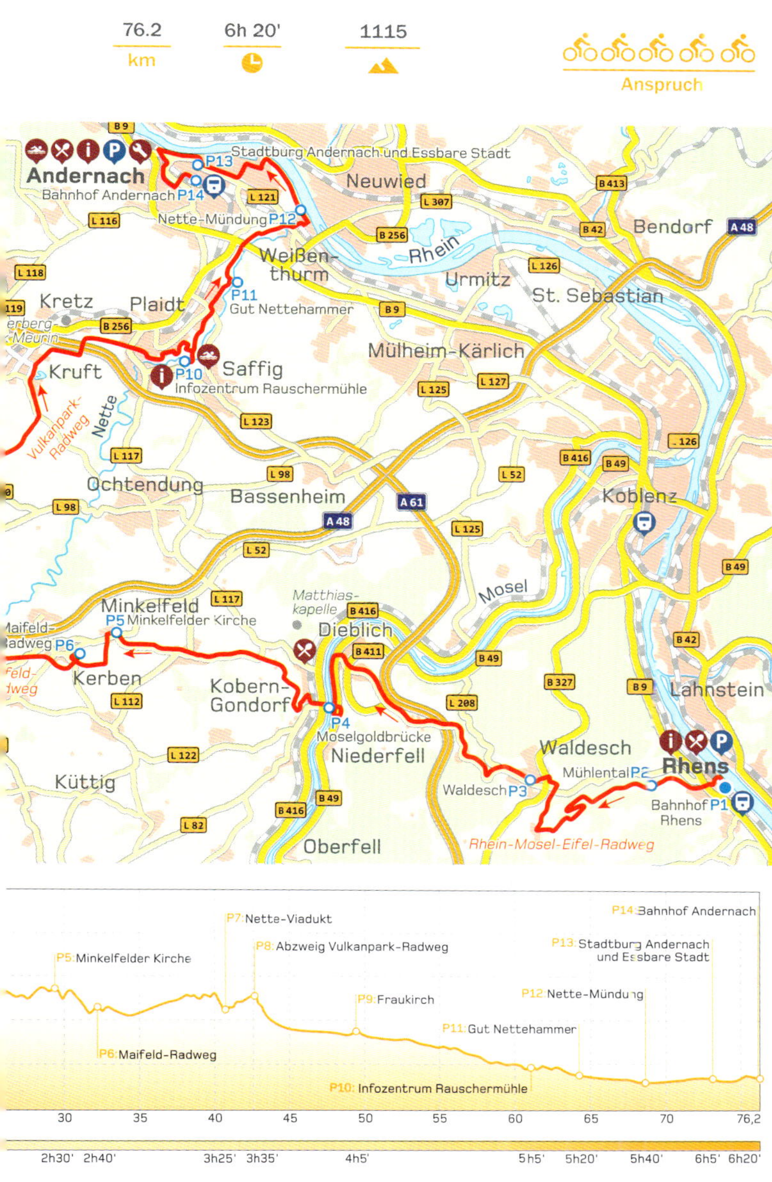
76.2
km
6h 20'
1115
Anspruch
Andernach
Stadtburg Andernach und Essbare Stadt
P13
Bahnhof Andernach P14
Neuwied
Nette-Mündung P12
Weißen-
thurm
Rhein
Bendorf
Urmitz
St. Sebastian
P11
Gut Nettehammer
Kretz
Plaidt
Kruft
P10
Saffig
Infozentrum Rauschermühle
Mülheim-Kärlich
Vulkanpark-
Radweg
Nette
Ochtendung
Bassenheim
Koblenz
Mosel
Matthias-
kapelle
Minkelfeld
P5 Minkelfelder Kirche
P6
Kerben
Dieblich
Kobern-
Gondorf
P4
Moselgoldbrücke
Niederfell
Lahnstein
Waldesch
Mühlental P2
Rhens
Waldesch P3
Bahnhof P1
Rhens
Küttig
Oberfell
Rhein-Mosel-Eifel-Radweg
B 9
B 413
B 42
A 48
L 121
L 307
L 116
B 256
L 126
L 118
B 9
L 125
L 127
L 123
L 117
B 416
B 49
L 98
L 52
A 61
L 125
L 52
B 49
L 117
B 416
B 411
B 49
B 42
B 327
B 9
L 112
L 208
L 122
B 49
B 416
L 82
P5: Minkelfelder Kirche
P6: Maifeld-Radweg
P7: Nette-Viadukt
P8: Abzweig Vulkanpark-Radweg
P9: Fraukirch
P10: Infozentrum Rauschermühle
P11: Gut Nettehammer
P12: Nette-Mündung
P13: Stadtburg Andernach und Essbare Stadt
P14: Bahnhof Andernach
30
35
40
45
50
55
60
65
70
76,2
2h30'
2h40'
3h25'
3h35'
4h5'
5h5'
5h20'
5h40'
6h5'
6h20'

Panorama-Runde

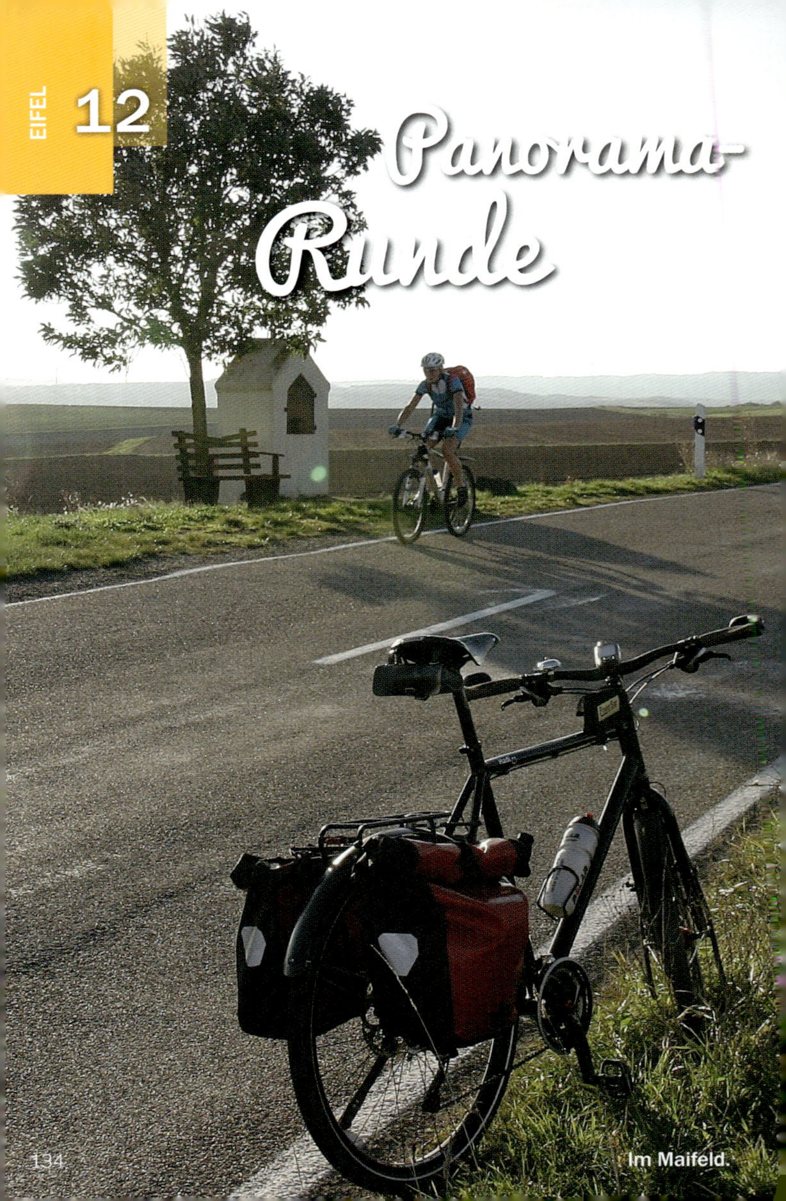

Im Maifeld.

Wir starten am Bahnhof Rhens (P1) und fahren am Scharfer Turm vorbei zur Rheinpromenade, wo der Rhein-Mosel-Eifel-Radweg (www.remet.de) beginnt. Nach einem Abstecher zum Marktplatz mit seinen bunten Fachwerkhäusern und der Tourist-Info verlassen wir Rhens durch das Kirchtor.

P1
Start

Der Rhein-Mosel-Eifel-Radweg führt unter der B 9 hindurch ins Mühlental (P2). Der Beginn des Weges ist geteert und geht dann in einen Schotterweg über. Vor uns liegt ein herrliches Wiesental mit einzelnen Bäumen, Pferdeweiden und Mühlenanwesen. Das Tal verengt sich, und wir gewinnen auf dem kurvigen Waldweg mit einigen steilen Passagen deutlich an Höhe. Bei Nässe kann es matschig sein. Beim Blick zurück können wir auf der rechten Rheinseite die Marksburg und die drei Schlote der Blei- und Silberhütte Braubach erkennen.

P2
2.4 km
10'

Der Anstieg vom Rheintal auf die Hunsrückhöhe geht ordentlich in die Beine. In Hünenfeld haben wir es geschafft und erreichen den höchsten Punkt der Strecke auf knapp 400 Meter Höhe. Wir biegen rechts ab und fahren in Richtung des weithin sichtbaren Senders auf dem Kühkopf den Hang hinab. Der Rhein-Mosel-Eifel-Radweg knickt links ab und führt unter der B 327 hindurch nach Waldesch (P3).

P3
10.0 km
50'

Die anstrengende Berg- und Talfahrt setzt sich fort. Auf eine Abfahrt folgt der Anstieg über Mariaroth auf die Hunsrückhochfläche, wo wir die A 61 queren. In Autobahnnähe geht es auf der K 69 mit Blick auf die Moseltalbrücke und das Hunsrück-Eifel-Panorama den Hang hinunter. Am Ortseingang von Dieblich-Berg bietet der Rhein-Mosel-Eifel-Radweg zwei Abfahrtsrouten. Wir bleiben auf der K 69, die in Serpentinen nach Dieblich führt. Die steile Abfahrt ist nicht ohne, bei Nässe muss man besonders vorsichtig fahren.

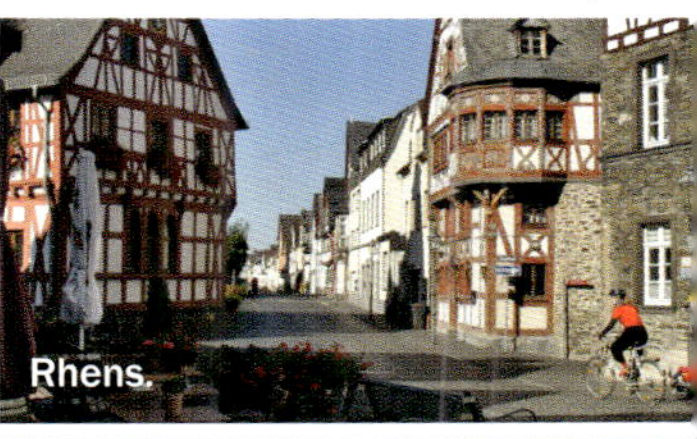
Rhens.

Das Landschaftbild hat sich völlig verändert. Nach der kargen Hunsrückhochfläche genießen wir das liebliche Moseltal. Mit Blick auf die Weinberge und das Panorama von Kobern-Gondorf fahren wir auf dem Seitenstreifen

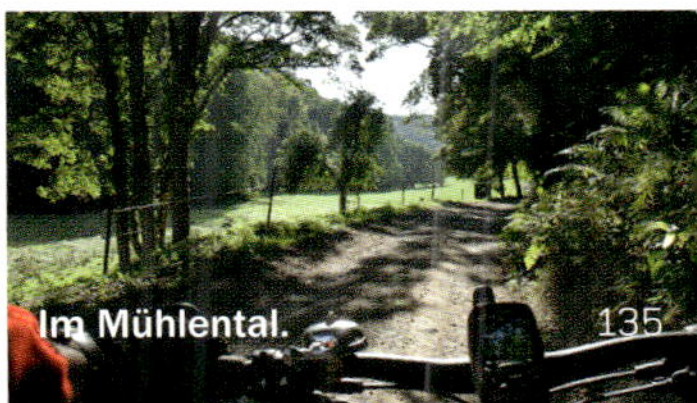
Im Mühlental.

P4
21.1 km
1h 45'

der B 49 moselaufwärts und passieren auf der Moselgoldbrücke (P4) den Fluss. Von der Brücke aus hat man das Postkartenmotiv mit Matthiaskapelle, Ober- und Niederburg und den steilen Weinbergterrassen vor Augen. Ein toller Anblick!

Ein Abstecher nach Kobern-Gondorf (nicht im Track aufgenommen) bietet sich für eine Verpflegungspause an (siehe Tour 4). Dies ist zwar mit zusätzlichen Höhenmetern verbunden, doch die Fahrt hinauf zur Matthiaskapelle bzw. bis zur Alte Mühle Thomas Höreth ist sehr lohnenswert. Zurück an der Auffahrt zur Moselgoldbrücke, biegen wir rechts ab. Der folgende Anstieg hat es in sich. Zur Not müssen wir ein Stück schieben. Wohl dem, der ein E-Bike fährt. Auf die Direttissima am Moselhang folgt eine moderate Steigung auf der Eifelhochfläche. Bei Solligerhof haben wir die Höhe erreicht und werden mit einer herrlichen Rundumsicht belohnt.

Auch auf der Eifelseite setzt sich das hügelige Landschaftsbild fort. Der Rhein-Mosel-Eifel-Radweg nutzt mehrere wenig befahrene Kreis- und Landesstraßen. Man muss jedoch stets mit Gegenverkehr rechnen und entsprechend vorsichtig sein. Auf der K 50 rollen wir durch das in einer Senke liegende Lonnig. Es folgt ein Abstecher nach Minkelfeld, mit der aus Basaltlava errichteten Kirche Sankt Markus (P5) an der L 52.

P5
29.6 km
2h 30'

Von Minkelfeld aus fahren wir auf Flurbereinigungswegen durch die weite Flur des Maifelds. Zur Rapsblüte im Frühjahr ist dieser Streckenabschnitt besonders attraktiv. Nach einem Richtungswechsel erreichen wir Kerben. Hier endet der Rhein-Mosel-Eifel-Radweg. Zum Glück können wir auf

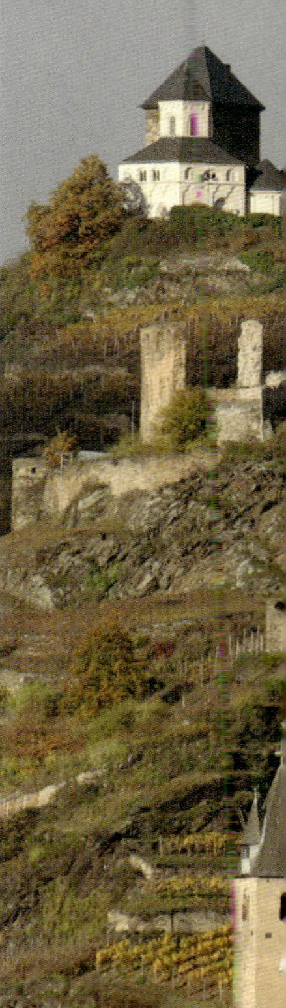

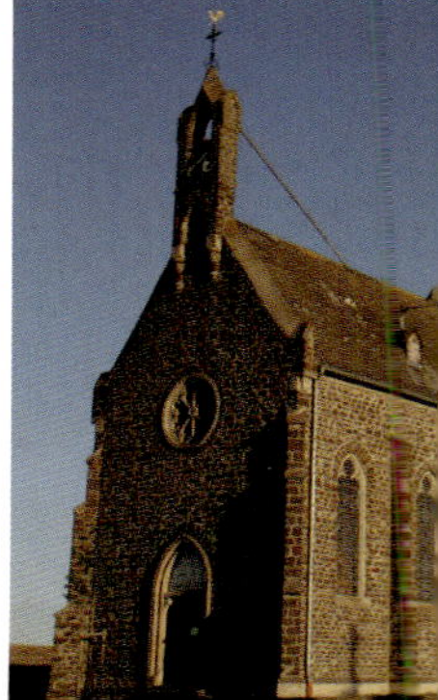

P6
32.1 km
2h 40'

den Maifeld-Radweg (P6) wechseln, der an Kerben vorbeiführt. Der Maifeld-Radweg nutzt eine ehemalige Bahntrasse und ist deshalb weitgehend eben. Nach dem bisherigen Auf und Ab geht es nun ganz entspannt weiter und wir können die Tour voll und ganz genießen.

In Polch führt der Maifeld-Radweg am Fabrikverkauf des De Beukelaer Werks (www.griesson-debeukelaer.de) vorbei. Anschließend erreichen wir die Gaststätte Alter Bahnhof Polch (www.alter-bahnhof-polch.de). Die Verpflegungsstation kommt wie gerufen. Nach dem Alten Bahnhof wählen wir die Abzweigung des Maifeld-Radwegs nach Mayen (siehe auch Tour 13). Es folgt der spektakuläre Streckenabschnitt durch die beleuchteten Tunnel Hausen I und II zum Nette-Viadukt (P7). Der Blick auf das Nettetal und die Vulkanlandschaft der Osteifel ist herrlich.

P7
40.6 km
3h 25'

Der Maifeld-Radweg führt sodann in einem weiten Bogen am Ortsrand von Hausen entlang. Unter der Brücke der B 262 erreichen wir die Abzweigung des Vulkanpark-Radwegs (P8) und folgen nun dem „Vulkanius“-Radweglogo Richtung Andernach.

P8
42.6 km
3h 35'

Blick auf Matthiaskapelle und Niederburg.

St. Markus in Minkelfeld.

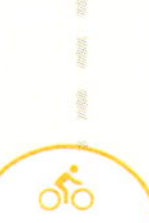

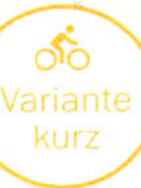

Die Kurzstrecke startet am 2 km entfernten Bahnhof Mayen Ost. Die Lahn-Eifel-Bahn verbindet Mayen und Andernach, d.h. Start und Ziel des Vulkanpark-Radwegs (www.remet.de). Der Vulkanpark-Radweg ist eine Genussstrecke auf asphaltierten Radwegen, Wirtschaftswegen und Nebenstraßen. Von kürzeren Anstiegen abgesehen, geht es von der Eifelhochfläche 200 Höhenmeter ins Rheintal hinunter.

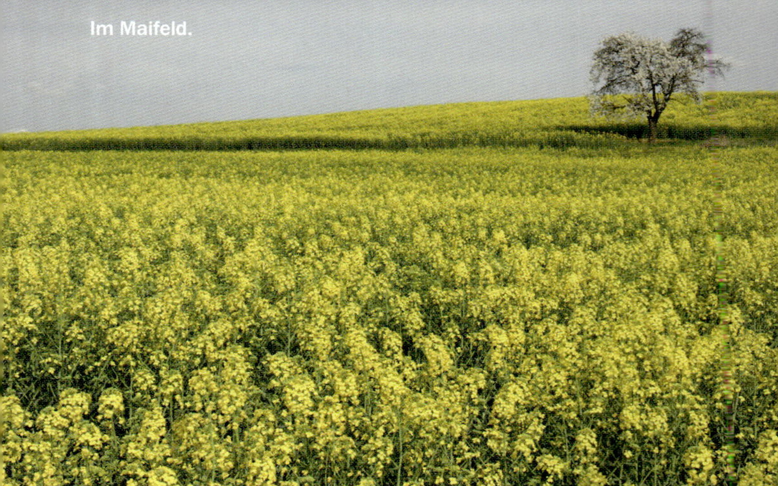
Im Maifeld.

Nach einer Abfahrt beim Tolli-Abenteuer-Erlebnispark verläuft der Radweg erst links, dann rechts der B 262 und biegt schließlich in das Naturschutzgebiet Thürer Wiesen ab. Das Feuchtgebiet ist Lebensraum und Rastplatz vieler Vogelarten. Auf feinem Schotteruntergrund fahren wir durch das Schutzgebiet und können die Hügelkulisse der Vulkaneifel am Horizont bewundern. Beim Flugplatz Mendig führt der Vulkanpark-Radweg auf der L 120 am Reginaris Brunnen vorbei in Richtung Fraukirch (P9). Den Abstecher zur Wallfahrtskirche sollte man sich unbedingt gönnen. Bei schönem Wetter lockt der Biergarten des Gasthauses Fraukircher Hof.

P9
49.4 km
4h 5'

Mit ihrer über 1.200-jährigen Kirchentradition gehört die Fraukirch zu den ältesten Kirchen der Eifel. Die heutige Kirche steht auf den Fundamenten einer fränkischen Saalkirche, die um 800 errichtet wurde. Laut der Genoveva-Sage ließ Pfalzgraf Siegfried die Kirche aus Dank für die Rettung seiner Ehefrau und seines Sohnes bauen. Das aus Tuffstein geschaffene, bunte Altarbild des Hochaltars zeigt als Bildergeschichte Szenen der Sage, u.a. die Vierteilung des Ritters Golo.

Der Vulkanpark-Radweg führt anschließend durch die weite Feldflur der sanft gewellten Pellenz entlang dem Krufter Bach. Während der Rapsblüte leuchten die Felder goldgelb. Wir kom-

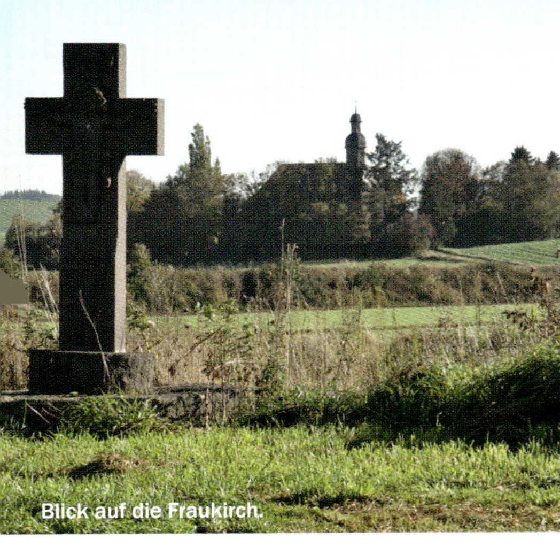
Blick auf die Fraukirch.

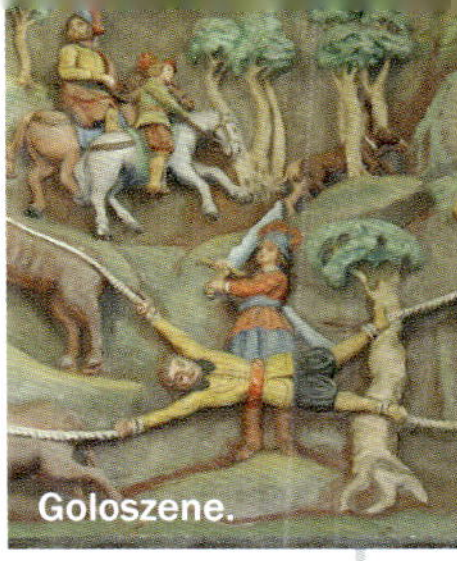
Goloszene.

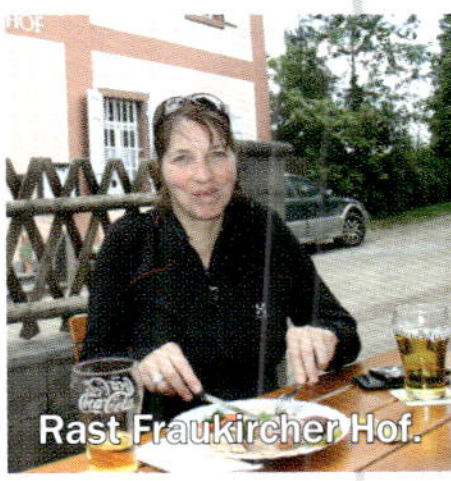
Rast Fraukircher Hof.

men am Bahner- und Margarethenhof vorbei nach Kruft, wo wir rechts abbiegen. Wir überqueren die A 61 und streifen die Ortschaft Kretz. Am gegenüberliegenden Ortsrand befindet sich das Römerbergwerk Meurin (www.roemerbergwerk.de) wo wir in die Arbeitswelt römischer Bergmänner hinabsteigen können.

Nun geht es im Zickzackkurs durch Plaidt. Beim Sportplatz ist das Pellenzbad ausgeschildert. Hier lohnt sich ein Abstecher am Freibad vorbei zum Vulkanpark-Infozentrum Rauschermühle (P10) (www.vulkanpark.com) mit dem Rauscherpark, einem landschaftlich besonders reizvollen Netteabschnitt. An der ehemaligen Rauschermühle tost und sprudelt der Fluss in kleinen Wasserfällen über gewaltige Basaltblöcke.

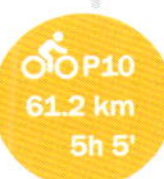

Zurück auf dem Vulkanpark-Radweg, folgen wir ab Plaidt dem Nettelauf und kommen durch Miesenheim. Anschließend ist das Gut Nettehammer (P11) einen Abstecher wert (siehe Tour 2). Nachdem wir die B 9 gequert haben, passieren wir am Ortsrand von Weißenthurm das Gut zur Nette. Die einstige Burg und Mühle wurde schon im 14. Jh. erwähnt.

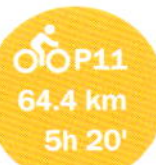

Anschließend streifen wir den Nette-Park, überqueren die Hauptstraße und erreichen nach mehreren Richtungswechseln das Rheinufer. Auf der anderen Rheinseite begrüßt uns das

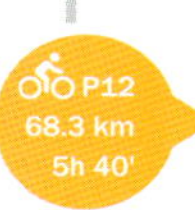

Schloss Neuwied. Wir folgen dem Rheinufer stromabwärts zur **Nette-Mündung (P12)**. Auf den Kieselsteinbänken am Rheinufer finden sich nette Picknickplätze.

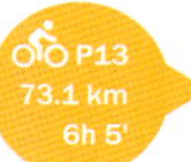

In Andernach geht es am Containerhafen vorbei zur **Stadtburg Andernach mit der Essbaren Stadt (P13)** (siehe Tour 1 und 2). Danach fahren wir an der Stadtmauer entlang zum Geysir Museum, wo wir per Schiff den berühmten Kaltwassergeysir besuchen können (www.geysir-andernach.de).

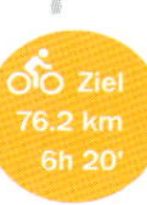

Danach streift der **Vulkanpark-Radweg** am Ortsende in der Rheinpromenade den „Alter Krahnen“, einen Hafenkran aus dem 16. Jh. Von hier führt der Radweg zum **Bahnhof Andernach (P14)**, von wo wir mit der Bahn über Koblenz nach Rhens zurückfahren.

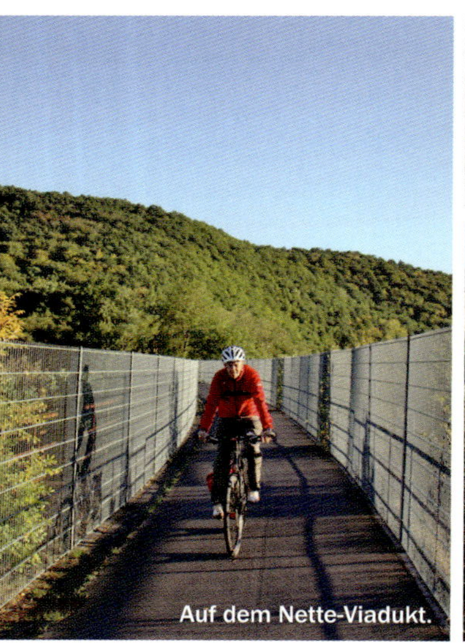
Auf dem Nette-Viadukt.

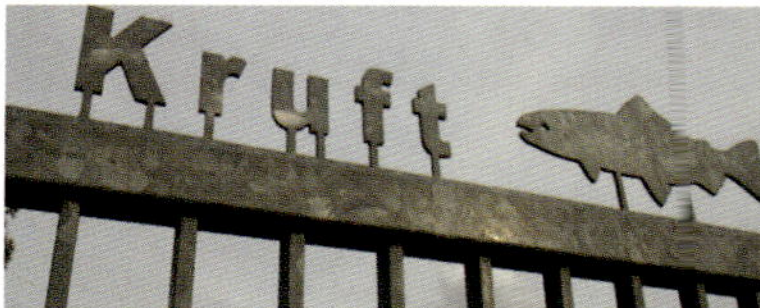

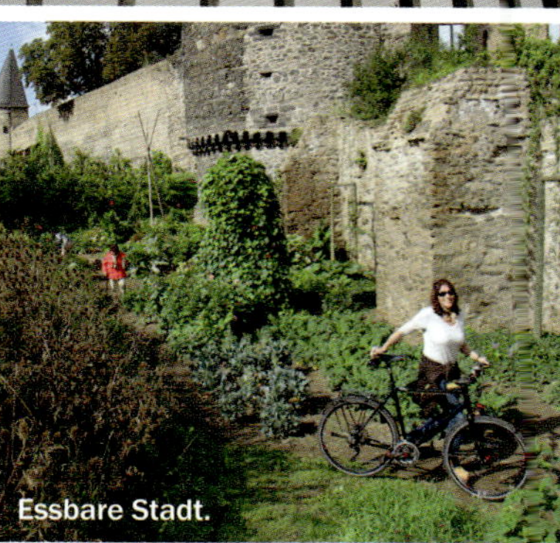
Essbare Stadt.

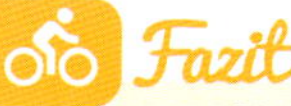

Fazit

Die Tour bietet mit Rhein, Hunsrück, Mosel, Maifeld und Eifel einen beeindruckenden landschaftlichen Querschnitt mit enormen Gegensätzen. Während sich die Langstrecke an erfahrene Tourenradfahrer wendet, ist die Kurzstrecke die richtige Wahl für den Familienausflug und Genussradler.

TourTipps

- Tourist-Info Andernach, Hochstraße 80, 56626 Andernach
  02632/987948-0 www.andernach-tourismus.de
- Tourist-Info Erlebnis Rheinbogen, Am Viehtor 2, 56321 Rhens
  02607/49-510 www.erlebnis-rheinbogen.de
- Tourist-Info Mayen, Boemundring 1, 56727 Mayen
  02651/903004 www.mayen.de

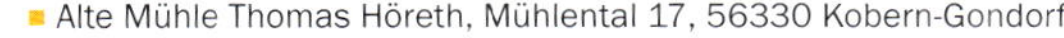

- Alte Mühle Thomas Höreth, Mühlental 17, 56330 Kobern-Gondorf
  02607/6474 www.altemuehlehoereth.de
- Alter Bahnhof Polch, Am Bahnhof 5, 56751 Polch
  02654/9692240 www.alter-bahnhof-polch.de
- Gasthaus Fraukircher Hof, direkt neben der Fraukirch, 56743 Thür 02652/52494
- LandGut Loch, Viedelstraße 7, 56751 Polch
  02654/8829444 www.landgut-loch.de
- Rheinterrasse im Parkhotel Andernach, Konrad-Adenauer-Allee 1, 56626 Andernach
  02632/9205000 www.parkhotel-andernach.de
- Roter Ochse, Hochstraße 27, 56321 Rhens
  02628/2221 www.roter-ochse.de

- Fahrrad Esper, Landsegnung 38, 56626 Andernach
  02632/43458 www.fahrrad-esper.de
- Rad-Sport-Ternes, Koblenzer Straße 36-40, 56727 Mayen
  02651/4443

- Freibad Andernach, Stadionstraße, 56626 Andernach
  02632/43685 www.andernach.de
- Pellenzbad, Rauscherstraße 98, 56626 Andernach-Plaidt
  02632/5674 www.pellenz.de
- Nettebad, Bachstraße 44, 56727 Mayen
  02651/903185 www.stwmy.de

Tour-Code: **BT11215** (www.wander-touren.com)

Direkt zum Startpunkt mit scan to go®

EIFEL 13

Maifeld-Radweg

Der Maifeld-Radweg nutzt die ehemalige Bahntrasse zwischen Mayen und Münstermaifeld und ist ein Paradies für Genussradler und Familien. Der Abschnitt von Polch nach Mertloch eignet sich als „Bambinitour". Der Maifeld-Radweg ist keine klassische Rundtour. Es geht auf der Strecke des Hinwegs zurück.

Start/Ziel: Bahnhof Mayen Ost, Ostbahnhofstraße 63, 56727 Mayen
N 50° 19' 45.6" • E 7° 14' 18.3"

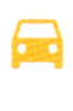

Anfahrt: A 61 bis Ausfahrt Mendig oder A 48 bis Ausfahrt Mayen, B 262 Richtung Mayen bis Ausfahrt Mayen-Hausen/Katzenberg, Mayen/Industriegebiet folgen, Koblenzer Straße stadteinwärts folgen, zum Bahnhof Mayen rechts abbiegen

Parkplatz: Am Bahnhof Mayen Ost

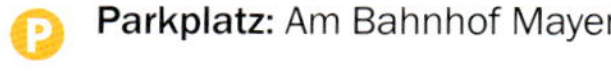

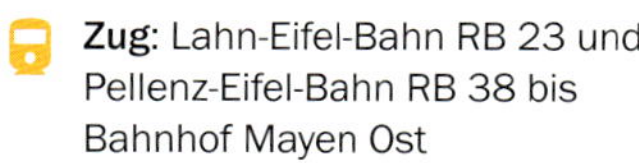

Zug: Lahn-Eifel-Bahn RB 23 und Pellenz-Eifel-Bahn RB 38 bis Bahnhof Mayen Ost

Variante Kinder
9.1 km | 0h 45' | 75

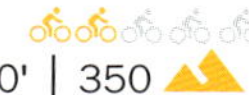

Variante kurz
30.1 km | 2h 30' | 350

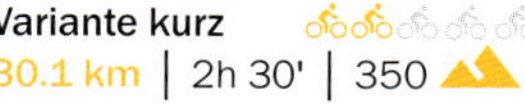

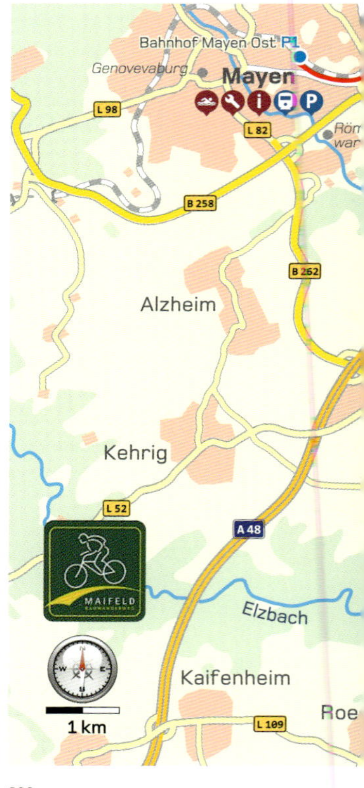

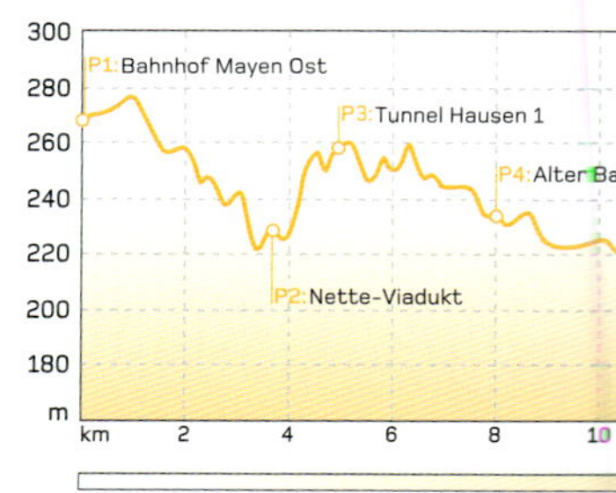

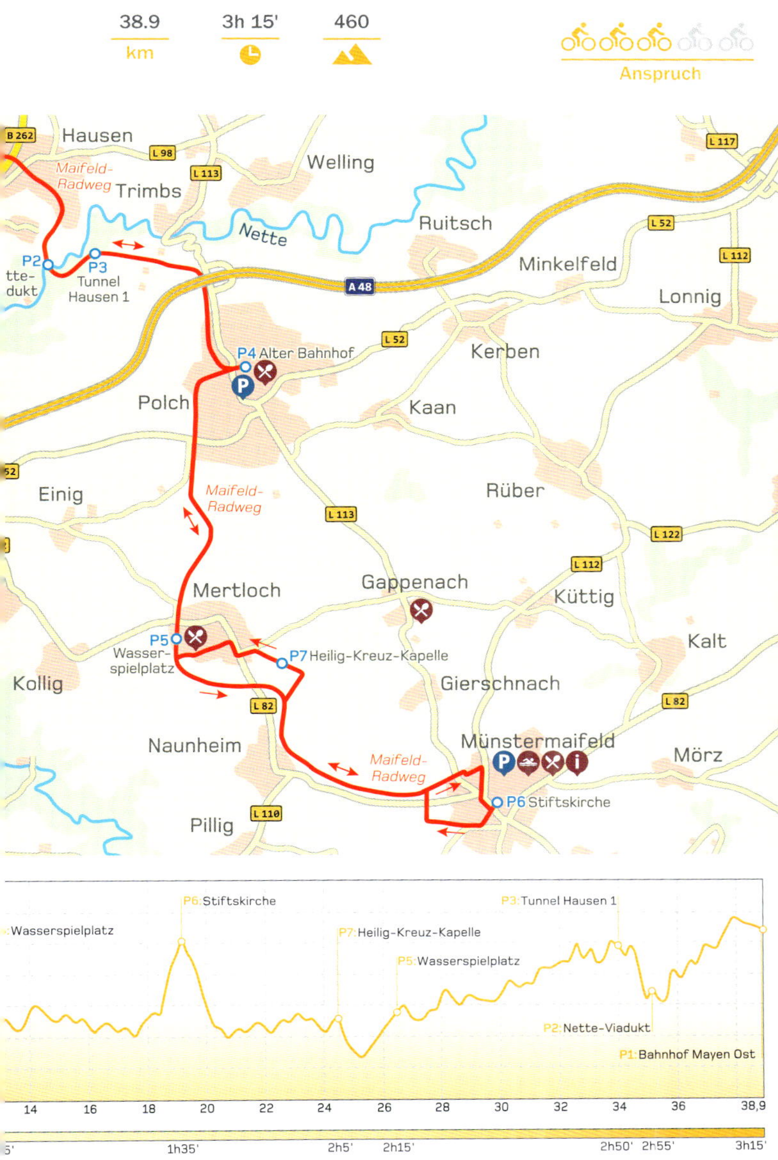
38.9
km
3h 15'
460
Anspruch
B 262
Hausen
L 98
L 113
Welling
L 117
Maifeld-
Radweg
Trimbs
Nette
Ruitsch
L 52
P2
tte-
dukt
P3
Tunnel
Hausen 1
A 48
Minkelfeld
L 112
Lonnig
L 52
P4 Alter Bahnhof
Kerben
Polch
Kaan
52
Einig
Maifeld-
Radweg
Rüber
L 113
L 122
L 112
Gappenach
Mertloch
Küttig
Kalt
P5
Wasser-
spielplatz
P7 Heilig-Kreuz-Kapelle
Kollig
Gierschnach
L 82
L 82
Münstermaifeld
Naunheim
Mörz
Maifeld-
Radweg
P6 Stiftskirche
L 110
Pillig
Wasserspielplatz
P6: Stiftskirche
P3: Tunnel Hausen 1
P7: Heilig-Kreuz-Kapelle
P5: Wasserspielplatz
P2: Nette-Viadukt
P1: Bahnhof Mayen Ost
14
16
18
20
22
24
26
28
30
32
34
36
38,9
1h35'
2h5'
2h15'
2h50'
2h55'
3h15'

EIFEL 13

Groß und Klein unterwegs

Auf dem Maifeld-Radweg.

Der Maifeld-Radweg (www.remet.de und www.maifeldurlaub.de) verläuft auf der ehemaligen Bahntrasse Mayen-Münstermaifeld, ist komplett geteert und als Familienradweg ausgebaut. Nach dem Start am Bahnhof Mayen Ost (P1) verlassen wir die Stadt mit Blick auf den Wasserturm und die ehemalige Lokhalle. Bei Hausen zweigt links der Vulkanpark-Radweg ab (siehe Tour 12). Der Maifeld-Radweg führt nun sanft abfallend in einer Schleife Richtung Nettetal.

P1
Start

Es folgt ein spektakulärer Streckenabschnitt. Zunächst fahren wir über das 31 Meter hohe Nette-Viadukt (P2). Die Natursteinbrücke wurde 1904 eingeweiht und überspannt das Tal auf 115 Metern. Nach der Brücke gelangen wir an dem mit Kork- und Krüppeleichen bewachsenen Nettehang zu dem 250 Meter langen Tunnel Hausen II. Trotz der Tunnelbeleuchtung können Echos für eine gespenstische Stimmung sorgen. „Huuuuhhhh!"

P2
3.8 km
20'

Vom Lehnen-Viadukt haben wir einen „netten" Blick auf das Nettetal, bevor wir in den Tunnel Hausen I (P3) „eintauchen". Nach der 500 Meter langen Tunnelröhre passieren wir den ehemaligen Bahnhof Nettesürsch und die Schiefergrube Margareta. Der Schiefer-Bergbau geht bis ins 15. Jh. zurück. Heute

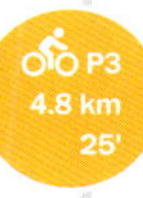

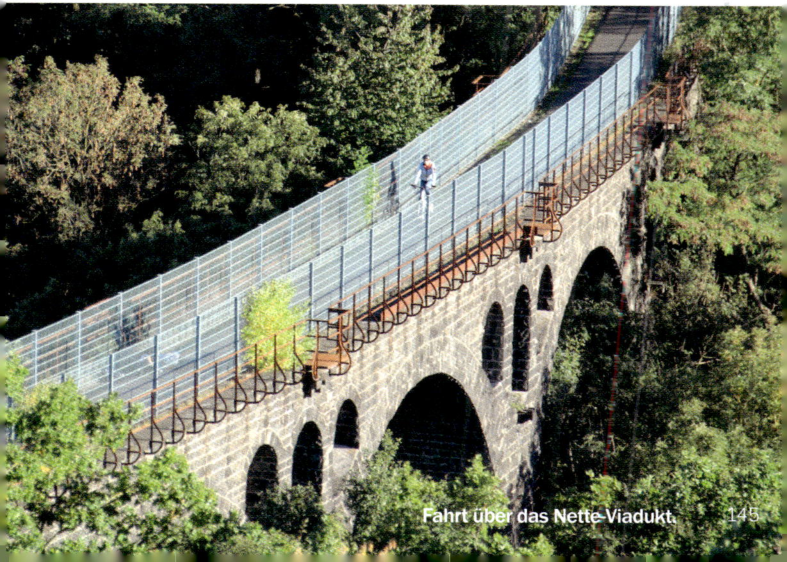

Fahrt über das Nette-Viadukt.

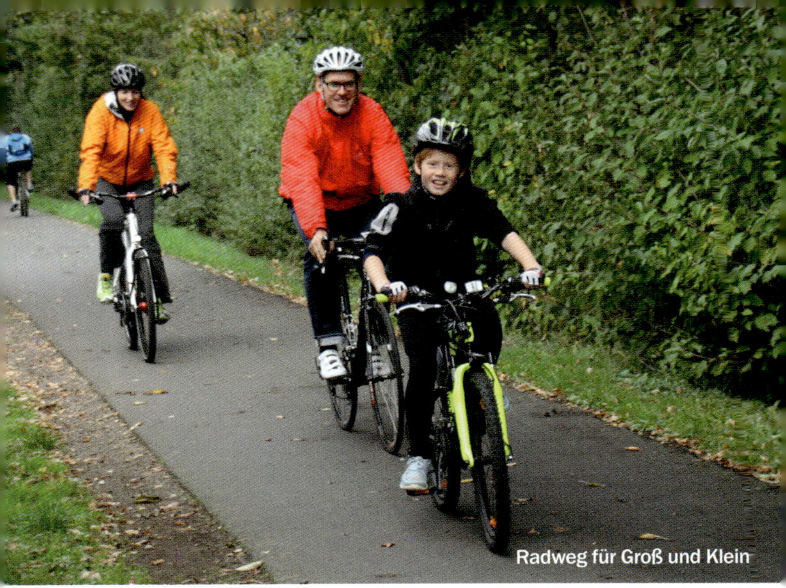

Radweg für Groß und Klein

gelangen Lastwagen über einem Serpentinentunnel in das Bergwerk. Es ist neben der Grube Katzenberg die einzige noch aktive Grube der Eifel. Der gewonnene Moselschiefer wird am Katzenberg zu Dachschiefer weiterverarbeitet.

Der Maifeld-Radweg gleicht über weite Strecken einem grünen Tunnel, da die ehemalige Bahntrasse auf beiden Seiten von Sträuchern und Bäumen eingewachsen ist. Im Spätsommer verführen die wild wachsenden Obstbäume entlang der Strecke zum Probieren. In einer lang gezogenen Rechtskurve fahren wir unter der A 48 hindurch und erreichen Polch, wo der Maifeld-Radweg in einem Bogen zur Gaststätte Alter Bahnhof Polch (P4) (www.alter-bahnhof-polch.de) führt. Das Wirtshaus mit Biergarten und großem Spielplatz bietet sich für eine Rast an.

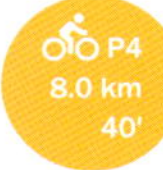

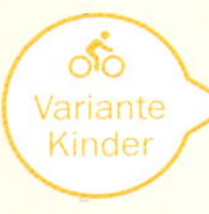

Wer einen Radausflug mit kleineren Kindern plant, sollte in Polch starten und den 4.5 km langen Streckenabschnitt nach Mertloch fahren (Kindervariante). Diese Tour führt von Spielplatz zu Spielplatz, ist weitgehend autofrei (man muss bei einigen Straßenquerungen aufpassen) und an beiden Spielplätzen befinden sich öffentliche Toiletten.

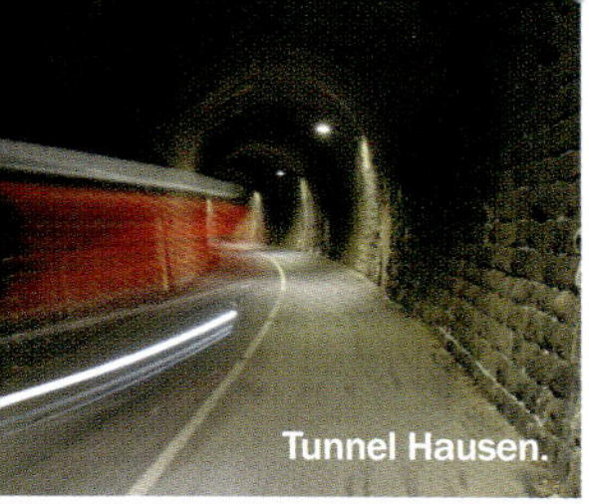

Tunnel Hausen.

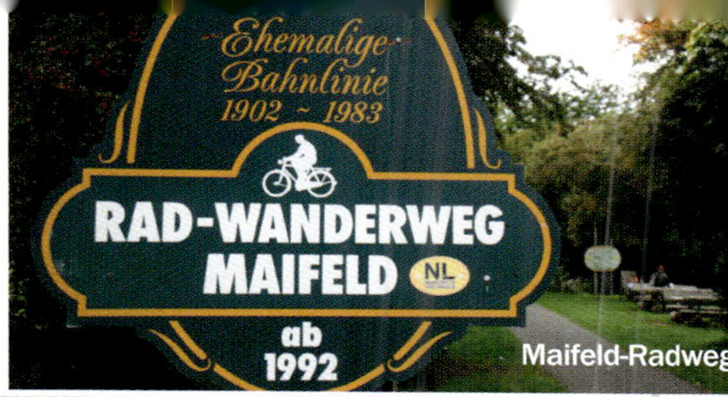

Maifeld-Radweg

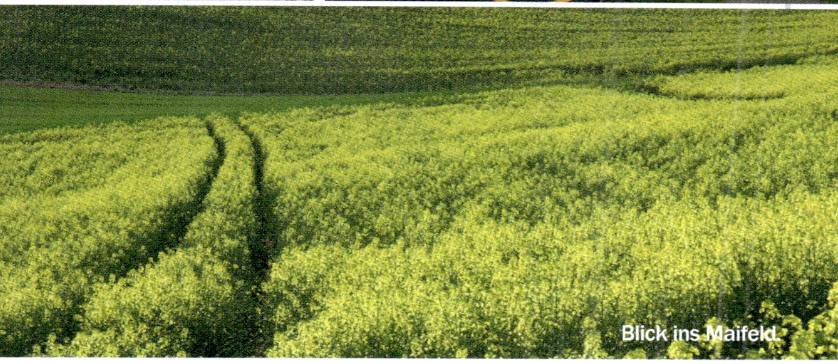

Blick ins Maifeld.

In Polch gabelt sich der Maifeld-Radweg. Ein Streckenarm führt über Ochtendung nach Bassenheim, der andere nach Münstermaifeld. Wir entscheiden uns für Münstermaifeld und fahren zunächst 50 Meter zur Weggabelung zurück. Den Wasserspielplatz (P5) erreichen wir am Ortsrand von Mertloch nach 4.5 km auf ebener Strecke, ein wahres Kinderparadies.

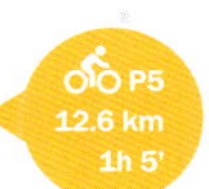

Wer die „Kindervariante" fährt, hat mit dem Wasserspielplatz den Wendepunkt erreicht. Auf dem Hinweg geht es nach Polch zurück.

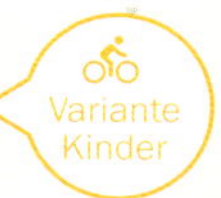

Hinter Mertloch führt der Maifeld-Radweg in zwei weiten Bögen Richtung Naunheim. Vom Weg aus können wir immer wieder herrliche Ausblicke auf das weite, sanft gewellte Maifeld genießen. Während der Rapsblüte ist das Maifeld ein riesiges, goldgelbes Blütenmeer.

Im Sommer bestimmt das im Wind wogende Getreide das Landschaftsbild. Abhängig von der Jahreszeit weisen Schilder entlang des Radwegs auf Spargel-, Erdbeer- und Kartoffelfelder/-höfe hin. Ein Abstecher lohnt sich!

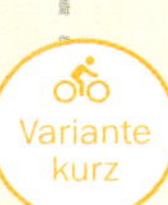

Die kurze Streckenvariante biegt vor Naunheim beim Wegweiser „Hl.-Kreuz-Kapelle 900 Meter" (der Wegweiser ist aus Richtung Naunheim kommend beschriftet) links ab und führt in einer Schleife an der Heilig-Kreuz-Kapelle (P7) vorbei über Mertloch auf den Radweg zurück.

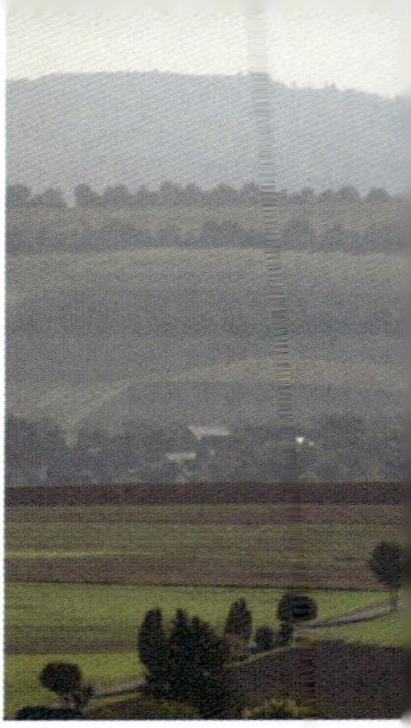

P6
19.2 km
1h 35'

Auf der Langstrecke kommen wir am Ortsrand von Naunheim vorbei und steuern auf Münstermaifeld zu. Unterwegs bieten mehrere Bänke, Rastplätze und der Kletterspielplatz bei Naunheim Gelegenheit zum Verweilen. Münstermaifeld selbst „thront" auf einem Hügel über dem Maifeld. Die Stiftskirche (P6), eine Wehrkirche aus dem 12. Jh., bestimmt den Blick auf die Stadt.

Es folgt ein kräftezehrender Steilanstieg ins Ortszentrum. Wer etwas Zeit mitbringt, sollte zunächst in der Tourist-Info (www.maifeldurlaub.de) am Münsterplatz vorbeischauen. Die Stiftskirche und das Heimatmuseum (siehe Tour 5) sind besonders lohnende Ziele. Nach dem Bummel durch die engen Gassen mit ein-

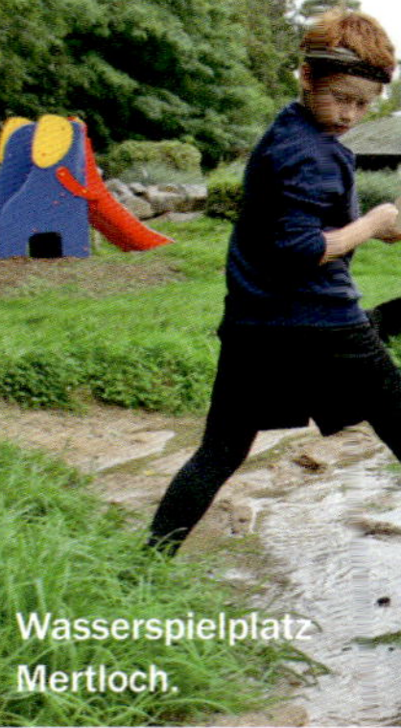

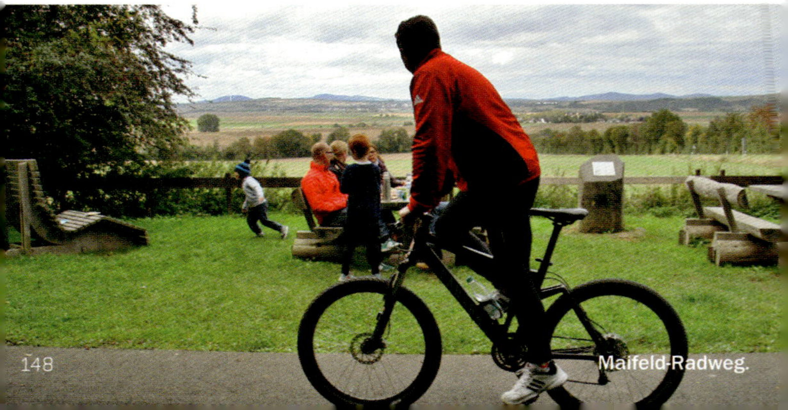

Wasserspielplatz Mertloch.

Maifeld-Radweg.

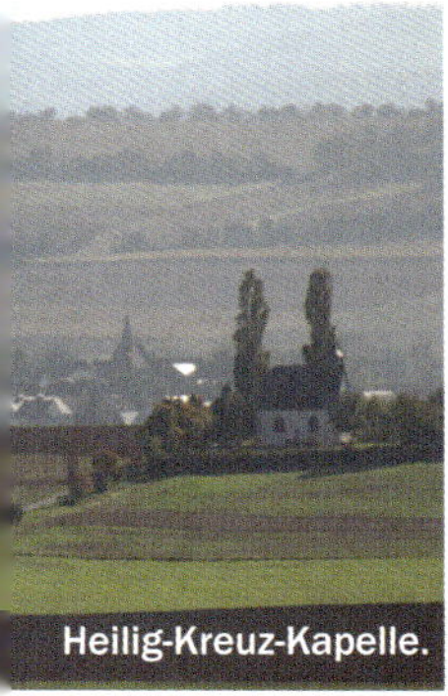

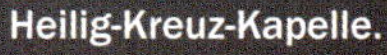

Heilig-Kreuz-Kapelle.

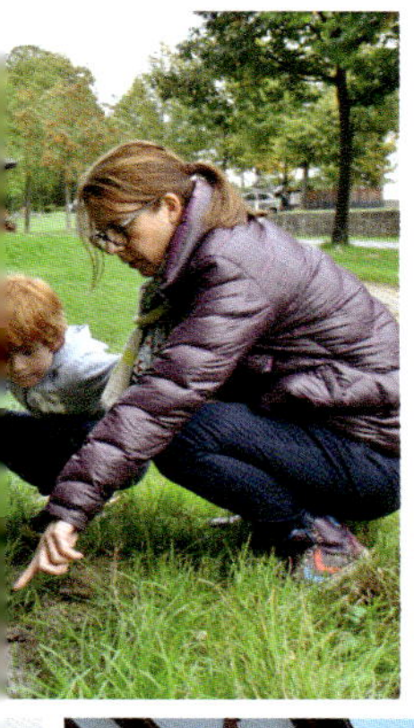

drucksvollen Höfen und bunten Fachwerkhäusern haben wir uns eine Verschnaufpause verdient. Eine gute Empfehlung ist Löffel's Landhaus (www.loeffelslandhaus.de) in der Obertorstraße.

Gut gestärkt verlassen wir Münstermaifeld, rollen die Bornstraße hinunter und biegen rechts zum Erlebnisbad Münstermaifeld ab. Nach zwei Richtungswechseln sind wir zurück auf dem Maifeld-Radweg. Hinter Naunheim folgen wir dem Wegweiser zur mitten im Maifeld errichteten Heilig-Kreuz-Kapelle (P7). Die schneeweiße Kapelle mit schwarzem Schieferdach wurde angeblich zur Sühne eines Jagdunfalls errichtet, bei dem ein Adeliger irrtümlich seinen Bruder erschoss. Heute dient das Gotteshaus als Pilgerstätte.

P7
24.5 km
2h 5'

Anschließend fahren wir auf dem Kreuzweg in die Talmulde hinunter. Dort erreichen wir nach einem Schlenker auf der L 82 den Ort Mertloch, wo wir links in die Burgstraße abbiegen und im Anstieg auf den Maifeld-Radweg zurückkehren. Die nun folgenden Stationen kennen wir bereits von unserem Hinweg.

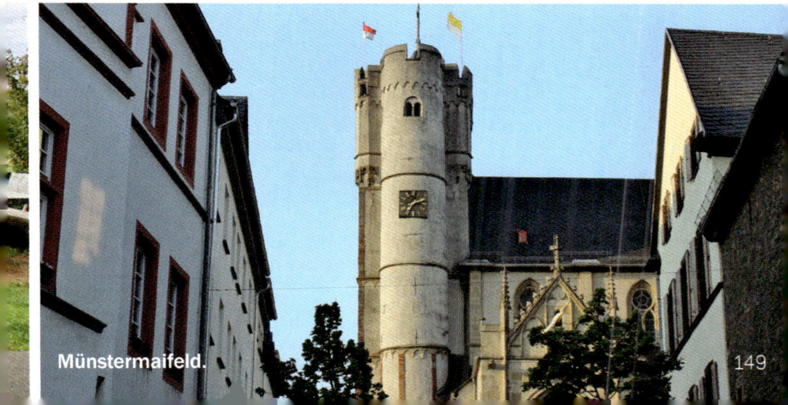

Münstermaifeld.

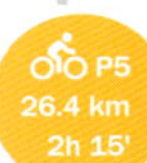

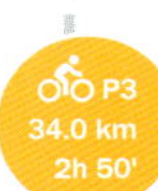

Es folgen Wasserspielplatz (P5) und „Streckenhäuschen".

Vor dem alten Bahnhof in Polch biegen wir links nach Mayen ab. Die Weggabelung ziert das Tuffstein-Kunstwerk „Tower of Mayen" von Christian Feierle. Mehrere Steinskulpturen entlang des Maifeld-Radwegs bieten Radfahrern als „Open-Air-Museum" Kunst zum Anfassen. Die nächsten Akzente setzen die Tunnel Hausen I (P3) und Hausen II.

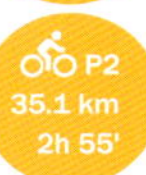

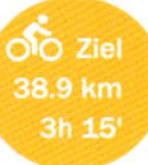

Anschließend fahren wir über das imposante Nette-Viadukt (P2) und haben den letzten, moderaten Anstieg mit der Wegschleife bei Hausen zu bewältigen.

Ziel 38.9 km 3h 15'

Beim Bahnhof Mayen-Ost (P1) sind wir zurück am Ausgangspunkt. Die Innenstadt von Mayen (www.mayen.de) ist nur einen Kilometer entfernt. Kulturell interessierten Radlern sei die Genovevaburg mit dem Eifelmuseum und dem Deutschen Schieferbergwerk ans Herz gelegt. Im Sommer finden im Burghof die Burgfestspiele Mayen statt. Ein weiteres Highlight ist das Erlebniswelten Grubenfeld (www.vulkanpark.com), wo 7000 Jahre Basaltabbau lebendig werden und wir einen Steinbrecher (den sog. Leyer) in seinem Arbeitsaltag im Steinbruch begleiten können. Das Grubenfeld ist auch für Kinder sehr interessant.

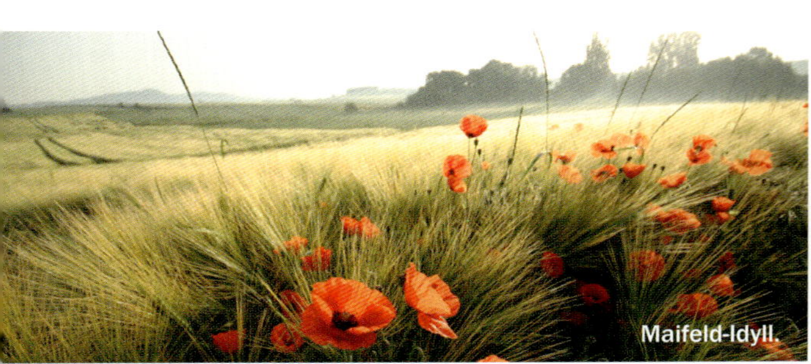
Maifeld-Idyll.

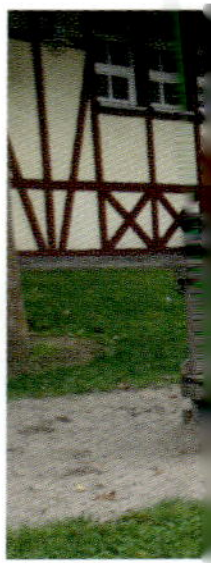

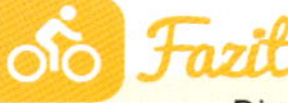

Fazit

Die perfekte Tour für Familien und Genussradler. Als „grüner Tunnel" schlängelt sich der Maifeld-Radweg durch die Feldflur des Maifelds. Gasthäuser, Spiel- und Rastplätze laden am Streckenrand zu Pausen ein. Für kulturelle Highlights sorgen Münstermaifeld und Mayen.

Tour Tipps

- Tourist-Info Mayen, Boemundring 1, 56727 Mayen
  02651/903004 www.mayen.de
- Tourist-Info Maifeld in der alten Propstei, Münsterplatz 6, 56294 Münstermaifeld
  02605/9615026 www.maifeldurlaub.de

- Alter Bahnhof Polch, Am Bahnhof 5, 56751 Polch
  02654/9692240 www.alter-bahnhof-polch.de
- Café Kostbar, Hauptstraße 7, 56204 Gappenach
  02656/964774 www.cafe-kostbar.com
- Gasthaus Streckenhäuschen, Am Bahnhof 5, 56753 Mertloch 02654/7292
- Löffel's Landhaus, Obertorstraße 42, 56294 Münstermaifeld
  02605/953773 www.loeffelslandhaus.de
- Restaurant Vulcana, Münsterplatz 3, 56294 Münstermaifeld
  02605/84138 www.pizzeria-vulcana.de

- Rad-Sport-Ternes, Koblenzer Straße 36-40, 56727 Mayen 02651/4443

- Erlebnisbad Maifeld, Cusanusstraße 1, 56294 Münstermaifeld
  02605/2440 www.erlebnisbad-maifeld.de
- Nettebad, Bachstraße 44, 56727 Mayen
  02651/903185 www.stwmy.de

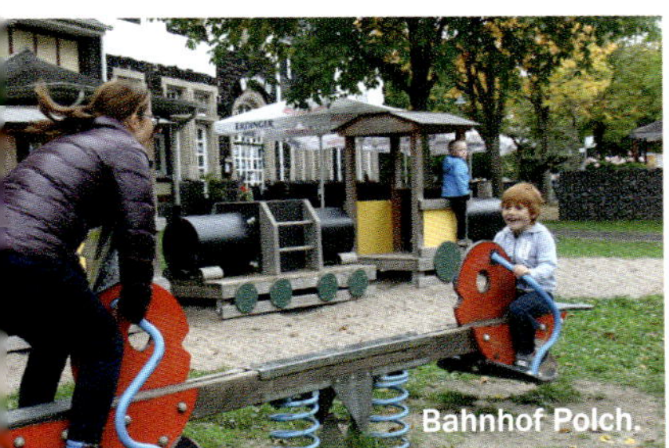

Bahnhof Polch.

Tour-Code: **BT11315** (www.wander-touren.com)

Direkt zum Startpunkt mit scan to go®

EIFEL 14

Eifel-Schiefer-Radweg

Der Eifel-Schiefer-Radweg führt als Rundtour von Monreal nach Kaisersesch, wo wir die Wahl haben, entweder den Hochbermel zu umrunden oder auf dem Hinweg zurückzukehren. Die Kurzstrecke wird als Streckentour gefahren. Mit der Bahn geht es nach Kaisersesch und von dort im Thürelzbachtal nach Monreal zurück.

Start/Ziel: Bahnhof Monreal , Bahnhofstraße 58, 56729 Monreal
N 50° 17' 47.4" • E 7° 09' 11.5"

Anfahrt: A 61 bis Ausfahrt Mendig oder A 48 bis Ausfahrt Mayen, B 262 Richtung Mayen, B 258 Richtung Nürburgring, auf L 98 nach Monreal abbiegen, nach Ortsdurchfahrt Monreal der Ausschilderung Bahnhof folgen

Parkplatz: Am Bahnhof Monreal links, 550 Meter zum Wanderparkplatz am Sportplatz

Zug: Pellenz-Eifel-Bahn RB 38 bis Bahnhof Monreal

Variante kurz
11.8 km | 1h | 165 ↑ ↓ 330

Variante mittel
23.1 km | 2h | 470

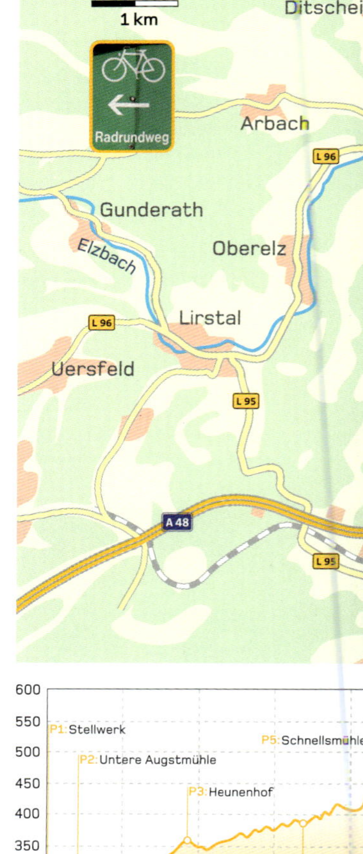

30.0	2h 30'	695
km		

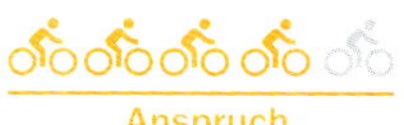

Ruine Philippsburg und
Ruine Löwenburg
Altes Pfarrhaus P10
Untere Augstmühle P2
P1 Stellwerk
Monreal
Anschau
Niederelz
L 96
Cond
L 98
Elzbach
Bermel P9
Bermel
Hochbermel
P3 Heunenhof
Eifel-
Schiefer-
Radweg
Eifel-
Schiefer-
Radweg
Kalen-
born
P8 Kapelle und
Baumdenkmal
Dicke Eiche
Düngenheim
Urmersbach
L 52
Hauroth
L 99
Bahnhof P4
Urmersbach
Eppenberg
L 52
L 98
Masburg
P5 Schnellsmühle
Eulgem
Sporthalle P7
Masburg
Kaisersesch
Eifel-
Schiefer-
Radweg
P6 Bahnhof Kaisersesch
Laubach
A 48
L 52
L 52
L 108
L 109
A 48

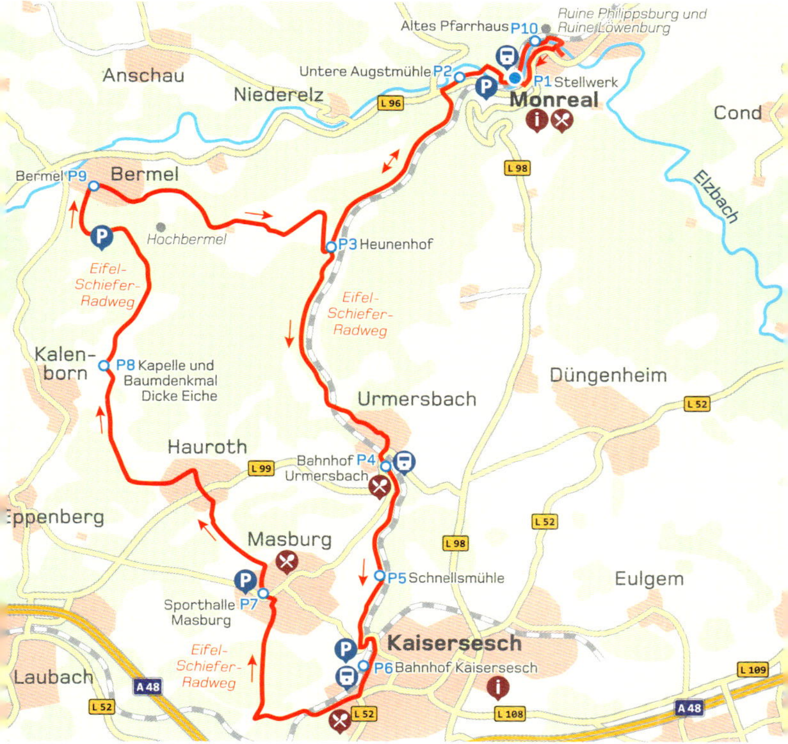

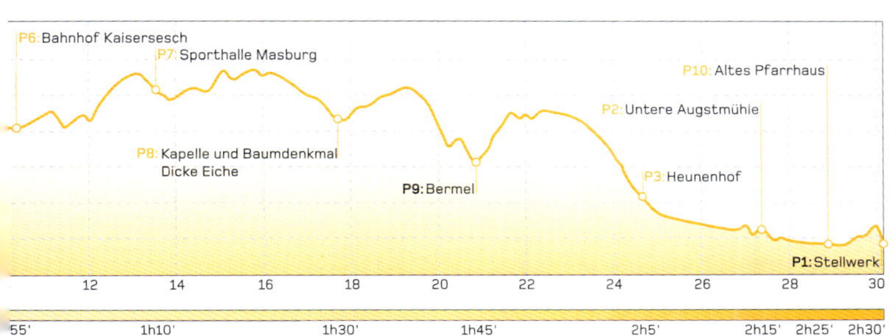

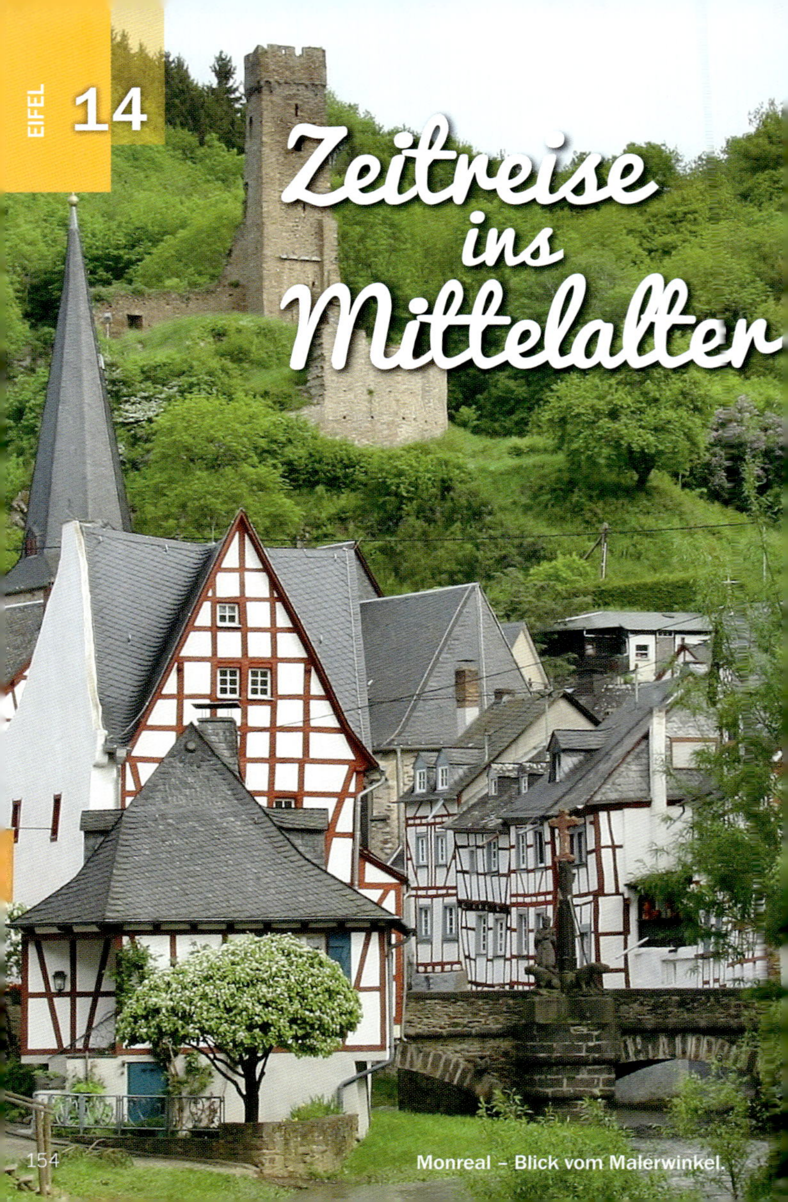

EIFEL 14

Zeitreise ins Mittelalter

Monreal – Blick vom Malerwinkel.

Der Eifel-Schiefer-Radweg (www.schieferland-kaisersesch.de) ist als „lokaler Radweg“ nicht so perfekt ausgeschildert wie „Premium-Radwege“ à la Rhein- oder Mosel-Radweg. Insbesondere für den Streckenabschnitt Kaisersesch-Hauroth-Heunenhof empfehle ich zur sicheren Orientierung ein Bike- oder Smartphone-Navi. Die Tour ist nicht für Rennräder und schmale Reifen geeignet, da der Radweg nicht durchgängig asphaltiert ist und die „Piste“ bei Regen matschig sein kann. Zu Beginn müssen wir uns zwischen Streckentour (kurze Tourvariante) und Rundtour (mittlere und lange Tourvariante) entscheiden.

Variante kurz

Die Kurzstrecke bietet sich als gemütlicher Familienausflug an. Man fährt mit der Bahn von Monreal nach Kaisersesch (P6) und von dort mit dem Fahrrad fast nur bergab zurück nach Monreal. Dieser Streckenabschnitt ist nachfolgend in der Gegenrichtung beschrieben.

P1 Start

Wir starten am Bahnhof Monreal bei der Weinschänke Stellwerk (P1) (www.stellwerk-monreal.de). Im Elzbachtal geht es zum Wanderparkplatz am Sportplatz. Hier biegen wir links ab, schieben über die Elzbrücke und folgen dem Wanderweg „Monrealer Ritterschlag“ zur unteren Augstmühle. Bei feuchtem Untergrund kann diese 200 Meter lange „Mountainbike-Passage“ matschig sein. Dann sollte man ab dem Bahnhof Monreal die Landstraße im Elzbachtal nutzen.

P2 0.8 km 5'

Wir passieren die Untere Augstmühle (P2) und erreichen auf der L 96 den Abzweig ins Thürelzbachtal. Bei der Fahrt müssen wir beachten, dass der Eifel-Schiefer-Radweg nicht durchgängig mit einem Routenlogo ausgeschildert ist. Wir folgen entweder der Beschilderung „Radrundweg“ oder orientieren uns an den grünweißen Radwegschildern.

Zunächst führt der Weg am steilen Hang des Eichen-Niederwalds entlang. Der Thürelzbach wechselt im Verlauf unserer Tour mehrfach seinen Namen. Aus dem Thürelzbach wird der Urmersbach, der Stellbach und der Steinbach. Bei dem einsam gelegenen Weiler Heunenhof (P3) weitet sich das Tal und bietet Platz für Viehweiden und Felder.

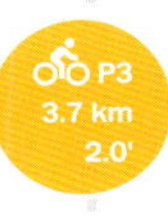

In Heunenhof biegen wir links ab und fahren die Schleife des Eifel-Schiefer-Radwegs im Uhrzeigersinn. Entlang der Bahntrasse und dem Bachlauf geht es talaufwärts weiter. Am Wegrand

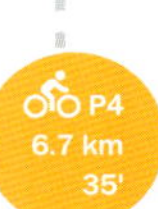

blühen Schafgarbe, Wiesenklee und Wilde Möhre. Beim Schuwerackerhof überqueren wir die Bahnlinie und kommen in Urmersbach am Bahnhof (P4) vorbei.

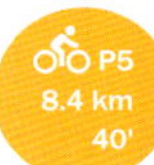

Es folgt die etwas abseits des Weges liegende Schnellsmühle (P5). Auf dem Feldweg durch das Feuchtwiesental nach Kaisersesch haben wir einige kürzere Anstiege zu bewältigen.

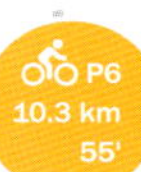

Wir kommen an der Neumühle vorbei, und nach einem Schlenker auf der K 12 erreichen wir den am Ortsrand gelegenen Bahnhof Kaisersesch (P6). Bis 1959 war Kaisersesch eines der Zentren des deutschen Schieferbergbaus und bewirbt die Region touristisch als Schieferland Kaisersesch. Hinunter ins Ortszentrum mit dem Wahrzeichen der Stadt, dem schiefen Turm der St. Pankratiuskirche, führt der Eifel-Schiefer-Radweg allerdings nicht.

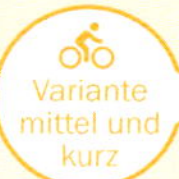

Die kurze und mittlere Streckenvariante nutzen den Hinweg für die Rückfahrt. Man spart sich damit die Höhenmeter der Berg- und Talstrecke über Masburg und Bermel. Vom Bahnhof Kaisersesch, dem Waldhotel Kurfürst oder vom Ortszentrum aus geht es zurück nach Monreal.

Der Eifel-Schiefer-Radweg biegt nach dem Bahnhof rechts in ein Wohngebiet ab, wo wir nach 400 Metern das Waldhotel Kurfürst (www.waldhotel-kurfuerst.de) erreichen. Das Waldhotel kommt als Verpflegungsstation wie gerufen, denn es folgt ein ständiges Auf und Ab durch die hügelige Eifellandschaft. Der Anstieg vor Masburg hat es in sich. Im Ort kommen wir an der Sporthalle Masburg (P7) vor-

P7
13.6 km
1h 10'

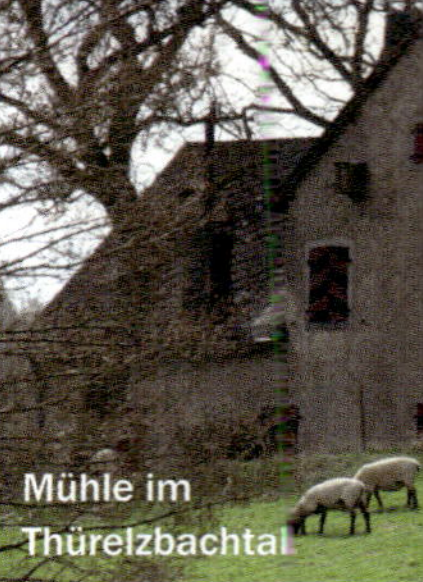
Mühle im Thürelzbachtal

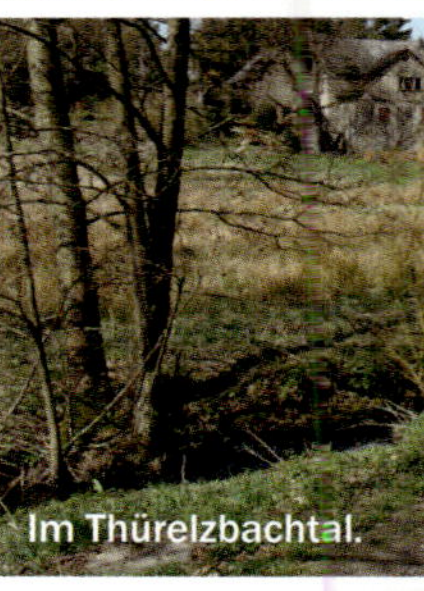
Im Thürelzbachtal.

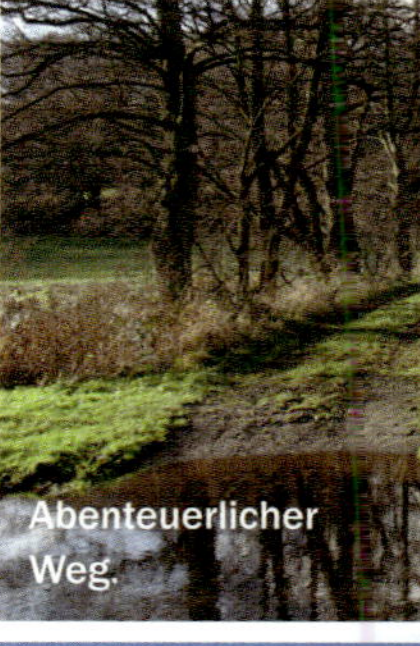
Abenteuerlicher Weg.

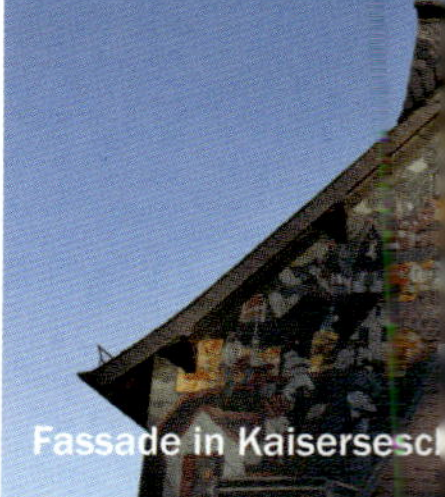
Fassade in Kaisersesch

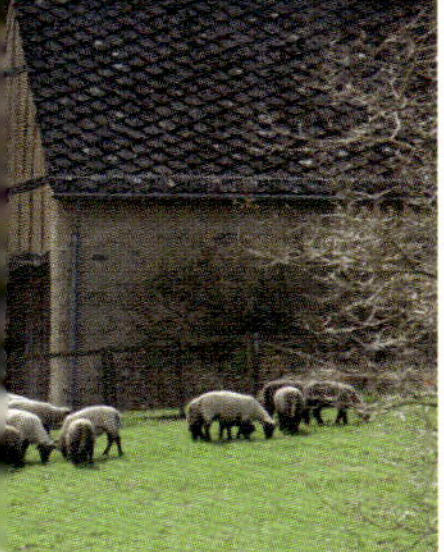

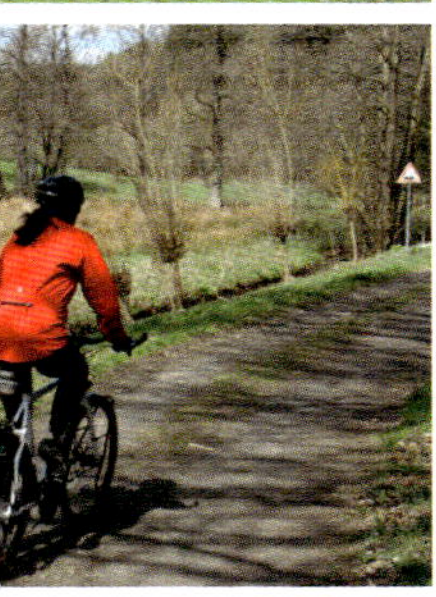

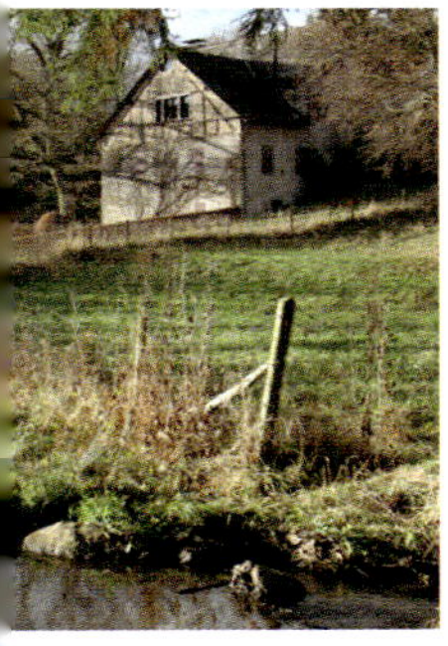

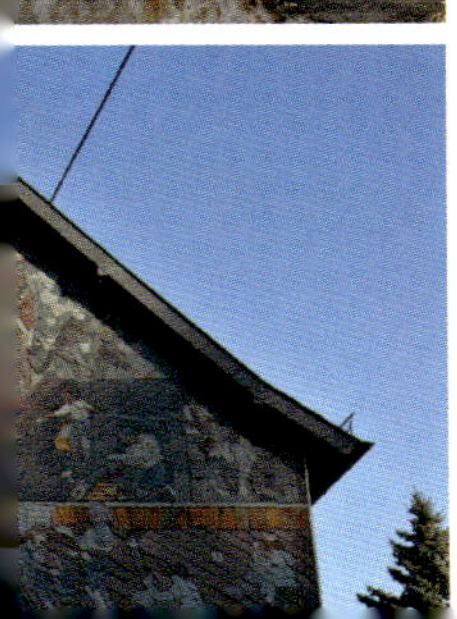

bei und verlassen das Eifeldorf Richtung Hauroth. Achtung, die Ausschilderung durch Masburg ist nicht berauschend.

Am Ortsende von Hauroth erreichen wir den höchsten Punkt unserer Tour. Anschließend geht es den Hang hinab zu dem markanten Baumdenkmal Dicke Eiche (P8) mit einer kleinen Kapelle. Dort biegen wir rechts Richtung Hochbermel ab. Wir steuern zwar auf die bewaldete Bergkuppe zu, doch der Eifel-Schiefer-Radweg führt links um den Hochbermel und Kleinen Bermel herum.

Es folgt eine Traumabfahrt nach Bermel (P9). Dabei passieren wir den Parkplatz des Traumpfads Hochbermeler und können den Blick Richtung Hohe Acht genießen. In Bermel endet das Abfahrtsvergnügen. Wir biegen rechts Richtung Gütgeshof ab und arbeiten uns am Nordhang des Hochbermel hinauf nach Buchenhöfe.

P9
20.8 km
1h 45'

Von der Hochfläche reicht der Blick bis zu den Monrealer Burgen. Es folgt die steile, kurvige Abfahrt hinunter nach Heunenhof (P3). Bei Nässe ist Vorsicht geboten. Den Weiler Heunenhof kennen wir vom Hinweg.

P3
24.6 km
2h 5'

Im Thürelzbachtal geht es entlang der Bahntrasse zum Elzbach hinunter. Wir erreichen die L 96 und biegen bei der Augstmühle (P2) links auf die „Mountainbike-Passage“ zum Sportplatz ab. Beim Stellwerk haben wir zwar den Ausgangspunkt unserer Tour erreicht, doch der Höhepunkt des Tages folgt noch. Monreal (www.monrealeifel.de), die Perle des Elztals, gilt zu Recht als eines der schönsten Dörfer der Eifel und steht für Fachwerkromantik und Mittelalter pur.

P2
27.4 km
2h 15

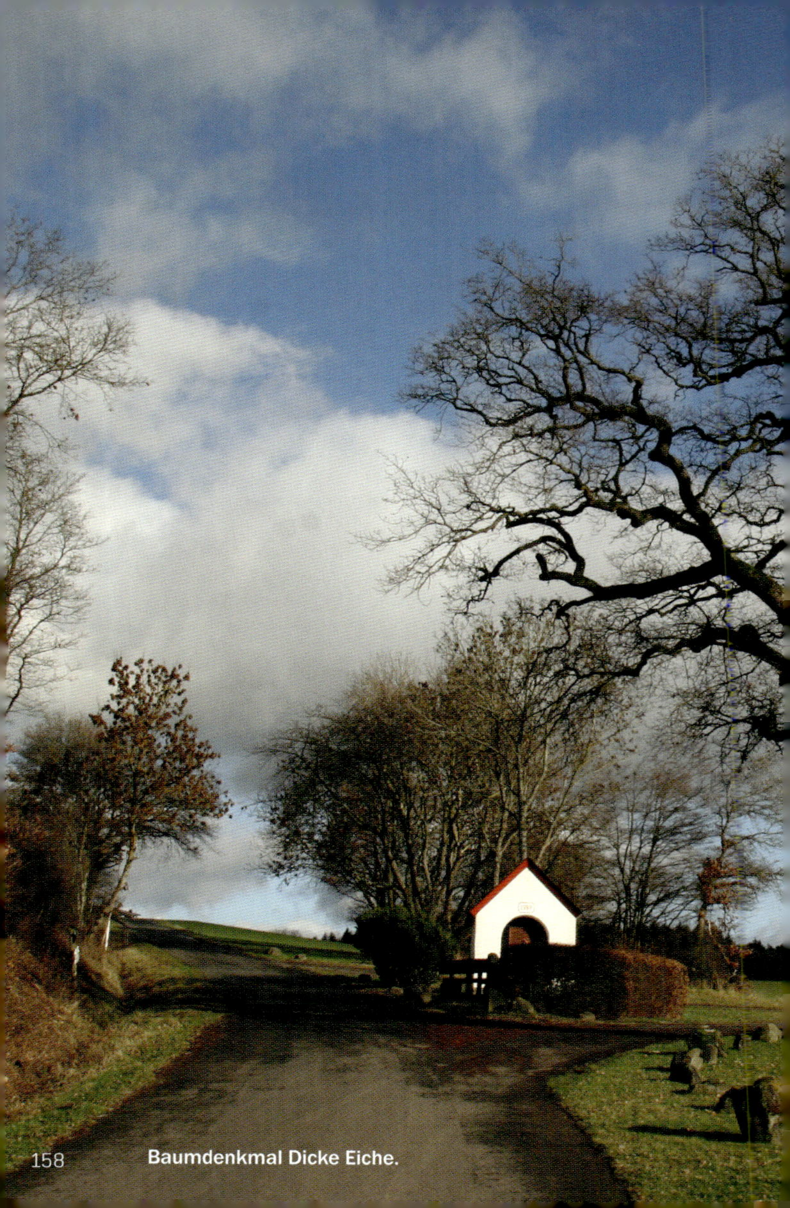

Baumdenkmal Dicke Eiche.

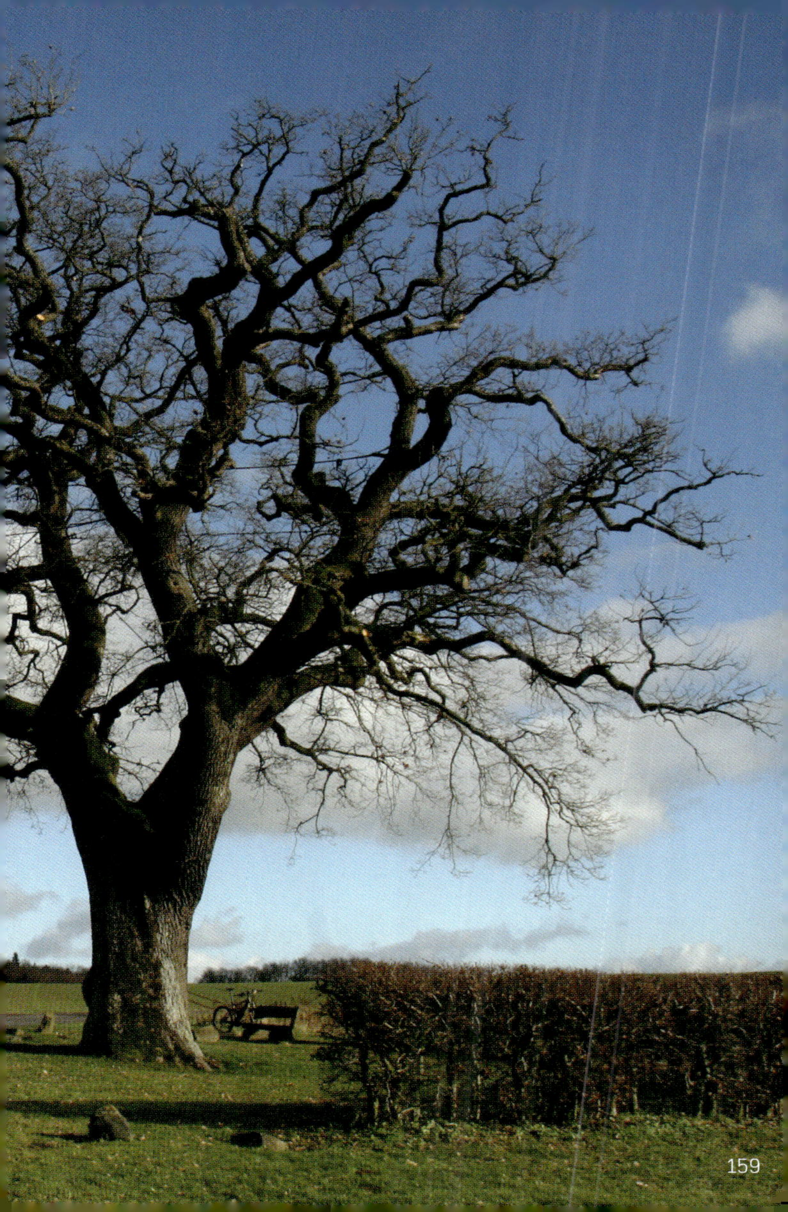

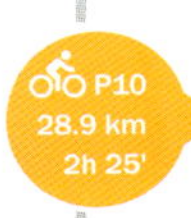

Wir erreichen den Ort auf dem Verbindungsweg vom Bahnhof zur herrlich am Elzbach gelegenen Gaststätte Altes Pfarrhaus (P10) (www.altes-pfarrhaus-monreal.de). Die aufwendig restaurierten Fachwerkhäuser, die Kopfsteinpflastergassen und der sanft plätschernde Elzbach machen das Zeitreise-Erlebnis perfekt. Man erwartet hinter jeder Ecke Ritter, Burgfräulein und Pferdegetrappel.

Auf unserem Bummel durch Monreal kommen wir an der Dreifaltigkeitskirche vorbei und dann zum Postkartenblick beim Malerwinkel. Es folgen der Pranger auf dem Marktplatz für Feld-, Strauch- und Gartendiebe (zum Glück nicht für Radler) und die Nepomuk-Brücke mit der Statue des heiligen Johannes von Nepomuk auf der einen und dem Löwendenkmal auf der anderen Seite.

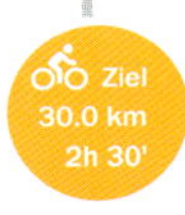

Wer Zeit und Lust hat, sollte zur Löwen- und Philippsburg hinaufsteigen und den Blick von oben genießen. Auf dem Rückweg zu unserem Ausgangspunkt, der Weinschänke Stellwerk (P1), verlassen wir Monreal auf der L 98 und folgen der Ausschilderung zum Bahnhof.

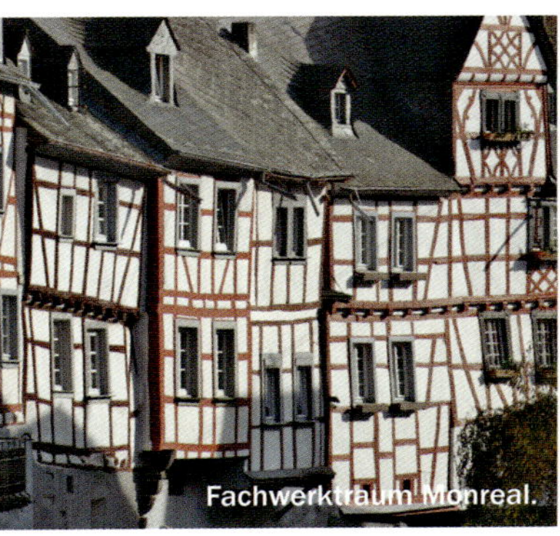
Fachwerktraum Monreal.

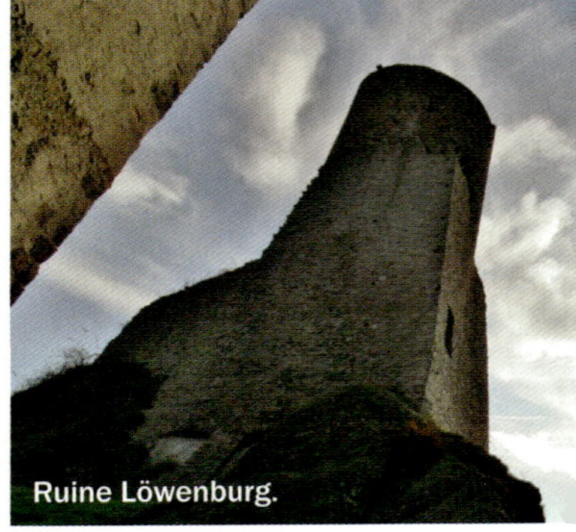
Ruine Löwenburg.

Fazit

Eine Tour, die jedem gerecht wird. Sei es als Familientour von Kaisersesch nach Monreal durch das herrliche Thürelzbachtal oder sportlich mit einer Schleife um den Hochbermel durch die hügelige Eifellandschaft. Das mittelalterliche Monreal sorgt für den perfekten Tourenabschluss.

TourTipps

- Tourist-Info in der Galerie-Buchhandlung Libell, Obertorstraße 7, 56729 Monreal
  02651/4967272 www.galerie-libell.de und www.monrealeifel.de
- Tourist-Info Schieferland Kaisersesch, Am Römerturm 2, 56759 Kaisersesch
  02653/9996502 www.schieferland-kaisersesch.de und www.eifel.info

- Altes Pfarrhaus, Kirchstraße 23, 56729 Monreal
  0176/20292187 www.altes-pfarrhaus-monreal.de
- Café Plüsch, Obertorstraße 14, 56729 Monreal,
  02651/7039111 www.cafe-pluesch-monreal.de
- Stellwerk, Am Bahnhof 5, 56729 Monreal
  02651/77767 www.stellwerk-monreal.de
- Waldhotel Kurfürst, Auf der Wacht 21, 56759 Kaisersesch
  02653/98910 www.waldhotel-kurfuerst.de
- Zur Kringelwies, Brunnenstraße 2, 56761 Masburg
  02653/6131 www.kringelwies.de

- Bikestore Kaisersesch, Poststraße 2a, 56759 Kaisersesch 02653/9154618

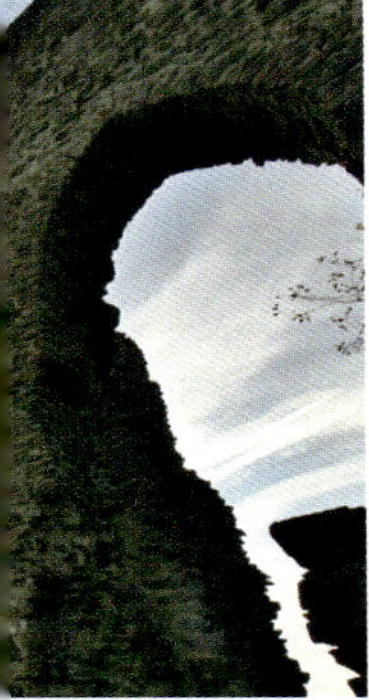

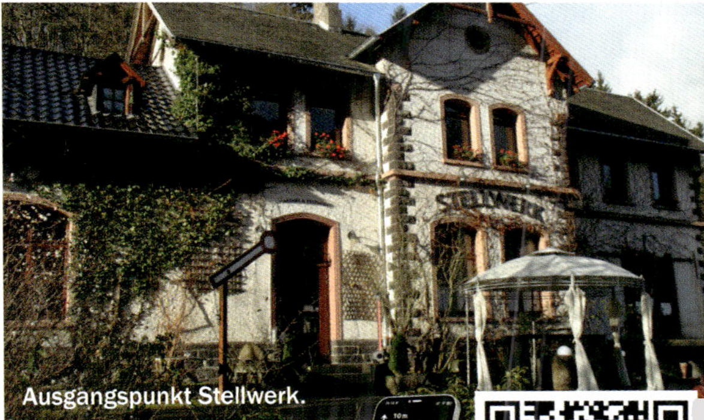

Ausgangspunkt Stellwerk.

Tour-Code: **BT11415** (www.wander-touren.com)

Direkt zum Startpunkt mit scan to go®

Maare-Mosel-Radweg

Der Maare-Mosel-Radweg ist ein herrlicher Bahntrassen-Radweg. Wir fahren den Streckenabschnitt Daun-Wittlich, wobei die „Kinderstrecke" in Gillenfeld endet. Die Langstrecke bietet Abstecher zu weiteren Sehenswürdigkeiten entlang der Strecke. Mit dem Bus kehren wir nach Daun zurück.

Start: Ehemaliger Bahnhof Daun, Bahnhofstraße 20-22, 54550 Daun
N 50° 11' 52.7" • E 6° 50' 07.7"

Anfahrt: A 1 bis Daun, B 257 Richtung Daun folgen, im Kreisel in die Bahnhofstraße zum ehemaligen Bahnhof Daun abbiegen

Parkplatz: Am ehemaligen Bahnhof Daun

Zug: SÜWEX RE 1 und Moseltalbahn RB 81 bis Bahnhof Wittlich-Wengerohr (=Hbf.), Bahnhofstraße 8, 54516 Wittlich-Wengerohr
N 49° 58' 23.9" • E 6° 56' 36.4"

Variante Kinder
22.3 km | 2h | 370

Variante mittel
38.6 km | 3h 15' | 655 ↑ ↓ 875

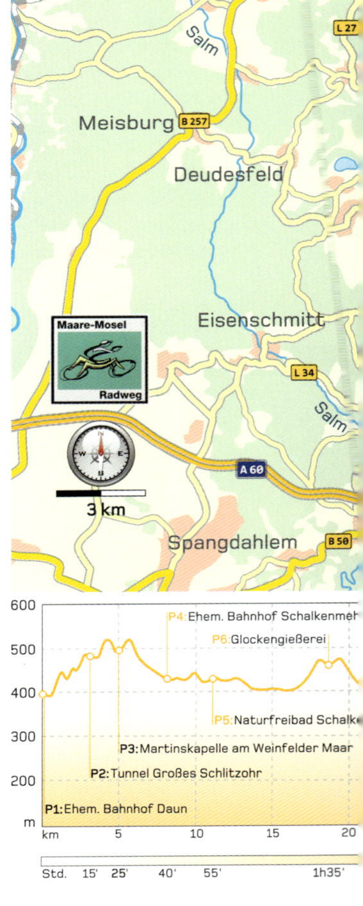

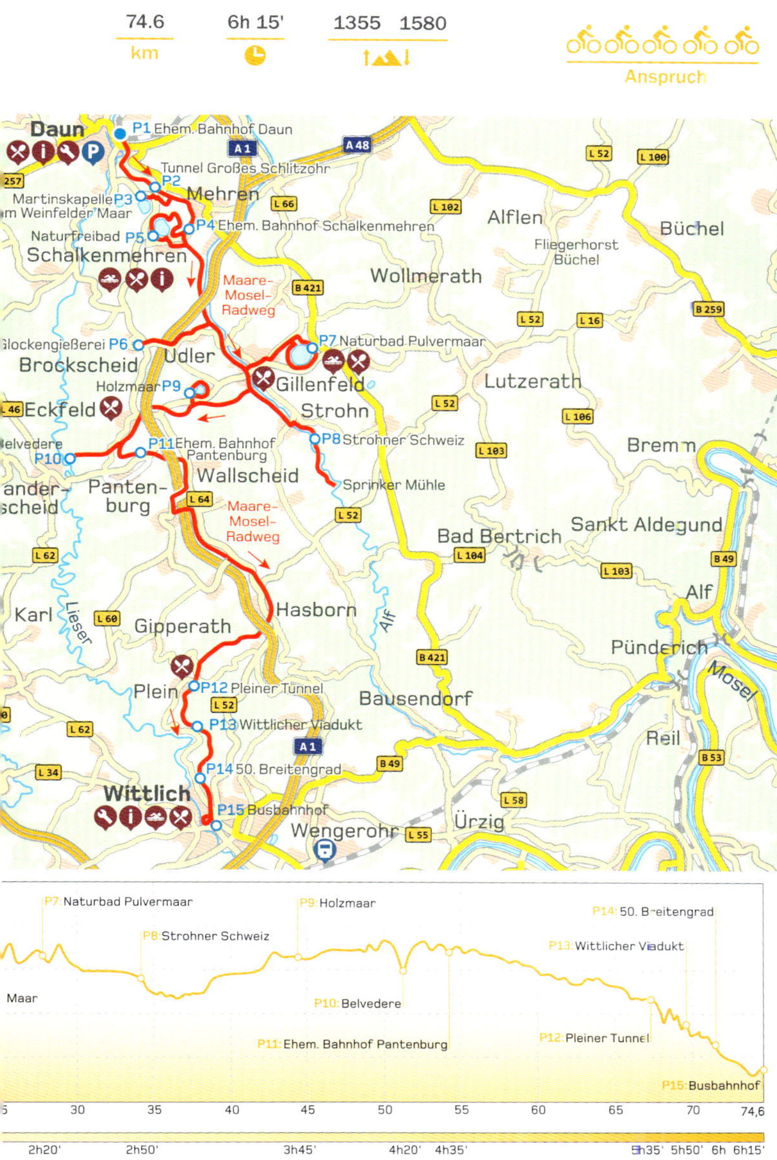
74.6
km
6h 15'
1355 1580
Anspruch
Daun
P1 Ehem. Bahnhof Daun
Tunnel Großes Schlitzohr
P2
Martinskapelle P3
m Weinfelder Maar
Mehren
P4 Ehem. Bahnhof Schalkenmehren
Naturfreibad P5
Schalkenmehren
Maare-Mosel-Radweg
Glockengießerei P6
Udler
Brockscheid
P7 Naturbad Pulvermaar
Gillenfeld
Holzmaar P9
Eckfeld
Strohn
Belvedere
P10
P11 Ehem. Bahnhof Pantenburg
P8 Strohner Schweiz
Wallscheid
Sprinker Mühle
Pantenburg
Maare-Mosel-Radweg
Hasborn
Karl
Lieser
Gipperath
Alf
Plein
P12 Pleiner Tunnel
P13 Wittlicher Viadukt
Bausendorf
P14 50. Breitengrad
Wittlich
P15 Busbahnhof
Wengerohr
Ürzig
Alflen
Fliegerhorst Büchel
Büchel
Wollmerath
Lutzerath
Bremm
Bad Bertrich
Sankt Aldegund
Alf
Pünderich
Mosel
Reil
A 1
A 48
L 52
L 100
L 66
L 102
B 421
B 259
L 16
L 106
L 103
L 64
L 104
B 49
L 62
L 60
B 53
L 34
L 58
L 55
P7 Naturbad Pulvermaar
P9 Holzmaar
P14 50. Breitengrad
P8 Strohner Schweiz
P13 Wittlicher Viadukt
Maar
P10 Belvedere
P11 Ehem. Bahnhof Pantenburg
P12 Pleiner Tunnel
P15 Busbahnhof
30
35
40
45
50
55
60
65
70
74,6
2h20'
2h50'
3h45'
4h20'
4h35'
5h35'
5h50'
6h
6h15'

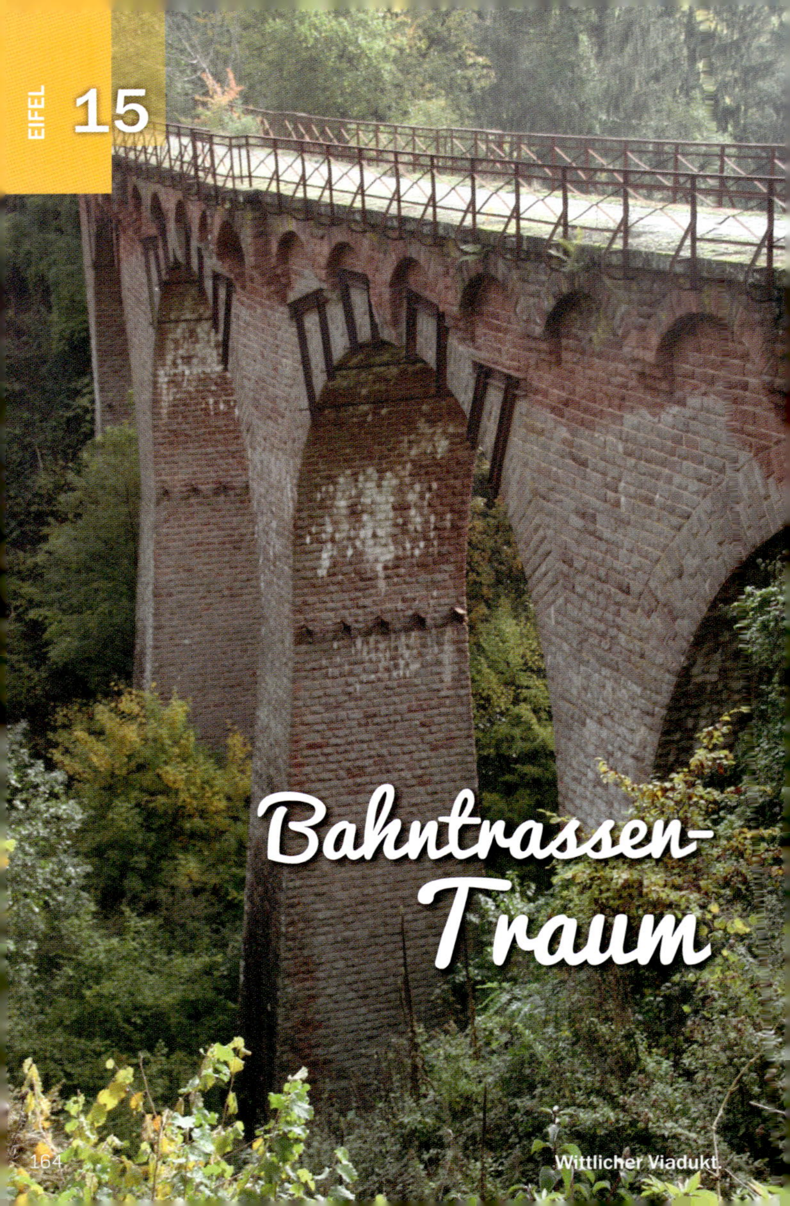

Bahntrassen-Traum

Wittlicher Viadukt

Der Maare-Mosel-Radweg (= mittlere Streckenvariante) nutzt die ehemalige Bahntrasse Daun-Lieser. Von der Bahntrasse hat man jedoch keine Sicht auf die Eifelmaare und viele interessante Sehenswürdigkeiten entlang der Strecke. Die lange Streckenvariante führt deshalb auf sieben Abstechern vom Radweg zu besonderen Sehenswürdigkeiten und wieder zurück. Man braucht nicht alle Abstecher auf einmal abfahren, sondern wählt nach persönlichem Geschmack die interessantesten aus.

P1 Start

Der Maare-Mosel-Radweg (www.gastland-vulkaneifel.de) beginnt am ehemaligen Bahnhof Daun (P1). Seit die Eifelquerbahn Ende 2012 eingestellt wurde, ist es am Bahnhof Daun ruhig geworden. Das Zentrum der Kreisstadt mit der Tourist-Info (www.gesundland-vulkaneifel.de), Gastronomie und Ladenlokalen ist 2 km entfernt. In einem mit Graffitis verzierten Eisenbahnwagon „Stellwerk Daun“ (www.stellwerk-daun.de) werden neben dem Bahnhofsgebäude Erfrischungen angeboten.

Variante Kinder

Die ersten 11 Kilometer des Maare-Mosel-Radwegs von Daun bis Gillenfeld sind mit zahlreichen Rast- und Spielplätzen als Kinder-Radweg ausgebaut. Die Eisenbahn- und Signalanlagen wurden erhalten und mit Infotafeln für Kinder ergänzt. Die Maarseen in Schalkenmehren und Gillenfeld (Pulvermmaar) sind zudem nahe am Weg. Bei der Kindervariante muss man jedoch die Rückfahrt auf der Strecke des Hinwegs mit einkalkulieren.

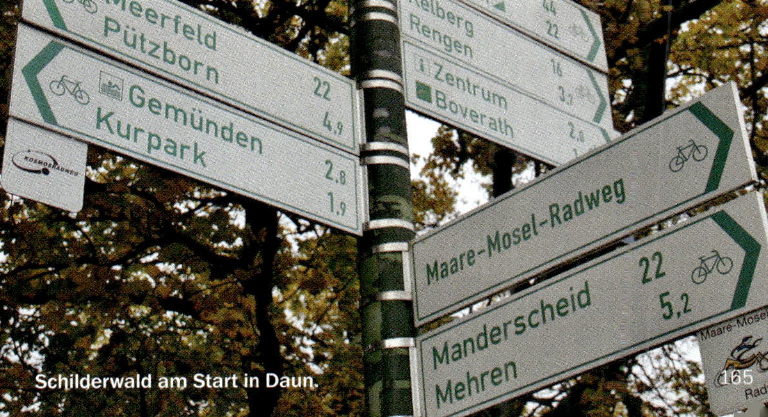

Schilderwald am Start in Daun.

Der erste Höhepunkt des Maare-Mosel-Radwegs lässt keine 500 Meter auf sich warten. Wir fahren über das 1907 gebaute, 28 Meter hohe Dauner Viadukt. Durch die Kilometerangaben am Boden dürfen wir uns nicht irritieren lassen. Wir beginnen bei Kilometer 40.5 und fahren in Richtung Kilometer Null.

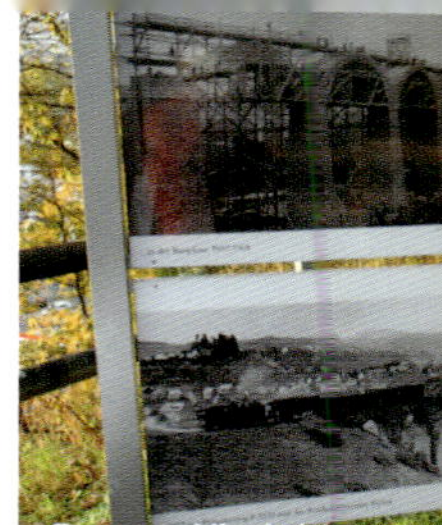
Dauner Viadukt

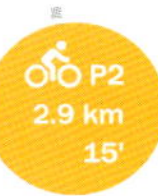

Der Radweg steigt zunächst stetig an. Zum Teil geht es rechts und links steil die Böschung hinauf. Beim Tunnel Großes Schlitzohr (P2) haben wir den ersten Anstieg geschafft. Der beleuchtete Tunnel hat eine Länge von 560 Metern. Eine Hinweistafel erklärt das versteckte Leben im Tunnel. Das Große Schlitzohr dient Fledermäusen als Unterkunft. In einem Holzverschlag unter der Decke überwintern die Zwergfledermaus und das Braune Langohr.

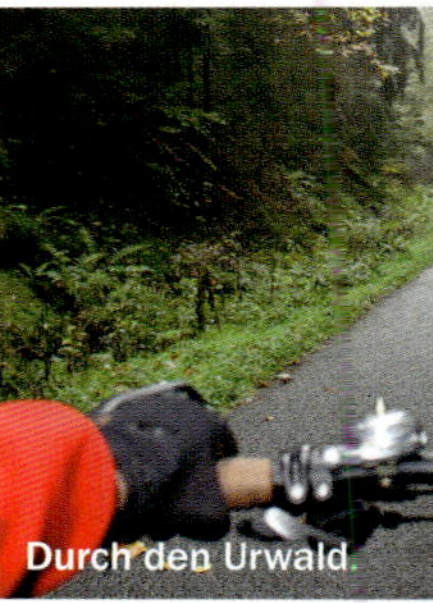
Durch den Urwald.

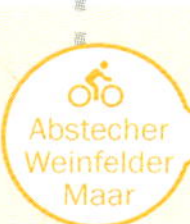

Nach dem Tunnel können wir einen Abstecher zum Weinfelder Maar unternehmen. Der Abzweig beginnt mit dem Steilanstieg Richtung Flugplatz Senheld. Wegen des Anstiegs ist der Abstecher für die Kindertour nicht geeignet. Nach zwei Richtungswechseln erreichen wir den Parkplatz beim Weinfelder Maar, das auch Totenmaar genannt wird. Der Name Totenmaar bezieht sich auf den kleinen Friedhof neben der Martinskapelle (P3). Die Kapelle war einst die Pfarrkirche des Ortes Weinfeld, der nach der Pest im 16. Jh. aufgegeben wurde.

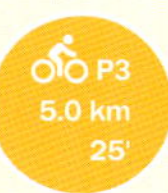

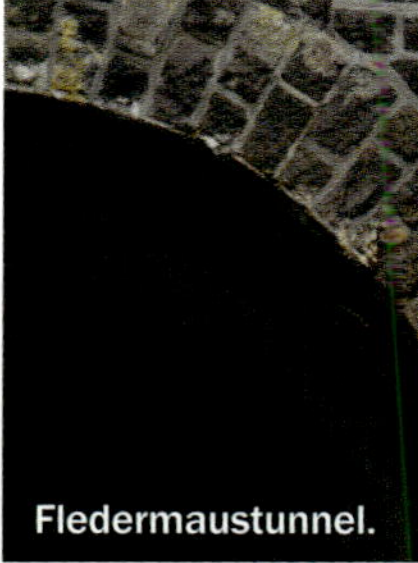
Fledermaustunnel.

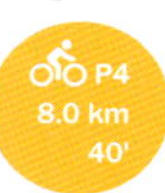

Nach einer weiten Rechtskurve bei Mehren erreichen wir den ehemaligen Bahnhof Schalkenmehren (P4). Als Requisit steht

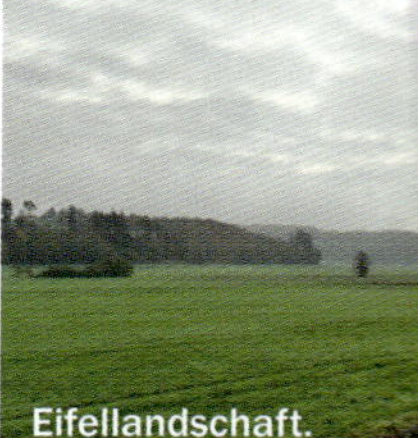
Eifellandschaft.

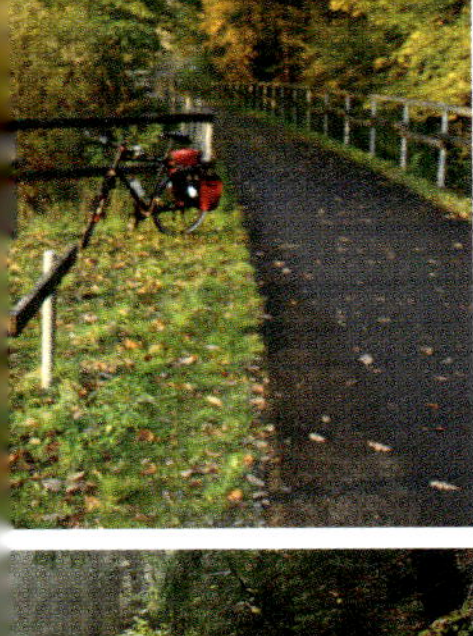

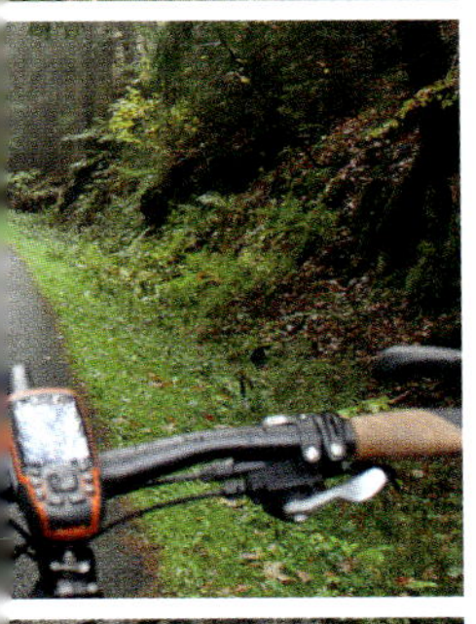

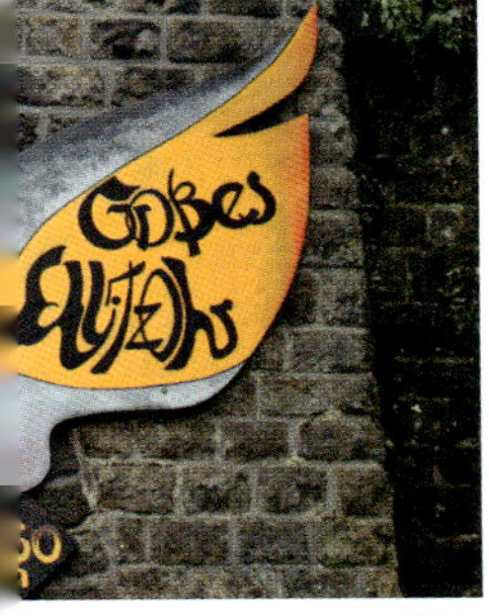

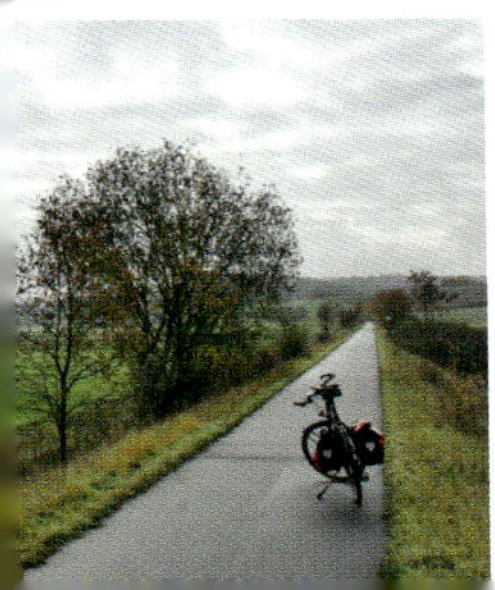

eine Lokomotive vor dem Gebäude, das heute zwei Ferienwohnungen beherbergt. Der Abstecher zum 600 Meter entfernten Schalkenmehrener Maar ist äußerst empfehlenswert.

Der Abzweig zum Maar führt unter dem Radweg hindurch auf der K 16 nach Schalkenmehren. Vor dem Heimweberei-Museum sowie der Dorfkirche biegen wir rechts zum Schalkenmehrener Maar ab. Das Maar hat keinen Zufluss. Es speist sich vom Wasser der Hänge des Maarkessels. Auf einem Promenadenweg fahren wir um das Maar herum zum Naturfreibad Schalkenmehrener Maar (P5). Wie wäre es an heißen Tagen mit einem Sprung ins kühle Nass? Anschließend locken im Ort Cafés und Gaststätten zur Einkehr.

Abstecher Falken-mehrener Maar

P5 11.2 km 55'

Zurück auf dem Maare-Mosel-Radweg kommen wir durch die weite Hügellandschaft der Vulkaneifel mit Feldern, Wiesen und Weiden. Durch eine Unterführung passieren wir die A 1. Am Wegrand steht das verlassene Bahnhofshäuschen von Udler-Sadler.

Bei der Abzweigung „Udler 0.8 km“ beginnt der Abstecher zur Glockengießerei in Brockscheid. Für Kinder ist der Abstecher nicht geeignet, da wir auf öffentlichen Straßen zur Glockengießerei gelangen. Die Glockengießerei (P6) befindet sich in einem unscheinbaren Hallengebäude am Ortseingang in der Glockenstraße. Nach Insolvenz wurde die Glockengießerei von der SB Agrar- und Forsttechnik GmbH (www.sbaf-technik.com) fortgeführt. Der Abstecher zur Glockengießerei macht insbesondere im Rahmen einer halbstündigen Führung Sinn. Unbedingt vorab die Möglichkeit einer Führung recherchieren.

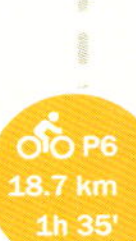

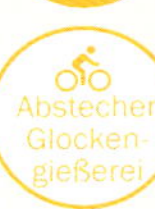

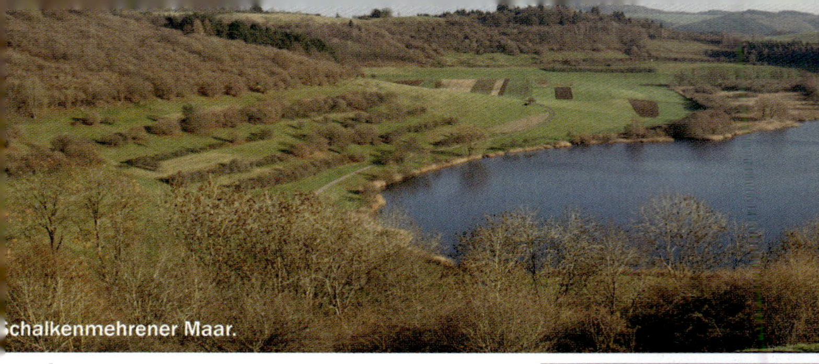
Schalkenmehrener Maar.

Die Tradition der Eifeler Glockengießerei reicht bis 1620 zurück. Damals waren die Glockengießer noch auf Wanderschaft und das Gießen von Kanonen ergänzte ihr Handwerk. In Brockscheid werden seit 1840 Glocken gegossen. Die vier großen Glocken der Potsdamer Nikolaikirche und die Josephsglocke im Kölner Dom stammen beispielsweise aus Brockscheid. Der Klang jeder Glocke ist kein Zufall, sondern wird genau berechnet! Wie, das ist ein Betriebsgeheimnis.

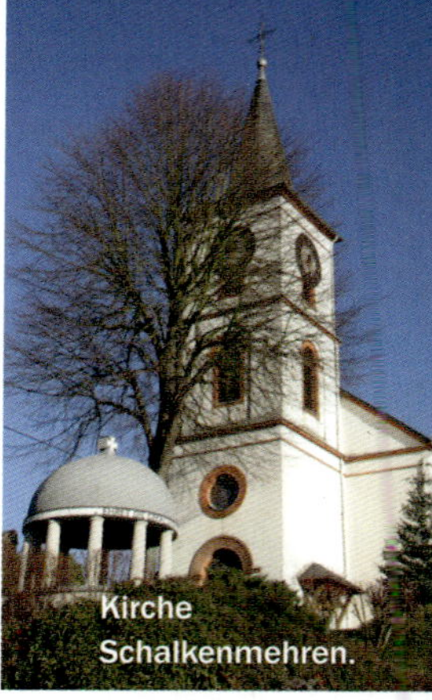
Kirche Schalkenmehren.

Auf dem Maare-Mosel-Radweg folgt Gillenfeld, wo wir die L 16 queren. Hier endet der Kinder-Radweg. In Gillenfeld wurde die ehemalige Bahntrasse zurückgebaut und ist einem Wohngebiet gewichen. Im Ort bieten sich das urige Eifeler Scheunencafé (www.eifeler-scheunencafe.de) und das Landhotel Gillenfelder Hof für eine Pause an.

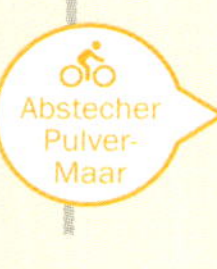

Von Gillenfeld aus lohnt sich ein Abstecher zum 1.5 km entfernten Pulvermaar, dem größten und mit über 70 Metern tiefsten Maar der Eife. Der kreisrunde See ist von steilen Hängen mit herrlichem Buchenbestand umgeben. Nachdem

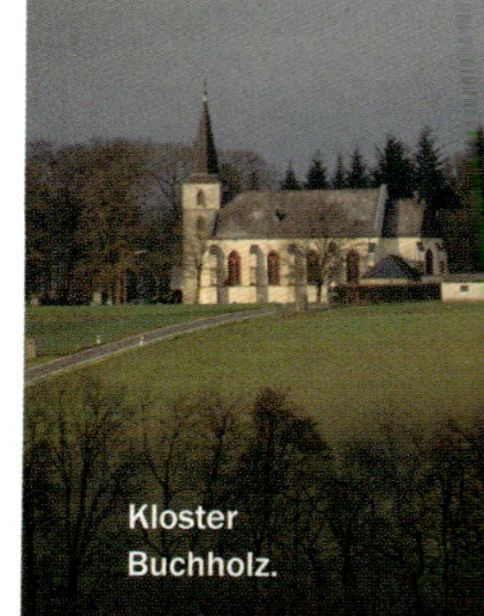
Kloster Buchholz.

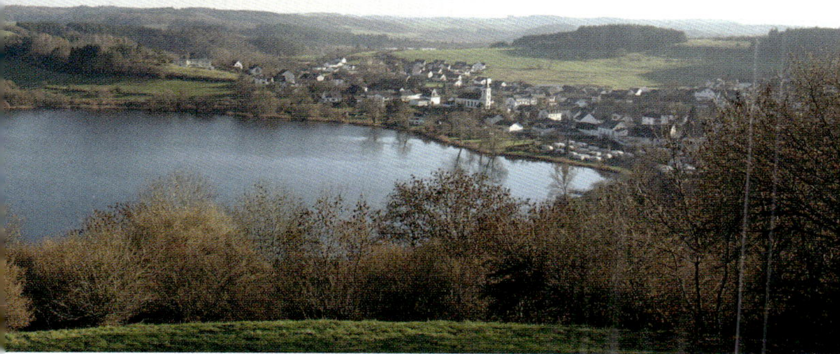

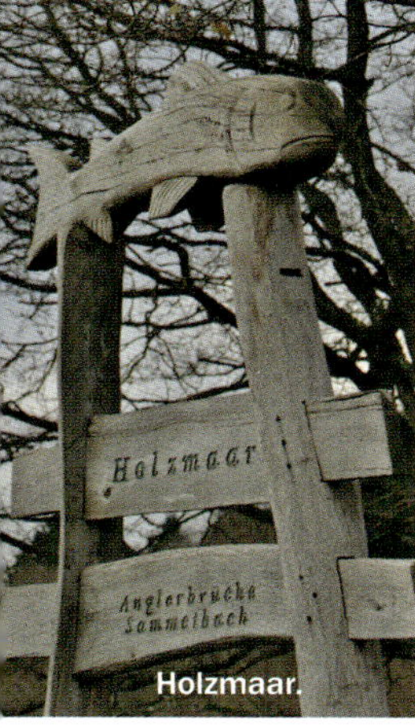

Holzmaar.

wir das Maar halb umrundet haben, können wir uns eine Verschnaufpause auf der Terrasse des Naturbads Pulvermaar (P7) gönnen. Anschließend müssen wir den Anstieg zum Rand des Maars hinaufstrampeln.

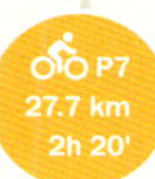

Beim Abzweig des Verbindungsweges zur Vulkan-Rad-Route kurz nach Gillenfeld besteht die nächste Möglichkeit eines Abstechers.

Wir fahren auf dem Verbindungsweg nach Strohn zum Vulkanhaus Strohn mit Café und interaktivem Museum. Es folgen die Strohner Vulkanbombe, ein beeindruckender Lavaball mit 5 Meter Durchmesser, und das Durchbruchstal der Strohner Schweiz (P8). Der Alfbach hat sich wie ein Wildbach in das Tal gegraben. Bei der Sprinker Mühle kehren wir um und fahren nach Gillenfeld zurück.

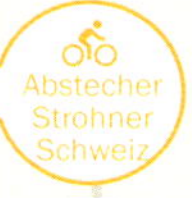

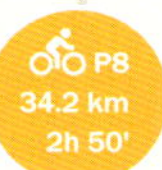

Ab Gillenfeld verläuft der Maare-Mosel-Radweg wieder auf der ehemaligen Bahntrasse. Es folgt eine herrliche Waldpassage, bevor wir am Holzmaar, das nur 100 Meter Luftlinie vom Radweg entfernt ist, vorbeikommen.

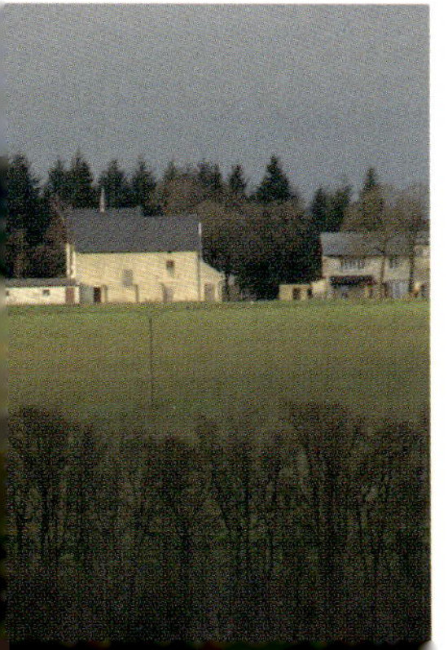

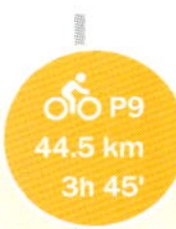

Abstecher Holzmaar

Wir überqueren auf dem Abstecher zum Holzmaar (P9) die L 16 und umrunden das kleine, romantisch gelegene Maar gegen den Uhrzeigersinn.

Die Beschilderung des Maare-Mosel-Radwegs ist vorbildlich. Bei den Straßenquerungen muss man jedoch aufpassen. Auf der Eifelhöhe folgt die Ortschaft Eckfeld mit dem Bauernhofcafé Morgenfelderhof (www.bauernhofcafe-morgenfelderhof.de). Das Café ist eine gute Adresse für eine Verpflegungspause.

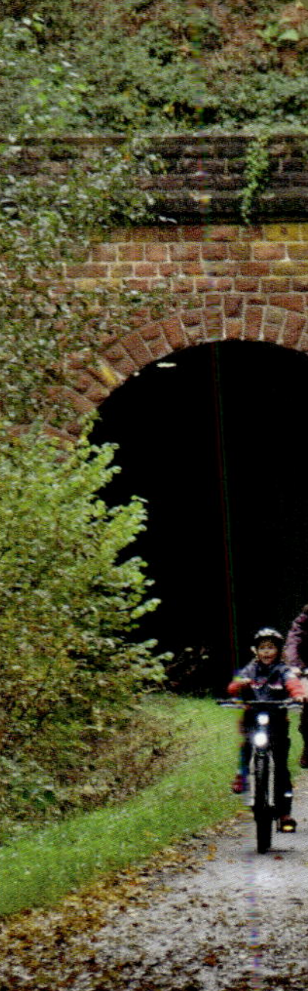

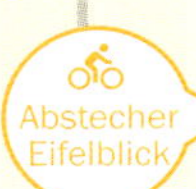

In einer Wegsenke hinter Eckfeld können wir bei der Ausschilderung „Gasthaus Höfchen" einen weiteren Abstecher unternehmen. Die K 18 führt uns, am Gasthaus Höfchen (www.gasthaus-hoefchen.de) vorbei, den Hang zum ehemaligen Kloster Buchholz hinauf, wo wir rechts zum Eifelblick Belvedere (P10) abbiegen. Der Feldweg ist nicht asphaltiert und kann bei Nässe matschig sein. Von dem Aussichtspunkt am Hang haben wir einen tollen Blick auf die beiden Manderscheider Burgen.

P10
51.3 km
4h 20'

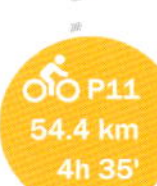

Zurück auf dem Maare-Mosel-Radweg, erreichen wir den ehemaligen Bahnhof Manderscheid-Pantenburg (P11). Bei Laufeld folgt eine Straßenpassage, wobei wir in einem Schlenker zwei Mal die A 1 queren.

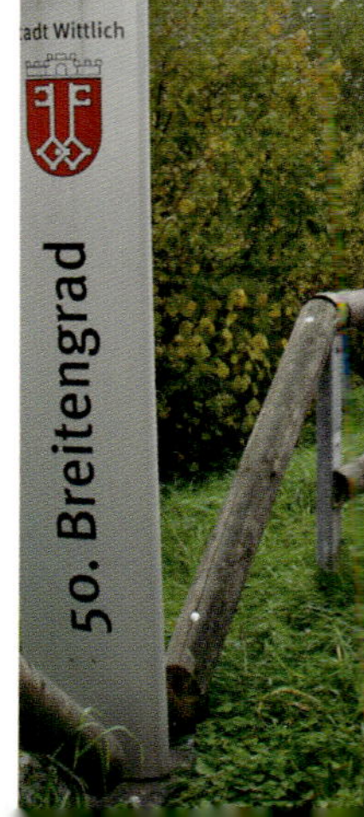

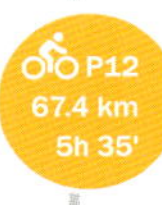

Der folgende Streckenabschnitt von Plein nach Wittlich gehört zu den Höhepunkten der Tour. Vor dem Pleiner Tunnel (P12) kann man sich im 100 Meter vom Radweg entfernten Restaurant Waldschlösschen (www.pleiner-biermanufaktur.de) stärken.

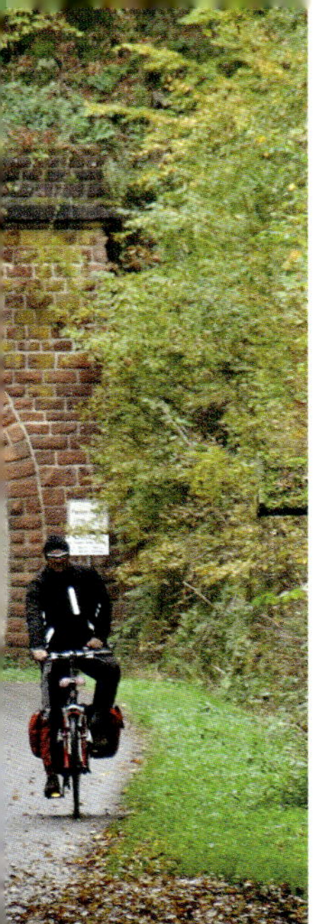
Pleiner Tunnel.

Die herrliche Waldabfahrt beginnt mit dem 585 Meter langen, beleuchteten Pleiner Tunnel. Es folgen das Pleiner Viadukt, der 140 Meter lange Unkensteintunnel und die Umfahrung des Wittlicher Viadukts (P13). Die Strecke führt in angenehmem Gefälle durch herrlichen Laubwald. Ab und an erhascht man einen Blick durch den dichten Blätterwald hinunter ins Tal.

P13
69.7 km
5h 50'

Ein Schild macht uns darauf aufmerksam, dass wir den 50. Breitengrad (P14) überfahren. An den Weinbergen erkennen wir, dass wir die Vulkaneifel verlassen haben und in der Moseleifel angekommen sind. Es folgt die Säubrennerstadt Wittlich, wo wir auf die einen Kilometer lange Wittlicher Altstadtrunde abbiegen können. Der Rundkurs führt uns an den Sehenswürdigkeiten der Stadt vorbei zum Marktplatz mit der Tourist-Info (www.wittlicherland.de).

P14
71.9 km
6 h

Die Attraktion Wittlichs ist die Säubrennerkirmes (www.wittlicherland.de) am dritten Augustwochenende. Einer Sage nach fand der Wittlicher Nachtwächter den Riegel für das Stadttor nicht. Behelfsmäßig ersetzte er den Riegel durch eine Rübe. Dies rief eine Sau auf den Plan, die nachts die Rübe fraß. Das Stadttor war offen und Wittlich wurde geplündert. Nach der Plünderung trieben die Wittlicher im Zorn alle Säue zusammen und verbrannten die armen Tiere. In dieser Tradition werden bei der Säubrennerkirmes über 100 Schweine auf dem Marktplatz gegrillt.

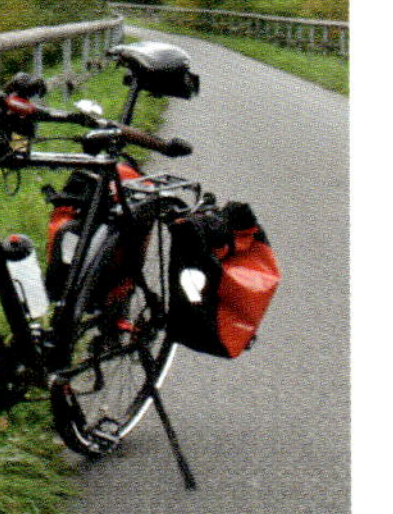
50. Breitengrad.

Zurück auf dem Maare-Mosel-Radweg, kommen wir an der Schlossgalerie vorbei und erreichen mit dem Busbahnhof Wittlich (P15) unser Ziel. Der Streckenabschnitt Wittlich-Kues des Maare-Mosel-Radwegs ist in Tour 8 beschrieben.

Ziel
74.6 km
6h 15'

Für die Rückfahrt mit dem RadBus Maare-Mosel (www.radbusse.de) nach Daun sollte man rechtzeitig vorreservieren, um keine unangenehme Überraschung zu erleben. Die Busse verkehren allerdings nur von April bis Ende Oktober. Man kann natürlich auch zu Beginn mit dem RadBus von Wittlich nach Daun fahren.

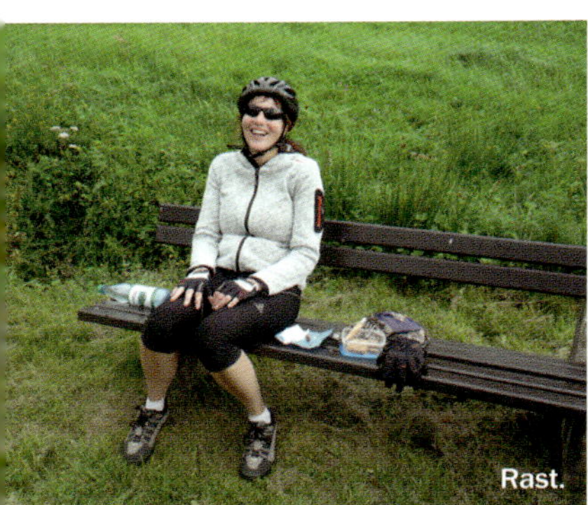

Rast.

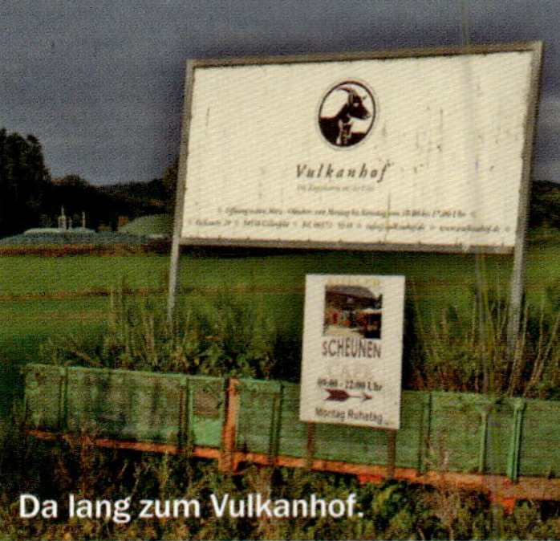

Da lang zum Vulkanhof.

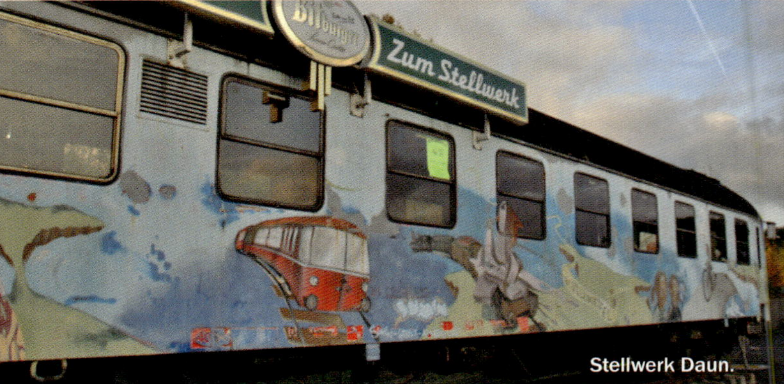

Stellwerk Daun.

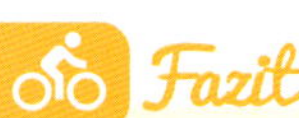

Fazit

Eine herrliche Tour von der Vulkan- in die Moseleifel. Auf der ehemaligen Bahntrasse geht es meist bergab, vorbei an erloschenen Vulkanen, durch lange Tunnel und über mehrere Eisenbahnviadukte. Ein Bahntrassenweg der Extraklasse! Abstecher nach Wahl erhöhen Spaß, Genuss und Erlebnis!

Tour Tipps

- Tourist-Info Daun, Leopoldstraße 5, 54550 Daun
  06592/95130 www.gesundland-vulkaneifel.de
- Tourist-Info Wittlich, Marktplatz/Neustraße 2, 54516 Wittlich
  06571/146624 www.wittlicherland.de

- Bauernhofcafé Morgenfelderhof, Brunnenstraße 37, 54531 Eckfeld
  06572/933618 www.bauernhofcafe-morgenfelderhof.de
- Burghof Daun, Burgfriedstraße 26, 54550 Daun
  06592/982009 www.burghofdaun.de
- Café del Maar, Maarstraße 9, 54552 Schalkenmehren
  06592/9848148 www.cafedelmaar.de
- Eifeler Scheunencafé, Holzmaarstraße 23, 54558 Gillenfeld
  06573/9526208 www.eifeler-scheunencafe.de
- Hofladen in der Ziegenkäserei Vulkanhof, Vulkanstraße 29, 54558 Gillenfeld
  06573/9529928 www.vulkanhof.de
- Hotel Schneider am Maar, Maarstraße 22, 54552 Schalkenmehren
  06592/95510 www.hotelschneider.de
- Restaurant Daus, Karrstraße 19-21, 54516 Wittlich,
  06571/91620 www.restaurant-daus.de
- Stellwerk Daun, Bahnhofstraße 29a, 54550 Daun
  0157/50784234 wwww.stellwerk-daun.de
- Waldschlösschen, Zum Waldschlösschen 3, 54518 Plein
  06571/1740021 www.pleiner-biermanufaktur.de

- E-Bikes Wittlich, Burgstraße 50, 54516 Wittlich
  06571/9548530 www.e-bikes-wittlich.de
- Fun-Bike-Daun, Trierer Straße 1, 54550 Daun
  06592/3883 www.fun-bike-daun.de

- Naturbad Pulvermaar, 54558 Gillenfeld
  06573/333 www.gillenfeld.de
- Naturfreibad Schalkenmehrener Maar, Pitt-Kreuzberg-Weg, 54552 Schalkenmehren 06592/1753281
  www.schalkenmehren-eifel.de

Tour-Code: **BT11515** (www.wander-touren.com)

Direkt zum Startpunkt mit scan to go®

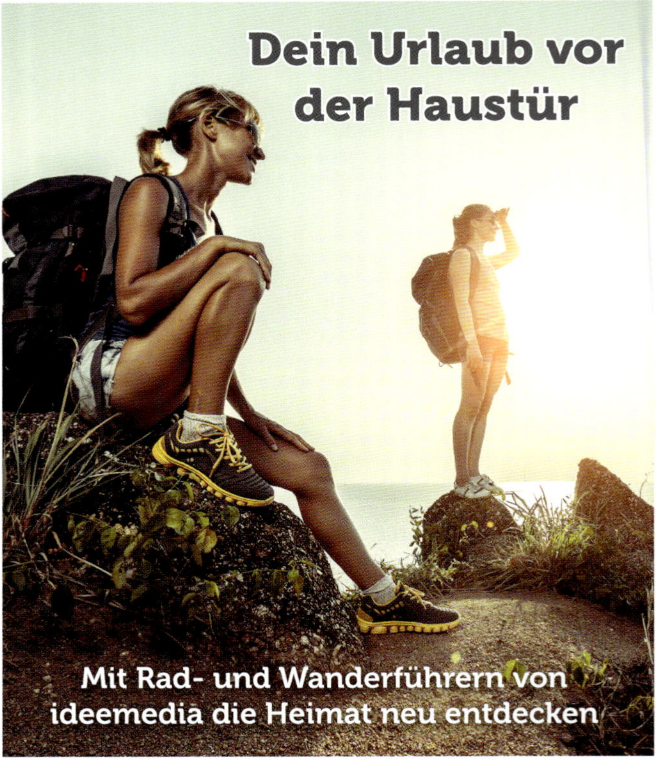

Dein Urlaub vor der Haustür

Mit Rad- und Wanderführern von ideemedia die Heimat neu entdecken

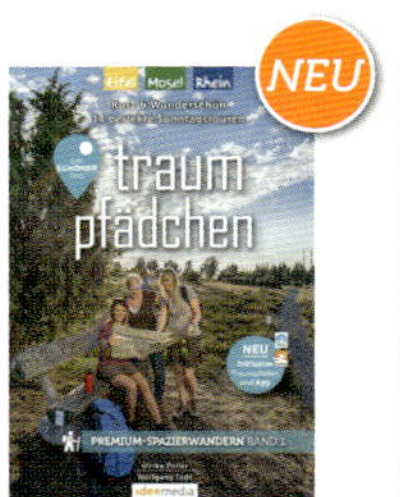

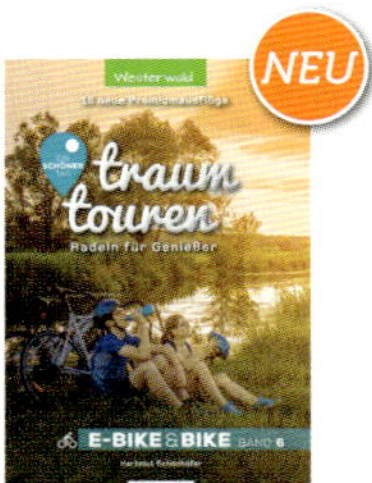

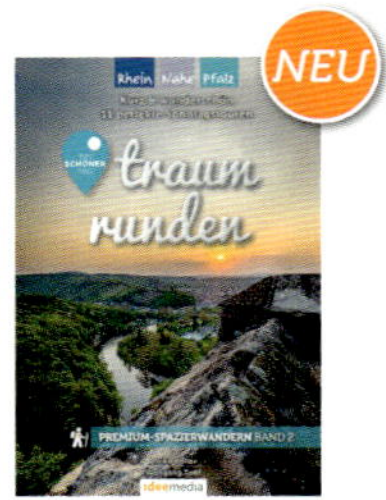

Überall im Buchhandel und online

ideemediashop.de

EINFACH HIMMLISCH GEFÜHRT

Besitzer von GPS-Navigationsgeräten (Outdoor-Geräte oder Smartphones) kommen nie vom Weg ab und wissen immer, wo sie gerade sind: In allen Rad- und Wanderführern des ideemedia-Verlags finden Sie die Rad-, Wander- und Erlebnisrouten für Outdoor-Navigationsgeräte. Die Touren liegen im weit verbreiteten *gpx-Format vor.

Mit dem kostenlosen Programm BaseCamp von Garmin ist es möglich, die Tracks anzusehen, zu bearbeiten und direkt auf Garmin-Geräte zu laden. Dieses Programm kann auch ohne die zusätzlich zu kaufende Karte eingesetzt werden, bietet dann aber nur eine globale Karte ohne Details. BaseCamp läuft zudem auch auf Apple Computern. Alle anderen Hersteller von Outdoor-GPS-Geräten bieten ebenfalls kostenlose Programme an. Allerdings müssen Sie meistens auch eine digitale Karte erwerben, um den Track am PC und auf Outdoor-Geräten auf der Karte zu sehen. Für PC-Nutzer ist zudem die Software MagicMaps Tour Explorer empfehlenswert. In OpenStreetMaps oder Google Maps können die Daten mit Hilfe eines GPX Viewer angezeigt werden. Diese Kartenansicht können Sie für unterwegs zum persönlichen Gebrauch ausdrucken.

DIREKT ZUM PREMIUM-TRACK: SO FUNKTIONIERT ES

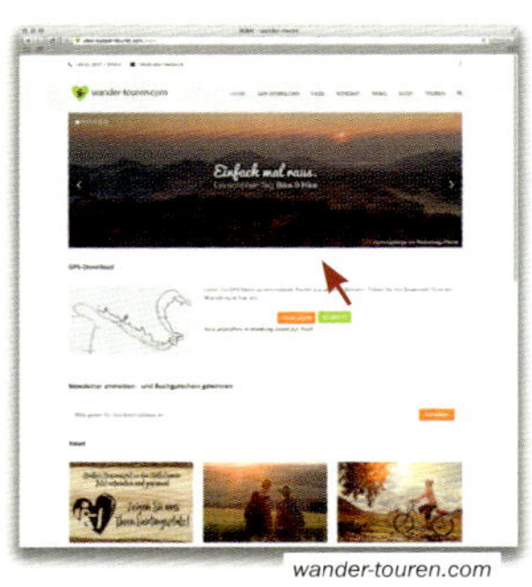

wander-touren.com

Zum Download der Routen benötigen Sie entsprechende Tour-Codes. Diese finden Sie jeweils am Ende der einzelnen Kapitel unter den TourTipps. Auf der Internetseite **www.wander-touren.com** geben Sie den Code ein. Eine gesonderte Anmeldung ist nicht erforderlich. Sie bestätigen mit der Downloadanfrage, dass Sie im Besitz des entsprechenden Buches (Print oder elektronisch) sind. Wenn Sie per Mail über Updates informiert werden möchten, melden Sie sich bitte unter **www.wander-touren.com** zum Newsletter an.

Sollte der eingesetzte Internet-Browser aus Sicherheitsgründen den Datendownload blockieren, lassen sich die Sicherheitseinstellungen vorübergehend verringern. Alternativ klicken Sie mit der rechten Maustaste auf den Button „Tour laden“ bzw. „Datei downloaden“ und öffnen ein neues Fenster (neuer Tab) zum Download.

▶ GPX-DATEN AUF OUTDOOR-NAVIS LADEN

Als Buchbesitzer können Sie die Daten als Datei im weit verbreiteten *gpx-Format als Einzeltour laden und danach auf Ihrem PC ablegen. In einzelnen Fällen können die Daten hinter den Codes auch gebündelt als *.zip-Datei verpackt vorliegen, die Sie vor der weiteren Verwendung entpacken müssen.

Als Nächstes müssen Sie die heruntergelandene Tour auf Ihr Navigationsgerät übertragen. Für die meisten GPS-Outdoor-Geräte ziehen Sie einfach den Track von Ihrem Desktop nach Verbinden des GPS-Geräts mit dem Computer in das GPS-Verzeichnis Ihres Outdoor-Geräts, das Sie als Laufwerk auf dem Desktop sehen. Sollte Ihr GPS-Gerät ein besonderes Format verlangen, können Sie den Track mit der Software RouteConverter in fast jedes Format konvertieren. RouteConverter ist ein kostenloses GPS-Werkzeug, um Routen, Tracks und Wegpunkte anzuzeigen, zu bearbeiten und zu konvertieren. Es läuft sowohl auf PC als auch auf Apple Computern. Zur Übertragung der Tour-Daten können Sie auch die Ihrem Kartenprogramm oder Navigationsgerät beigelegte Software nutzen. Bei Problemen mit der Übertragung der Daten auf Ihr Navigationssystem wenden Sie sich bitte an den Hersteller.

ALLGEMEINE HINWEISE

Alle Daten wurden auf Fehlerfreiheit geprüft und werden bei Änderungen der Wegführung nach Verfügbarkeit aktualisiert. ideemedia übernimmt keine Haftung für mögliche Abweichungen, Vollständigkeit, Verfügbarkeit und Einsatz auf allen Navigations-Modellen. Sollte ein Gerät das Laden von *.gpx-Daten nicht ermöglichen, so wenden Sie sich in diesem Fall bitte an den Hersteller. Die Nutzung der Tour-Downloads ist nur Buchbesitzern zur privaten Verwendung gestattet, eine Weitergabe an Dritte sowie das Vervielfältigen auf Datenträgern jeder Art ist untersagt. Kommerzielle Nutzung ist nur nach schriftlicher Ver einbarung mit ideemedia gestattet. Idee, Konzeption und Daten sind urheberrechtlich geschützt. Die Daten enthalten einen Sicherheitscode und werden bis zu 36 Monate nach Ausgabetermin des Buches zur Verfügung gestellt. Eine Vervielfältigung zur Verteilung oder Verlinkung ist strikt untersagt und kann bei Missbrauch zu Schadenersatzforderungen führen.

PREMIUM-GPS: WAS IST DAS?

Im Gegensatz zu vielen anderen Anbietern im Print- und Online-Bereich greifen wir nicht auf die Standard-Daten von kostenlosen Internetportalen, privaten oder öffentlichen Anbietern zurück, sondern ermitteln die Daten vor Ort und aktualisieren diese im Regelfall, wenn uns gravierende Änderungen bekannt werden. Die Arbeit ist aufwendig und kostenintensiv, daher bitten wir um Verständnis, dass wir diese aufbereiteten Daten in vollem Umfang nur unseren Kunden zur Verfügung stellen.

GPS-DATEN VERARBEITEN: NICHT OHNE ÜBUNG

Trotz enormer Fortschritte in der Gerätebedienung ist es für Laien nicht völlig unkompliziert, die Daten richtig nutzen zu können. Da es sich bei den *.gpx-Daten um ein kostenfreies Zusatzangebot zu unseren Printprodukten handelt, können wir keine Unterstützung für GPS-Geräte, GPS-Software oder Kartengrundlagen leisten. Bitte wenden Sie sich dazu an Ihren Hersteller oder Lieferanten und arbeiten Sie sich gründlich in die Möglichkeiten der GPS-Nutzung ein. Verlassen Sie sich auch bei Ihren Touren nicht ausschließlich auf Ihr GPS-Gerät, Empfangsprobleme, Batterie- oder Softwareprobleme sind nicht unbekannt. Zudem könnten Sie Ihr Gerät unterwegs verlieren. Wir empfehlen deshalb aus Erfahrung die zusätzliche Mitnahme von Buch und Karten.

GPS FÜR SMARTPHONES

*.gpx-Daten auf ein Smartphone zu laden, funktioniert mit mehreren Apps sowohl für iPhones als auch für Android-Geräte. Unser Tipp: Testen Sie verschiedene Apps und prüfen Sie, mit welcher Software Ihr Gerät fehlerfrei arbeitet. Probleme kann es geben, wenn unterwegs Daten geladen werden müssen. Von Netzproblemen abgesehen, kann das zu hohen Kosten führen.

Eine ausführliche Erklärung zur Verwendung von unseren *.gpx-Daten auf einem Smartphone finden Sie unter: www.wander-touren.com. In der folgenden Kurzanleitung werden der Download und die Verabeitung unserer*.gpx-Daten auf einem iPhone 13 (IOS 16.3.1) unter der Verwendung der kostenlosen App „Komoot“ dargestellt. Andere Geräte, Betriebssysteme oder Apps können davon abweichen, das Prinzip bleibt dabei jedoch ähnlich.

Tourcode auf „www.wander-touren.com“ eingeben und den *.gpx-Track downloaden. Der Code befindet sich am Ende des jeweiligen Kapitels (Schritte 1-4).

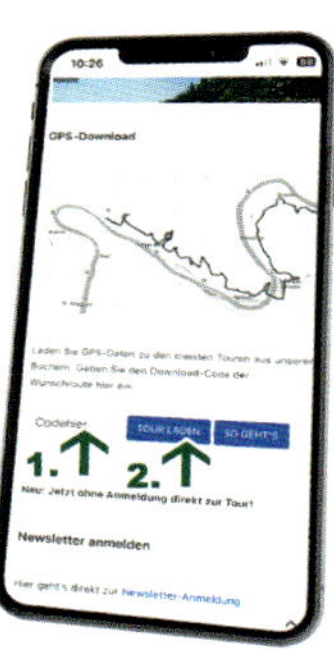

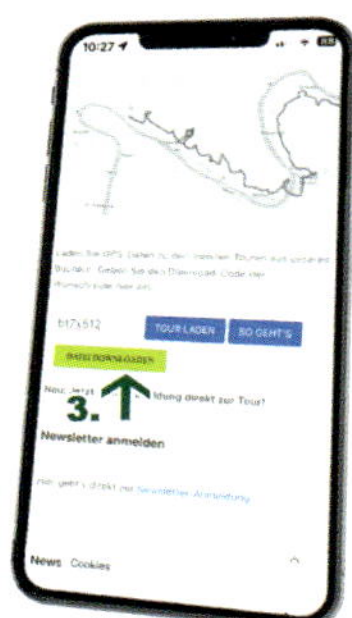

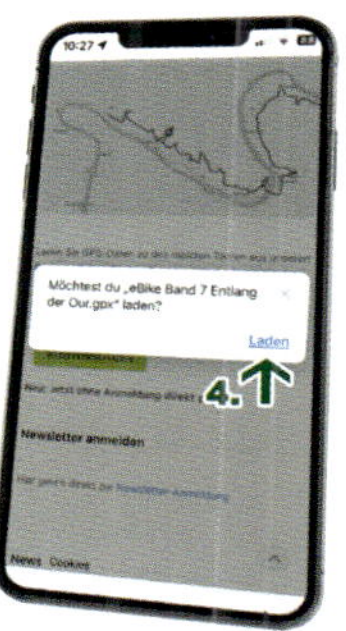

Die Datei wird in der Regel im Download-Ordner abgelegt. Durch Tippen auf den Pfiel in der Brwoser-Leiste dorthin navigieren (Schritt 5-6). Alternativ über das lokale Datenverwaltungssystem (bei iPhones die Apple-eigene App „Dateien“) die Downloads öffnen und die Datei suchen.

Anschließend durch langes Drücken auf das Icon/die Datei das Menü öffnen und die Option Teilen auswählen (Schritt 7-8). Neben den Möglichkeiten „via Mail“ oder „Nachricht“ findet man weiter rechts (über die Symbole wischen) auf dem Gerät installierte Apps, die zum Öffnen kompatibel sind. Durch Tippen auf das Symbol öffnet sich die App und beginnt mit dem Import des Tracks (Schritt 9).

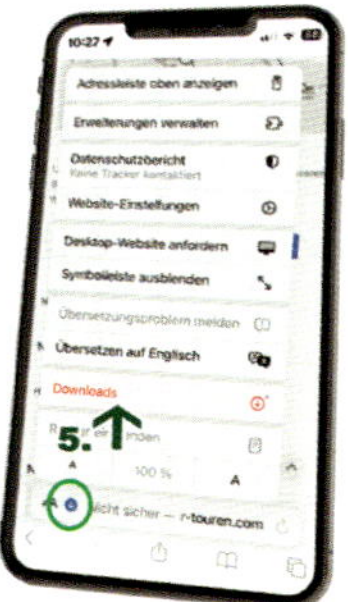

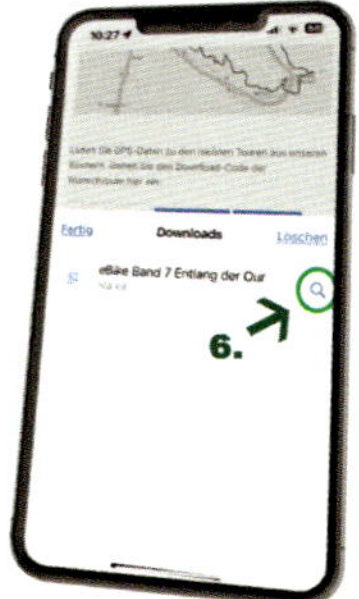

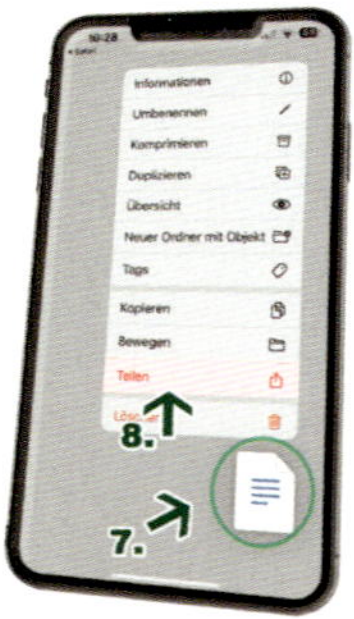

Da unsere Daten viele zusätzliche Punkte und Abstecher haben, muss die korrekte Darstellung ausgewählt werden **(Schritt 10)**. „Komoot" gibt anschließend die Option, den Track an bekannte Wege anzupassen. Da unsere Daten vom Autor erfasst und laufend aktualisiert werden, empfehlen wir den Originalverlauf beizubehalten **(Schritt 11)**. Die Route kann nun als zukünftige Tour gespeichert und anschließend auf der Karte angezeigt werden.

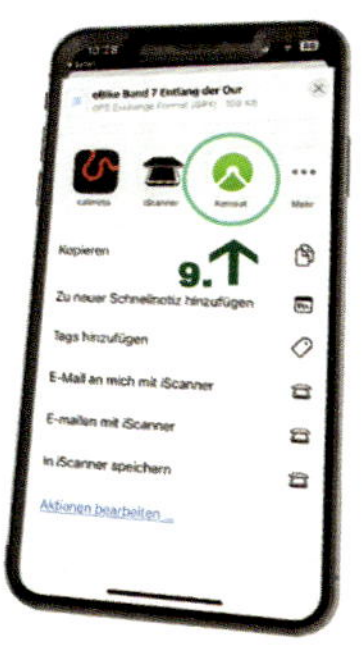

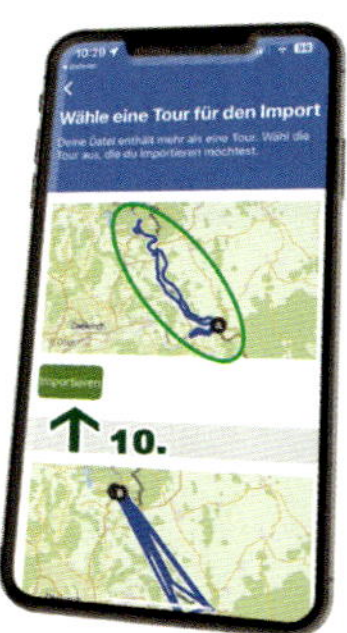

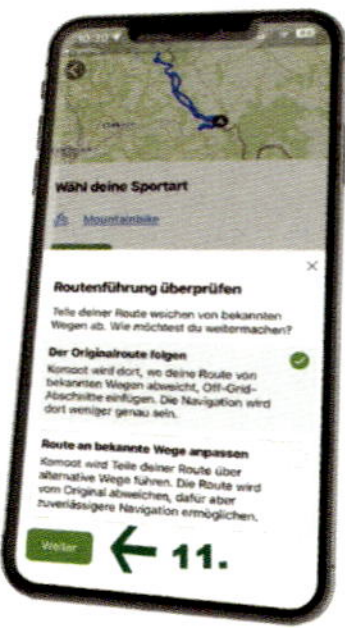

Prüfen Sie vor Antritt der Tour, ob die Daten korrekt angezeigt werden und Sie die Routenführung starten können. Vergleichen sie die Darstellung zur Sicherheit mit der Karte im Buch, um Fehler beim Verarbeiten oder in der App auszuschließen.

Register

a

B

K

L

M

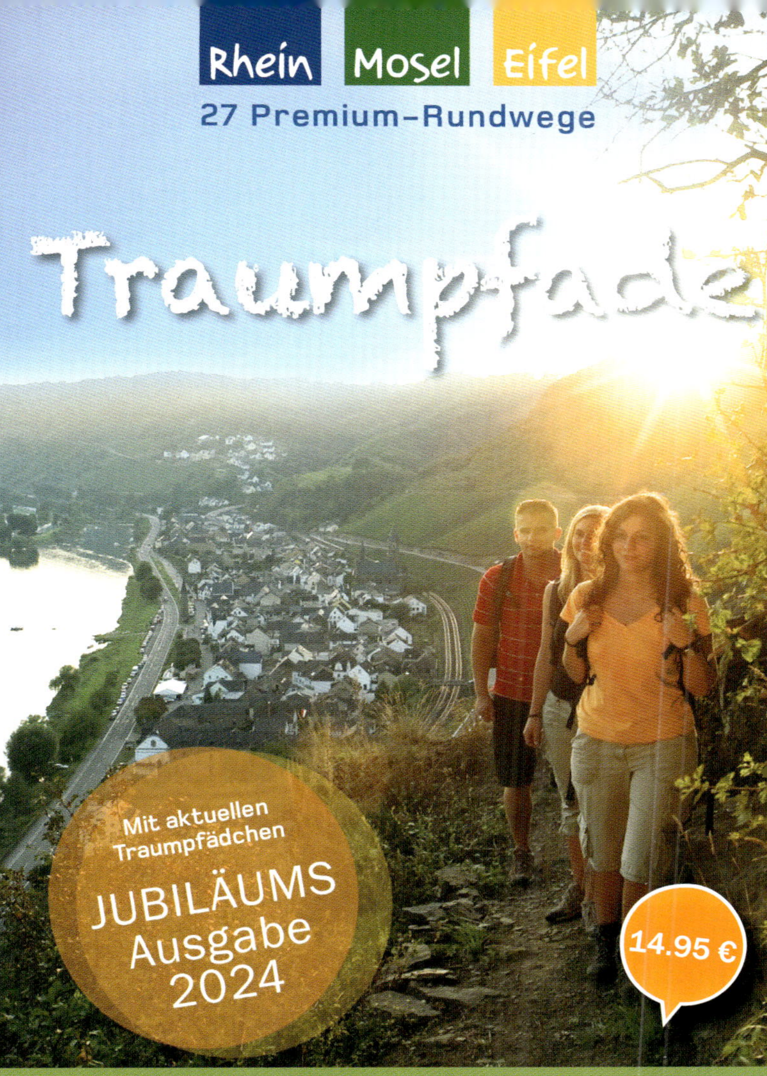
Rhein
Mosel
Eifel
27 Premium-Rundwege
Traumpfade
Mit aktuellen Traumpfädchen
JUBILÄUMS Ausgabe 2024
14.95 €

Alle traumtouren-Bände auf einen Blick

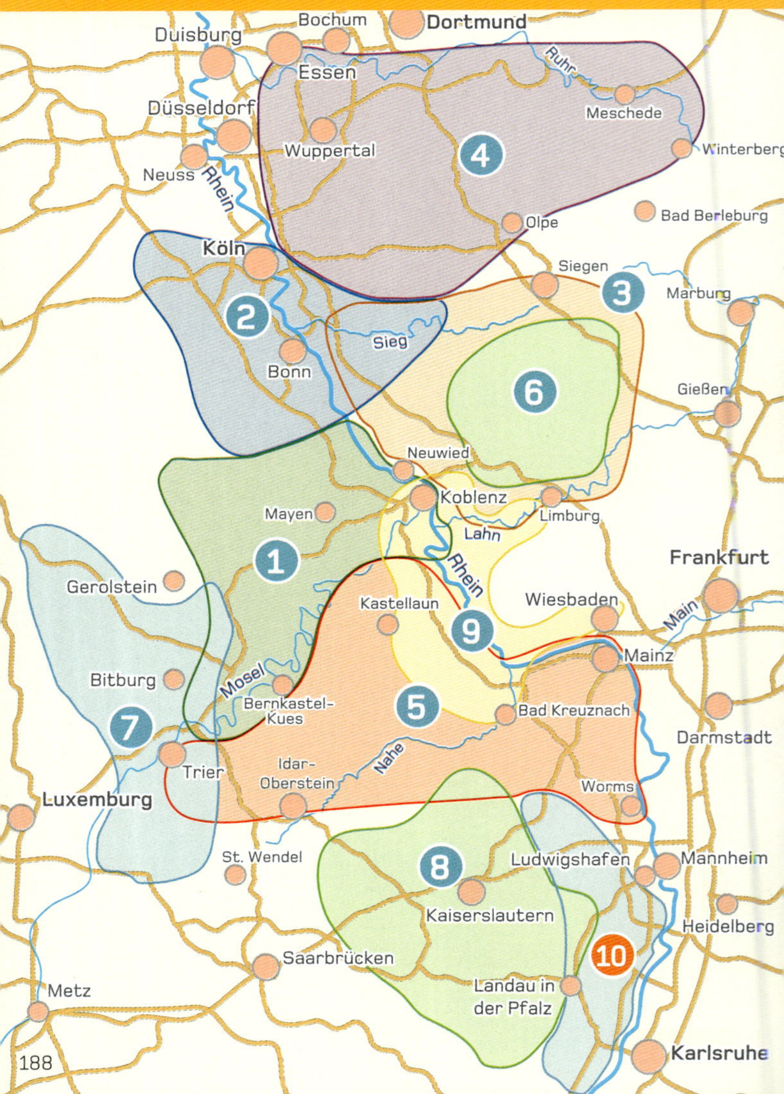

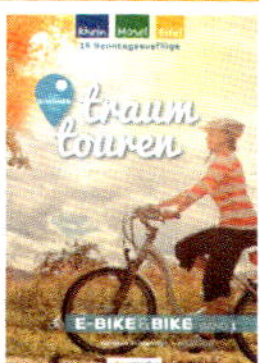

traumtouren 1

Rhein. Mosel. Eifel

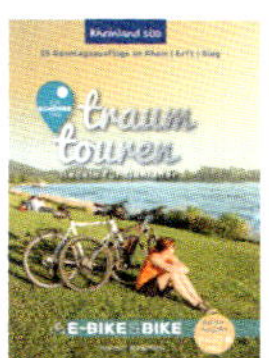

traumtouren 2

Rheinland Süd

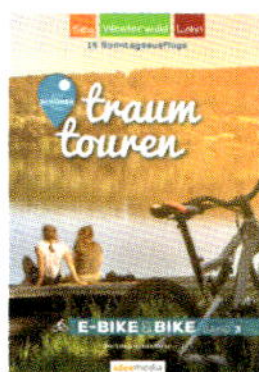

traumtouren 3

Sieg. Westerwald. Lahn

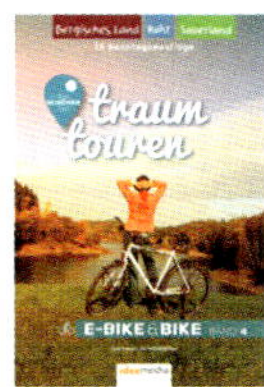

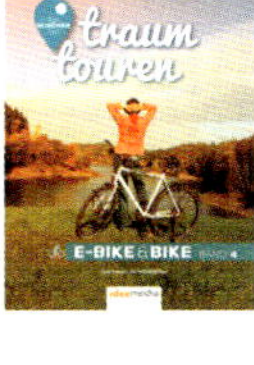

traumtouren 4

Bergisches Land.
Ruhr. Sauerland

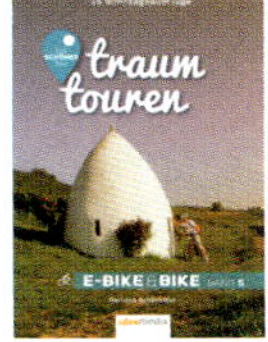

traumtouren 5

Hunsrück. Nahe. Rheinhessen

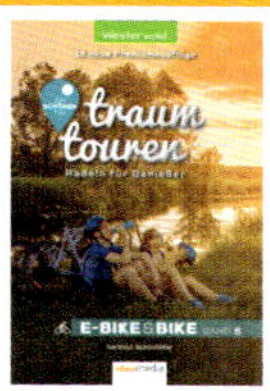

traumtouren 6

Westerwald

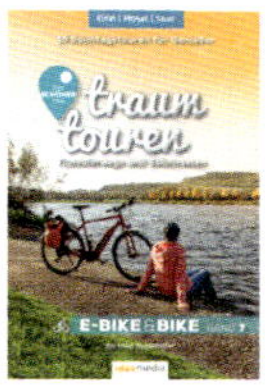

traumtouren 7

Eifel. Mosel. Saar

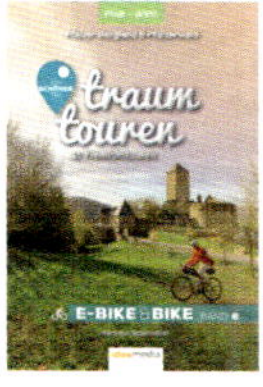

traumtouren 8

Pfalz West

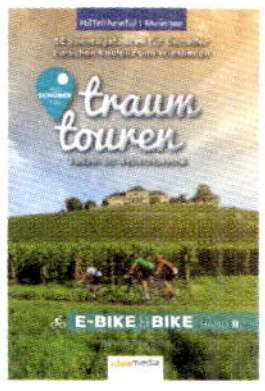

traumtouren 9

Mittelrheintal. Rheingau

NEU
Ende
2024

10

traumtouren 10

Pfalz Ost

Touren & Varianten

1.	Rheinradweg 1 (lang)	Stadt, Land, Fluss
	Variante kurz	
2.	Nette-Obst-Radrunde (mittel)	Im Blütenzauber
	Variante kurz	
	Variante lang	
3.	Rheinradweg 2	Mittelrhein Momente
4.	Mosel-Genuss-Radeln (lang)	Sonnige Untermosel
	Variante kurz	
5.	Mosel-Maifeld-Radroute (lang)	Maifeld Träume
	Variante kurz	
	Variante mittel	
6.	Mosel-Radweg 1 (lang)	Schöne Schleifen
	Variante kurz	
	Variante mittel	
7.	Mosel-Radweg 2 (lang)	Mosel Romantik
	Variante kurz	
	Variante mittel	
8.	Maare-Mosel-Wittlicher-Senke-Radweg (lang)	Spuren der Römer
	Variante Kinder	
	Variante mittel	
9.	Ahr-Rhein-Route	Rotwein-Route
10.	Ahr-Kalkeifel-Kyll-Radroute	Tatort Eifel
11.	Brohltal-Radweg (lang)	Vulkan-Express
	Variante kurz	
12.	Rhein-Mosel-Eifel & Vulkanpark-Radweg (lang)	Panorama-Runde
	Variante kurz	
13.	Maifeld-Radweg (lang)	Groß und klein unterwegs
	Variante Kinder	
	Variante kurz	
14.	Eifel-Schiefer-Radweg (lang)	Zeitreise ins Mittelalter
	Variante kurz	
	Variante mittel	
15.	Maare-Mosel-Radweg (lang)	Bahntrassen-Traum
	Variante Kinder	
	Variante mittel	

km	ø12km/h	Hm ↑ ↓	Anspruch
68.3	5h 40'	430	🚲🚲🚲
50.5	4h 15'	300	🚲🚲
51.3	4h 15'	430	🚲🚲🚲
43.0	3h 35'	265	🚲🚲
57.3	4h 45'	475	🚲🚲🚲
48.5	4h 05'	265	🚲🚲🚲
38.2	3h 10'	255	🚲🚲
18.7	1h 35'	140/130	🚲
41.3	3h 25'	1.025	🚲🚲🚲🚲
15.6	1h 20'	395	🚲🚲
31.9	2h 40'	755	🚲🚲🚲
47.8	4h 00'	325/360	🚲🚲🚲
32.9	2h 45'	165/200	🚲🚲
44.6	3h 45'	200/235	🚲🚲🚲
52.0	4h 20'	430/435	🚲🚲🚲
25.7	2h 10'	190/200	🚲🚲
48.2	4h 00'	285/290	🚲🚲🚲
103.4	8h 35'	860	🚲🚲🚲🚲🚲
17.8	1h 30'	80/125	🚲
75.2	6h 15'	685/690	🚲🚲🚲🚲
34.4	2h 50'	755/800	🚲🚲🚲🚲
54.2	4h 30'	935/1005	🚲🚲🚲🚲
31.3	2h 35'	555/960	🚲🚲🚲
23.3	2h 00'	410/810	🚲🚲
76.2	6h 20'	1115	🚲🚲🚲🚲🚲
35.6	3h 00'	180/380	🚲🚲
38.9	3h 15'	460	🚲🚲🚲
9.1	0h 45'	75	🚲
30.1	2h 30'	350	🚲🚲
30.0	2h 30'	655	🚲🚲🚲🚲
11.8	1h 00'	165/330	🚲🚲
23.1	2h 00'	470	🚲🚲🚲
74.6	6h 15'	1355/1580	🚲🚲🚲🚲🚲
22.3	2h 00'	370	🚲🚲
38.6	3h 15'	655/875	🚲🚲🚲

Impressum

Herausgeber: Uwe Schöllkopf (ideemedia GmbH)
Autor: Hartmut Schönhöfer
Konzept & Redaktion: Uwe Schöllkopf
Redaktionelle Mitarbeit: Anna Ley, Janina Seiler
Grafik/DTP/Produktion: Julia Klein, Rolf Müller, Kathrin Kalter, Dominik Lamberti
Karten & Höhenprofile: KGS Kartografie Schlaich | ideemedia GmbH

Verlag: ideemedia GmbH, Im Aubisch 1b, D-56567 Neuwied
Telefon: 02631/9996-0 • Telefax: 02631/9996-55 • E-Mail: info@idee-media.de
Internet: www.ideemediashop.de • www.wander-touren.com

Alle Angaben wurden nach bestem Wissen recherchiert und sorgfältig überprüft. Sollten sich dennoch Fehler eingeschlichen haben, bitten wir um Entschuldigung und Benachrichtigung. Für Fehler übernimmt der Verlag keine Haftung. Aktuelle Änderungen, Downloads und Updates zum Buch finden Sie unter www.wander-touren.com.

Die Deutsche Bibliothek – CIP – Einheitsaufnahme: ISBN 978-3-942779-37-1

Titelbild: Fotolia, Fotos: Hartmut Schönhöfer

Autor

Hartmut Schönhöfer, Jahrgang 1964, ist in Coburg (Oberfranken) geboren und aufgewachsen. Berufliche Stationen als Marketing- und Handelsmanager führten den Diplom-Kaufmann schließlich ins Rheinland und nach Rheinland-Pfalz. Als begeisterter Radfahrer mit Wohnsitz Bad Neuenahr-Ahrweiler hat er dieses „Revier“ in den letzten 20 Jahren ausgiebig auf zwei Rädern entdeckt und verbindet mit dem Schreiben von Fahrradführern seine Leidenschaften für das Radfahren, Fotografieren und Reisen.

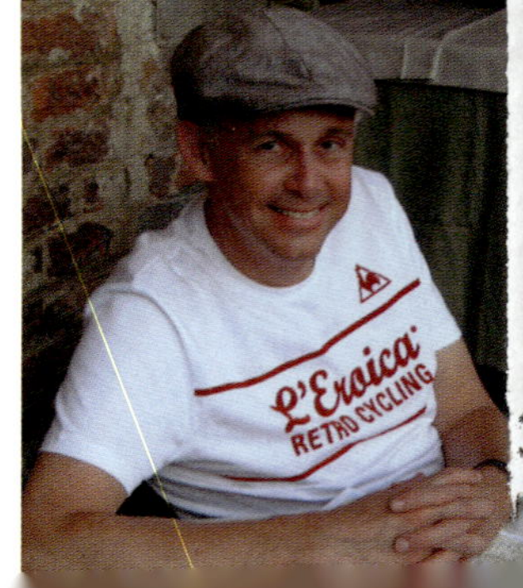